MEJORAR EL AMBIENTE EN LAS CLASES DE SECUNDARIA

Un enfoque práctico para responder a la diversidad desde el aula

COLECCIÓN BIBLIOTECA DE EDUCACIÓN

© Rosa Marchena Gómez.
© Ediciones Aljibe, S.L., 2005
   Tlf.: 952 71 43 95
   Fax: 952 71 43 42
   Pavia, 8 - 29300-Archidona (Málaga)
   e-mail: aljibe@edicionesaljibe.com
   www.edicionesaljibe.com

I.S.B.N.: 84-9700-253-9
Depósito legal: MA-173-2005

Cubierta y maquetación: Equipo de Ediciones Aljibe

Imprime: Imagraf. Málaga.

Queda prohibida, salvo excepción prevista en la ley, cualquier forma de reproducción, distribución, comunicación pública y transformación de esta obra sin contar con autorización de los titulares de propiedad intelectual. La infracción de los derechos mencionados puede ser constitutiva de delito contra la propiedad intelectual (arts. 270 y sgts. Código Penal). El Centro Español de Derechos Reprográficos (www.cedro.org) vela por el respeto de los citados derechos.

Rosa Marchena Gómez

MEJORAR EL AMBIENTE EN LAS CLASES DE SECUNDARIA

Un enfoque práctico para responder a la diversidad desde el aula

EDICIONES
A L J I B E

Para ti, José Domingo.

ÍNDICE

PRÓLOGO. *Carmen García Pastor* 13

INTRODUCCIÓN 19

BLOQUE I: PROPUESTAS DESDE LA PRÁCTICA 25

CAPÍTULO I: LA INTERACCIÓN PROFESORADO-ALUMNADO 27
1. Localización de prácticas de interacción inclusiva entre profesor y alumno 28
   1.1. Personalización de la relación 29
   1.2. Humor Compartido 33
   1.3. Flexibilidad en los acuerdos 36
   1.4. Valoración de los estudiantes 39
2. Prácticas de interacción profesor-alumno no inclusivas 45
   2.1. Antagonismo y Tensión Encubierta 46
      2.1.1. Establecer contratos sociales que expliciten las normas 48
      2.1.2. Los conflictos en el aula o el olvido de determinados procesos ... 51
   2.2. Episodios de velocidad 54
   2.3. Omisión de respuestas 58
   2.4. Favoritismo a determinados alumnos 60
   2.5. Descrédito hacia el alumnado 63

CAPÍTULO II: INTERACCIÓN ENTRE IGUALES 69
1. La interacción entre iguales desde la educación inclusiva 70
   1.1. Aceptación de los compañeros 70
   1.2. Intervención Conjunta 73
   1.3. Deseos de afiliación 77
2. Prácticas de interacción entre iguales no inclusivas 82
   2.1. La fricción entre los alumnos 83
   2.2. La competitividad entre compañeros 89

CAPÍTULO III: LA DISPONIBILIDAD DE LOS ALUMNOS HACIA LAS TAREAS DE CLASE 93
1. Instantes de satisfacción acordes a la educación inclusiva 93
   1.1. La implicación como evidencia de satisfacción en el aula 95
   1.2. ¿Qué ocurría en las clases en donde había agrado y entusiasmo? 98
2. La dificultad en las tareas: un obstáculo para responder a la diversidad . 107
   2.1. Buscando causas que expliquen la dificultad del alumnado 112
   2.2. Cuando los alumnos desconectan de las tareas 120
   2.3. El formalismo ¿la alternativa a la desorganización? 126

BLOQUE II: REFERENTES TEÓRICOS 129

CAPÍTULO IV: LA DIVERSIDAD DEL ALUMNADO Y LA EDUCACIÓN INCLUSIVA 131
1. Qué debemos entender por diversidad 131
2. Viabilidad del discurso o los límites de un sueño pedagógico 135
3. Implicaciones educativas 137
4. Las causas del rechazo: "mientras haces todo eso el resto monta follón, se levanta y te ponen de los nervios" 140
5. Avanzando hacia la educación inclusiva 144

CAPÍTULO V: EL AMBIENTE EN EL AULA Y EL ENFOQUE DE LA EDUCACIÓN INCLUSIVA 149
1. La imprecisión del concepto y la supeditación a diversos factores 149
2. Hacia un significado asociado y unos elementos configuradores 155
   2.1. La interacción profesorado-alumnado 156
      2.1.1. Diferentes estilos de interacción profesorado-alumnado 157
      2.1.2. Estableciendo las condiciones de una interacción inclusiva y de calidad 161
   2.2. La interacción entre iguales 164
      2.2.1. Estructuras de participación en el aula 166
   2.3. La disponibilidad de los estudiantes 173

      2.3.1. La disponibilidad de los estudiantes y la subordinación a los procesos didácticos 173
      2.3.2. Las tareas y la disponibilidad de los estudiantes en una clase inclusiva 175

CAPÍTULO VI: CÓMO LOCALIZAMOS LAS PRÁCTICAS EDUCATIVAS ANALIZADAS 183
1. Los objetivos que nos propusimos 183
2. La teoría que condicionó nuestra metodología 184
3. El estudio de casos múltiples como estrategia de diseño 185
   2.1. Cómo seleccionamos los Institutos 186
   2.2. Cómo seleccionamos las aulas 188
4. Los procedimientos para recoger la información 190
   4.1. Cómo se realizaron las observaciones de las aulas 192
5. El análisis de la información y la necesaria triangulación 193

ANEXO: REGISTROS NARRATIVOS DE LAS OBSERVACIONES DE AULA: CIENCIAS SOCIALES, GEOGRAFÍA E HISTORIA EN 3º B Y 4º B 199

BIBLIOGRAFÍA 209

segunda, como si fueran independientes, ya que, efectivamente, es consciente de que se trata de "conocimientos" diferentes.

Sé que al encomendarme este prólogo se me hacía responsable no sólo de responder al honor que siempre supone una petición semejante, sino también de mi parte de "culpa" por haber persuadido a la autora de la obra a adoptar una línea de investigación que satisface tanto, como quebraderos de cabeza proporciona considerar la subjetividad, las comprensiones y autocompresiones de los que actúan en el escenario de la práctica educativa. A buen seguro que los destinatarios de este trabajo, los que se ven enfrentados día a día en estos problemas prácticos, valorarán el esfuerzo realizado.

Carmen García Pastor
Catedrática de Universidad del Departamento de
Didáctica y Organización Educativa
Universidad de Sevilla

INTRODUCCIÓN

Este libro se ha escrito, fundamentalmente, con la intención de demostrar a los profesores de Educación Secundaria que sus propias prácticas y experiencias constituyen una rica base de conocimientos para avanzar en la mejora de sus clases y responder a la diversidad desde este espacio educativo. La razón que nos lleva a hacer esta afirmación reside en el hecho de que casi todo el contenido de este trabajo está basado en la observación de las prácticas de aula de varios profesores de Secundaria.

Asistiendo a sus clases, conectando con ellos y sumergiéndonos en la vida diaria de sus centros durante un curso escolar –tras aplicar las oportunas estrategias de investigación científica– pudimos obtener unos hallazgos interesantes. Entre estos, el *ambiente* que existía en esas aulas fue una de las dimensiones sobre la que obtuvimos una mayor cantidad de información. Y apoyándonos en los rasgos que definieron ese aspecto del aula, es precisamente desde donde hemos partido para elaborar esta publicación. En consecuencia, el lector va a encontrar en estas páginas una serie de propuestas para mejorar sus clases –y más concretamente, su ambiente– que toman como punto de partida la realidad, lo que los profesores hacen día a día. Y todas esas propuestas confluyen en un mismo objetivo: *que desde las aulas se responda adecuadamente a la diversidad de los alumnos y alumnas.*

El hecho de partir de la compleja estructura de variables interdependientes que conforman la vida en el aula ha sido para nosotros prioritario ya que mantenemos que, sin el conocimiento de las prácticas cotidianas del docente, es difícil proporcionar pauta alguna de intervención. Decía Hargreaves (1996) que ningún grupo de expertos ni de políticos puede disponer que el profesorado cambie su manera de dar las clases, sin tener en cuenta antes sus deseos de cambio con respecto a la práctica, e incluso, más importante que eso, sus deseos de conservar aquella práctica que valoran o que parezca efectiva. O lo que es lo mismo, el profesor es un agente activo, no pasivo ante cualquier deseo de innovación que planee sobre sus aulas. Si desconocemos lo que ocurre en este espacio educativo, difícilmente podremos comprender la orientación que ellos quieran dar a sus cambios. Tal como lo expresa García Pastor (1998a), la educación es ante todo una actividad práctica, sus problemas son prácticos y, por tanto, no pueden resolverse con hallazgos teóricos.

Conforme avancemos en la lectura de este libro, observaremos que todas las propuestas que vamos formulando van siempre dirigidas al grupo clase en su conjunto y, más concretamente, como ya hemos comentado, a la mejora del ambiente que se respira en las aulas, con la finalidad, permanentemente, de responder a la amplia diversidad que define al alumnado de estos cursos. Este enfoque deja entrever que estamos partiendo de una concepción diferente a lo que muchos profesionales mantienen sobre lo que supone educar con la diversidad. Las argumentaciones que vamos refiriendo quedan anexadas a una corriente educativa de carácter internacional denominada *educación inclusiva*. Aunque en el desarrollo de uno de los capítulos desentrañamos el significado de este enfoque, sí podemos adelantar que no vamos a hallar entre las páginas de este trabajo un listado de actuaciones didácticas destinadas a determinados alumnos en función de sus características personales.

Lejos de esos planteamientos, defendemos que responder a la diversidad nunca debe consistir en planificar medidas diferentes desde el aula teniendo en cuenta a los alumnos aisladamente ya que las dificultades de aprendizaje que presentan nuestros alumnos y alumnas no suelen ser independientes de lo que sucede en el contexto global de una clase. Para responder a la diversidad hay que revisar y renovar la totalidad de las prácticas educativas y no solo lo que se hace con un chico o chica individualmente. Por tanto, como diría Ainscow (1999, 2001a, 2001b, 2001c), la *educación inclusiva* hay que considerarla como sinónimo de la mejora de la escolaridad. En coherencia con esta tesitura hemos decidido titular este libro *Mejorar el ambiente en las clases de Secundaria*. Creemos que esta expresión encierra la intención que deseamos transmitir.

En cuanto a la decisión de centrarnos en el *ambiente* del aula, además de por haber sido el factor que ha acumulado mayor cantidad de hallazgos analizados, ha venido dada por una de las principales singularidades que posee este concepto. Tal como explicaremos en posteriores capítulos, el ambiente es una realidad intensamente subordinada a los muchos acontecimientos que perviven en el aula. Según sean los objetivos y contenidos que queramos enseñar, las tareas que les propongamos a los estudiantes, las relaciones que estos mantengan, la manera con que se comunique el profesor con esos alumnos, etc., el ambiente surgirá bajo unas u otras características. Por tanto, en la medida en que tratemos de controlar este concepto, estaremos a la vez controlando una amplia variedad de dimensiones influyentes en los procesos didácticos que se desarrollan en el aula.

Estamos convencidos, por tanto, que si favorecemos el ambiente de un aula, estaremos avanzando de manera adecuada en lo que supone enseñar con la diversidad del estudiantado. Aunque es verdad que este punto de mejora –el ambiente– no es el único camino que nos llevará a tal fin. En un aula existen otras tantas variables contextuales que están decidiendo simultáneamente que nos alejemos más o menos de la intención que compartimos. Mantenemos el compromiso de que en posteriores publicaciones podamos abordar esos otros tantos aspectos.

Con los argumentos que estamos planteando es obvio pensar que, este libro, va dirigido, fundamentalmente a los profesores y profesoras que imparten clase a estudiantes entre 12 y 16 años en un sistema obligatorio de enseñanza. Aunque es verdad que los orientadores de los Institutos o todos aquellos profesionales que ejerzan sus tareas en el campo de la formación del profesorado, podrán encontrar también, entre estas líneas, diversos recursos que le ayudarán un poco en su labor. El desarrollo profesional de un profesor de la etapa Secundaria no siempre discurre por un espacio sin obstáculos, por lo que su formación exige un esmerado diseño y planteamiento basado, sobre todo, en la práctica de la reflexión

Cuando nosotros comenzamos ese trabajo de investigación en el que hemos apoyado esta publicación, percibimos a una mayoría de docentes poco entusiasmados y nada satisfechos con los cambios que en ese curso la LOGSE (*Ley Orgánica General del Sistema Educativo*) les iba imponiendo. Llegamos, incluso, a aislar expresiones tan concluyentes como éstas: *Sales de aquí hecho polvo, ves que los resultados no funcionan, sales quemado. Luego oyes en la peluquería, en la calle, que los profesores no sirven, no saben hacerlo. Sólo dicen "sueldo y vacaciones". Si yo consigo una empresa con el mismo sueldo y un mes de vacaciones, me voy. Allí si me equivoco sólo aguanto al jefe. Aquí aguanto a 30 alumnos, a la sociedad y a los padres...*

Este tono derrotista se acentuaba cuando el profesorado refería la necesidad de responder a la diversidad de su alumnado. No fue difícil recoger mensajes explicando que atender a la diversidad era algo que no entendían o que *atender a la diversidad es muy difícil, quien lo inventó no lo practicó*. Incluso algunos llegaban a decir que *eso es una teoría que luego no es posible llevar a la práctica*.

Hallamos también que, a pesar de tener estas concepciones, eran muchos los profesores que, en principio, estaban a favor de la filosofía desprendida del principio de diversidad pero al percibir antagonismo entre lo que se espera y las limitaciones que la realidad le impone, según ellos, falta de recursos, ausencia de implicación de la familia y la sociedad y no preparación adecuada, incorporaban posturas contrarias. Por otro lado, identificaban el responder a la diversidad con la planificación de medidas organizativas basadas en la creación de grupos paralelos y con recurrir a profesores adicionales especialistas, olvidando que lo realmente importante para responder a la diversidad comienza cuando el profesor cierra la puerta y coge una tiza en la mano.

Todos estos comentarios nos confirmaron la idea de que el principio de comprensividad y diversidad que se comenzó a poner en práctica en los Institutos, a finales de los años noventa, había traído toda una serie de intensos cambios curriculares y organizativos que, aún a estas alturas, el profesorado de la ESO permanece sin la debida formación y recursos para desarrollarlos. Es como si se hubiesen olvidado –la administración y los legisladores– que cuando dejamos de separar a los alumnos y hacemos una escuela para todos, surgen problemas nuevos en la enseñanza que no se pueden resolver con las mismas estructuras mentales y didácticas que poseen los profesores cuando al instituto solo acudía un minoritario grupo de estudiantes. Estas reflexiones son las que nos hacen comprender la intensa inclinación crítica de muchos profesores de Secundaria y nos llevan a pensar que la orientación de estos comentarios no puede ser fruto de un deseo de evadir responsabilidades profesionales. Por otro lado, en coincidencia con los muchos autores que han centrado su estudio en el desarrollo profesional del docente, no hay que olvidar que siempre hay que tomar muy en serio las perspectivas y percepciones que los profesores planteen.

Teniendo en cuenta todo este contenido dialéctico en torno al docente de Secundaria, fue como nació el mayor incentivo para escribir esta publicación. Creemos que proponer alternativas que le permitan trabajar en el aula con un grupo heterogéneo de estudiantes partiendo de su propia realidad es, quizá, una de sus mayores necesidades de formación.

Cómo está estructurado este libro

Para alcanzar el propósito –quizá ambicioso– que persigue esta publicación, hemos estructurado su contenido bajo una perspectiva muy concreta. Por lo pronto, está dividido en dos grandes *bloques* que son complementarios pero no subordinados. Esto es, el lector, si así lo deseara, puede centrarse en sólo uno de ellos y, sin embargo, asimilar y comprender sin dificultad todo lo que allí se comenta. Aunque, es evidente, que si accede a la lectura de los dos *bloques* profundizará mejor en el planteamiento que subyace a esta publicación.

En el Bloque I –*Propuestas desde la práctica*– se desarrollan toda una serie de orientaciones y reflexiones concretas para mejorar el ambiente de un aula, apoyándonos en las evidencias prácticas que recogimos de los profesores que nos permitieron asistir a sus clases. De manera específica, nos centramos en cómo mejorar las prácticas que se generan a la hora de interaccionar el profesor con sus alumnos, de interaccionar los compañeros entre sí y de disponerse los alumnos a las tareas de clase.

¿Por qué nos referimos a estos aspectos? Porque hemos ordenado todo el contenido en función de la conceptualización que le hemos dado al concepto de ambiente. Tal como el lector encontrará explicado con detalle más adelante, el ambiente está configurado por tres elementos fundamentales: *interacción profesorado-alumnado, interacción entre iguales* y *disponibilidad hacia las tareas*. En consecuencia, cada uno de los capítulos de este Bloque I refiere uno de esos elementos.

Por el contrario, el Bloque II –*Referentes teóricos*– es el que se encarga de profundizar en los aspectos teóricos en que se apoya cada una de las orientaciones o análisis prácticos que describimos en el primer Bloque. Desde las páginas de este apartado vamos mostrando qué debemos entender por *diversidad,* qué es la *educación inclusiva o* cómo debe ser el ambiente en un aula que asume los principios de esta corriente educativa. También creímos conveniente ofrecer una explicación –resumida– de cómo transcurrió, desde el punto de vista científico, el estudio que nos permitió elaborar esta publicación.

Bajo este criterio organizativo es como hemos estructurado esta obra. Sin embargo, nos gustaría apuntar una última consideración al presente trabajo y al contenido que aquí se refiere. La posibilidad de adentrarnos en el acontecer diario de unas aulas y mostrar todo lo que allí sucedía ha sido lo que realmente ha permitido que, lo que en principio solo fuera una idea, se haya materializado en un libro como éste. Esto constituye un privilegio que no siempre es fácil de conseguir. Y este logro se lo debemos agradecer, en primer lugar, a los tres directores que en aquel curso estaban al frente de los Institutos de Educación Secundaria de la isla de Gran Canaria, *Alonso Quesada, Domingo Rivero* y *Guía*. El respaldo y apoyo que ellos nos proporcionaron fueron claves para que, después, un grupo de catorce profesores con sus correspondientes alumnos, accedieran a ser observados mientras se desarrollaban sus clases. Todo lo que ellos eran en sí mismo y la forma espontánea y natural con que se mostraron, se convirtió en un excelente regalo y una privilegiada oportunidad de aprendizaje de la que ahora podemos beneficiarnos todos. Su rápida predisposición a convertir su lugar de trabajo en escaparate externo los convierte en los mejores profesionales. A todos ellos, muchas gracias.

Parecido agradecimiento mantiene la autora de este libro con la aportación clave que protagonizó la profesora *Carmen García Pastor*, catedrática de la Universidad de Sevilla. Ella estaba dirigiendo el llamado *Proyecto Sevilla* –estudio que incorpora similares objetivos que el nuestro– cuando comenzamos a interesarnos en esta temática. El que nos permitiera anexarnos a su línea de trabajo y dirigiera nuestras tareas generó –entre otras muchas ventajas– que los planteamientos en que aquí nos apoyamos posean el necesario carácter científico.

BLOQUE I

PROPUESTAS DESDE LA PRÁCTICA

CAPÍTULO I

LA INTERACCIÓN PROFESORADO-ALUMNADO

La *interacción del profesorado* con su *alumnado*, se refiere a las formas en que los profesores se relacionan con los estudiantes de la clase. Esta interacción, además de ser el factor que más fácilmente percibimos cuando entramos en un aula, es uno de los elementos más nucleares que existen para generar un ambiente determinado. Su importancia ha sido subrayada desde muchos estudios y trabajos. Por todo ello, hemos creído conveniente comenzar por este elemento dada la prioridad temática que suele atribuírsele.

Sin embargo, es verdad que no es el único determinante que conforma el ambiente de una clase. A partir de la definición de este concepto se desprenden otros elementos. Desde nuestro estudio, tal como aparece explicado en el *capítulo V*, hemos anexado el significado del ambiente de un aula a una *construcción originada por las relaciones sociales que entablan los protagonistas de una clase así como por la forma de pensar de cada uno de ellos, por sus creencias o por sus valores, esto es, por la cultura existente en el aula*. Quiere esto decir que estamos incluyendo dos categorías dentro del concepto de ambiente; una sería la categoría *social* y otra la *cultural*. Por tanto, tal como se muestra en la *figura 1*, estaríamos conteniendo en el ambiente hasta tres elementos fundamentales que actuarían a modo de factores condicionantes: la ya referida *interacción profesorado-alumnado*, la *interacción entre iguales* o compañeros y la *disponibilidad* de los estudiantes *hacia las tareas* de clase, que es donde confluyen los aspectos culturales que inciden en el concepto que referimos.

A cada uno de estos importantes elementos le vamos a dedicar un capítulo diferente. En este primero, volviendo a repetir, nos centraremos solo en el que se refiere a la relación mantenida entre el docente y todos sus alumnos y alumnas. Con esta perspectiva vamos a ir planteando lo que sucedía en las aulas que observamos y, a la vez, comentando y justificando si lo hallado deberíamos considerarlo como prácticas que convendría que permaneciesen y se imitasen por estar cerca de lo que propone una educación de calidad que responde a la diversidad o, por el contrario, como situaciones que deben modificarse por no alcanzar este propósito.

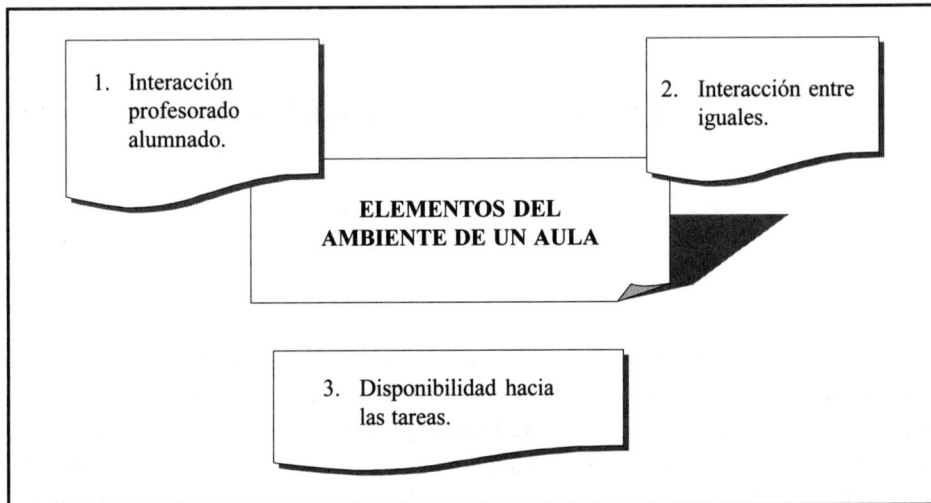

Figura 1. Elementos del ambiente de un aula.

1. LOCALIZACIÓN DE PRÁCTICAS DE INTERACCIÓN INCLUSIVA ENTRE PROFESOR Y ALUMNO

Las referencias a los instantes en que los profesores interaccionan con sus alumnos teniendo en cuenta su diversidad, será el aspecto con el que comenzaremos. De manera general, los hemos denominado *prácticas de interacción inclusiva*, ya que están cumpliendo el principal objetivo que defiende la corriente educativa que lleva este nombre. La *educación inclusiva*, entre otros argumentos –que se desarrollan con detenimiento en el *capítulo IV*–, persigue educar sin excluir a ningún estudiante por sus características.

Todas esas prácticas halladas las hemos clasificado, a su vez, en las categorías que plasma la *figura 2*. Hemos acordado, asimismo, considerarlas como momentos de interacción basados en la *comprensión profesor-alumno*, ya que, como iremos indicando, pervive en cada una la intención del profesorado de acercarse y comprender mejor a sus estudiantes.

1.1. Personalización de la relación

Cuando un profesor protagoniza segmentos de interacción con sus alumnos en donde se percibe con facilidad que hay interés por el bienestar personal y/o académico de los participantes del aula, que se envuelven los mensajes con palabras de ánimo y que, incluso, se llegan a comunicar cuestiones personales entre ellos, podemos afirmar que está personalizando la relación.

Estos rasgos, en los docentes que observamos, eran escuetos, breves a veces, pero emergían como indicadores de que en esa aula el profesor o la profesora no eran agentes enfrentados a sus alumnos. Eran segmentos en donde se evidenciaba, como diría Tomlison (2001), que los docentes tenían en cuenta las diferentes facetas de sus alumnos. En el aula no sólo existen alumnos que deben aprender unos contenidos, todos ellos –al igual que el profesor– son personas con emociones, problemas, deseos e inseguridades. La interacción que se salpica de personalización, está teniendo en cuenta esta realidad.

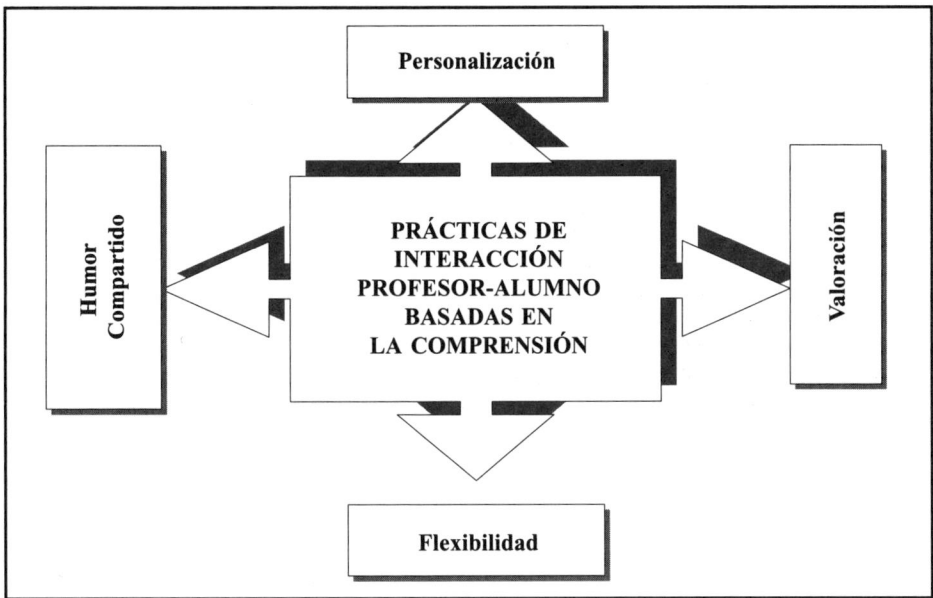

Figura 2. Clasificación de las prácticas de interacción profesor-alumno basadas en la comprensión.

Casi todos los profesores que observamos contabilizaron alguno de estos instantes. Llamaron, no obstante, la atención tres de ellos. Uno era el que impartía Ciencias Naturales a un 3er curso. El *cuadro 1* sintetiza las situaciones que pudimos anotar en su aula. Desde el ambiente que generaba este profesor, de todo lo que aquí reflejamos, nos gustaría subrayar esa forma tan diferente que percibimos de transformar en éxito errores de los alumnos. Sucedió mientras todos estaban entregados a la realización de unos problemas individualmente. De repente se oyó una voz que decía: *"¡Profe!... ¡Ah, no! ¡Me equivoqué!... Eso es bueno* –contestó el profesor desde donde estaba– *Si te equivocas es que estás aprendiendo. ¿Sabes quién no se equivoca? El que no hace nada"*. Este mensaje, aunque tenía un destinatario concreto, es oído por el resto de los compañeros. Al oírlo, las ganas de continuar aunque estemos haciendo algo mal se agarran con facilidad. Por tanto, la clase –y no sólo el que tuvo dificultades– ha recibido un mensaje motivador muy importante. Esto es enseñar a todos y todas y no solo a un sector que va mal.

Otro de los momentos que rescatamos de este docente, fue cómo se dirigió a un alumno que permanecía con un gesto serio, endurecido y le dedicó tres o cuatro segundos para transmitirle un pequeño mensaje indicador de que se estaba dando cuenta de su posible incomodidad. Una simple frase del tipo *"¿qué te pasa hoy, hombre?... anima esa cara... que ese gesto no te ayuda..."*. Puede relajar una de las muchas situaciones tensionales que vivencia un adolescente.

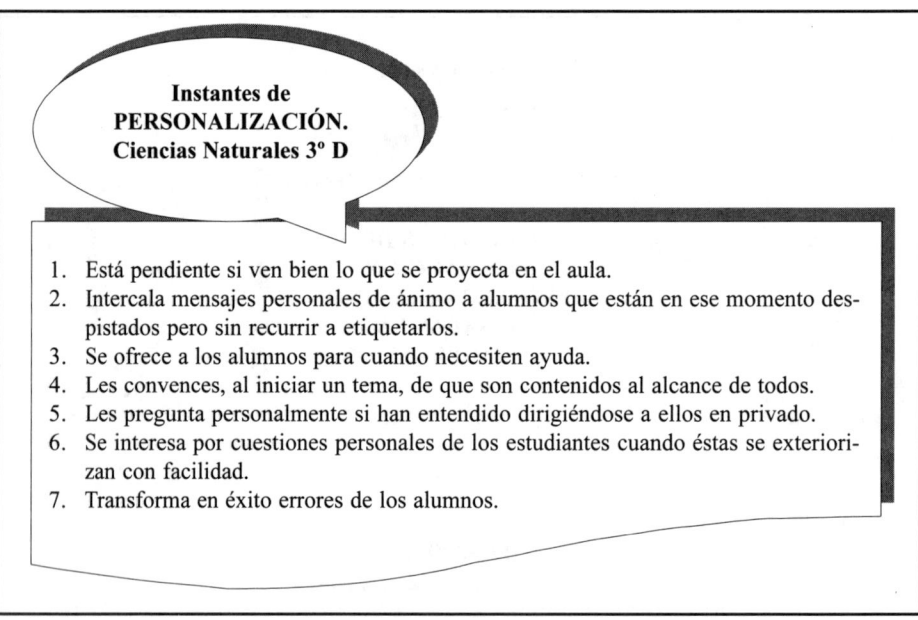

Cuadro 1. Segmentos de Personalización en Ciencias de la Naturaleza (3º D).

La profesora que impartía Música en otro grupo de 3º, fue otra docente a la que captamos con más fluidez instantes de estas características. El *cuadro 2* está indicando algunas de ellas.

En ocasiones, algunos profesores creen que diciéndoles a los alumnos que estén más atentos porque de lo contrario van a suspender, provocarán el deseo y despertarán el interés. Contrariamente a esta idea, es más fácil conseguir la atención y airear los ánimos cuando el docente comunica que confía en que todos aprobarán, aunque todos sepamos que esto no siempre se cumple. Un mensaje generalizado como este último siempre llega, provoca entusiasmo, despierta las ganas de seguir. Algo así sucedía en la clase de esta profesora de música: *"¡A ver, por favor! Tenemos una gran alegría porque estamos en primavera pero nos vamos a llevar una alegría mayor y tremenda... ¡cuando ustedes pasen a 4º! ¡Venga y a animarse!"*. En ese momento todos los alumnos aplaudieron y dijeron a la vez: *¡¡¡Bieeeen!!!* A renglón seguido, siguió explicando los instrumentos que había en una orquesta y la participación del alumnado se hizo evidente.

Fuimos notarios de otros momentos de esta profesora desde los que comprobamos que se crea un mejor ambiente en el aula cuando nos hacemos permeables a pequeños comentarios que genera cualquier alumno a partir de noticias o sucesos extraescolares recientes que todos hablan fuera del Instituto: *"Fernando le dice a la profesora: Seño ¿vio el partido de ayer de Las Palmas? La profesora se acerca e interactúa verbalmente durante unos segundos con este alumno en tono distendido sobre el tema"*. Compartir en el aula pequeñas o breves impresiones en torno a un acontecimiento de fútbol que ha conllevado que el equipo local suba a 1ª división, no es perder el tiempo, es sencillamente abrirnos a las experiencias diarias de nuestros alumnos. Si las aprovechamos bien, hasta pueden convertirse en un buen recurso para redactar un problema o realizar un dictado. Tendríamos garantizada la motivación de casi todos.

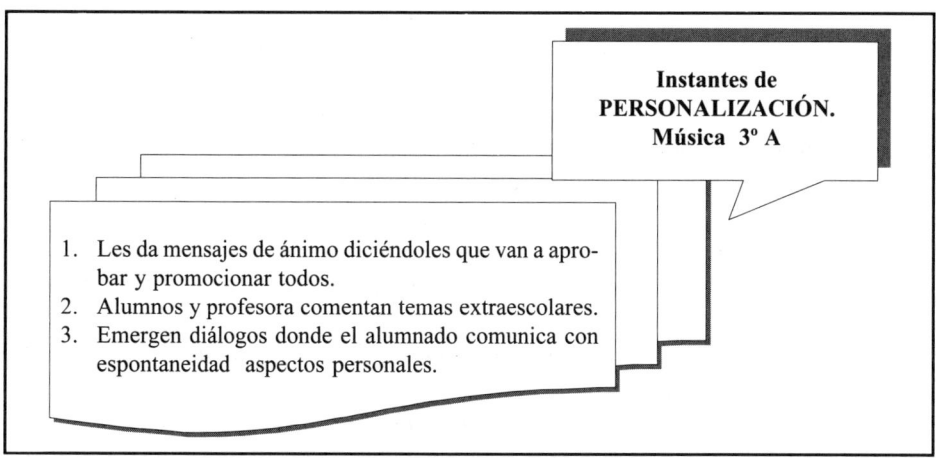

Cuadro 2. Segmentos de Personalización en Música 3º A.

Uno de los profesores que impartían Matemáticas, también en 3º, protagonizó otros tantos instantes que etiquetamos con el rasgo de personalización. Es el *cuadro 3* el que recoge los más frecuentes.

En esta clase pudimos comprobar, tal como se indica en este *cuadro 3*, que cuando el profesor ofrece a sus alumnos una imagen de persona que también tiene fallos y puede equivocarse y que no es perfecto e inalcanzable, el alumnado conecta mejor con él. Utilizar los propios errores que cometemos como estrategia para cumplir este fin fue lo que observamos en este aula: *"Aquí no estamos calificando la memoria ni quién lo hace más rápido... mira... yo también me equivoco...".* Esta situación real ante un dato equivocado que pone el profesor e inmediatamente corrige, lejos de atentar a su profesionalidad, hace que su alumnado se posicione más de cerca hacia el aprendizaje y disipe el miedo al error.

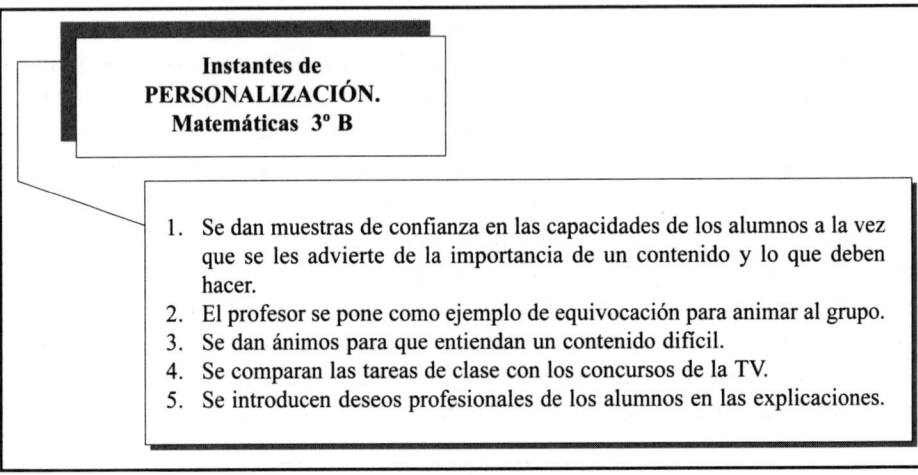

Cuadro 3. Segmentos de Personalización en Matemáticas de 3° B.

Nos llamó en la misma línea la atención el ver cómo relacionó la funcionalidad de unas ecuaciones a un chico que ponía sus ilusiones en montar un taller de mecánica. Concretamente, discurrió así la escena:

Profesor (...) se detiene ahora en un alumno que suele venir poco a clase (es la primera vez que está en el aula desde que empezaron estas observaciones). Comienza a decirle:
– Pero vamos a ver, ¿no sabes nada de lo que explicamos? ...Yo sé que estudiar es duro pero...
– Pero es que esto no hace falta profe –le contesta el chico–.
– ¡Cómo que no! Tú imagínate que estás en tu taller y tienes 150 litros de aceite y 15 coches. ¡Eso es una ecuación si no quieres desperdiciar aceite!

Durante esta sesión, este pequeño comentario del profesor, consiguió despertar la atención de un alumno que apenas venía a clase.

Comprobamos, en definitiva, que personalizar la interacción profesor-alumno es una de las tareas más sencillas que podemos aplicar en el aula, a pesar de que según un estudio que realizó Marcelo (1992) este rasgo ambiental se encuentra con más frecuencia entre los profesores principiantes. En realidad, son sólo mensajes, pensamientos que envuelven nuestra comunicación pero en donde se percibe que estamos recogiendo las necesidades que van más allá de la dimensión académica de un estudiante: deseos futuros, preocupaciones, aficiones, inseguridades... Todo ello prepara un ambiente más receptivo, más cercano a los principios de la inclusión.

1.2. Humor Compartido

En las observaciones que realizamos, logramos aislar evidencias en donde se presenciaban instantes en que tanto el profesor como los alumnos estaban compartiendo una situación humorística. Sin embargo, habría que advertir que no fueron muy abundantes estas situaciones. Quizá sea porque la conceptualización que estamos aplicando es un tanto ambiciosa. Habría que reparar en que, no nos estamos refiriendo a aislar situaciones de humor y risa en una aula –que siempre la hay–, sino que estamos mencionando esos instantes en que todos los participantes están compartiendo la hilaridad de algún acontecimiento o comentario.

En ocasiones se suele utilizar el humor como instrumento de respuesta hacia el profesorado o el alumnado. Es éste el caso que estudió Dubberley (1995), que se centró en analizar cómo los adolescentes de una escuela comprensiva del Reino Unido, se valían de la broma para probar a sus profesores y profesoras y para catalogarlos sobre la base de sus reacciones. Al hacerlo así, según este autor, se iba definiendo un tipo de relación entre el alumnado y profesorado.

En una investigación realizada en varios Institutos de Sevilla –ciudad tradicionalmente asociada a una comunicación salpicada con humor– Gómez Torres y Navarro (2001) hallaron en las aulas que en ciertos momentos el alumnado interrumpía el clima de trabajo con un tono jocoso, pero el profesorado, sin embargo, aunque a veces llamaba al orden, otras tantas seguía el mismo tono e incluso tomaba él la iniciativa distendiendo el ambiente con bromas. Éste sería el rasgo al que nos estamos refiriendo. Al actuar así, el ambiente que se respira está necesariamente impregnado de espontaneidad y optimismo, factores que favorecen mucho cualquier aprendizaje.

Según Tomlison (200), en un aula donde se responde a las necesidades de los alumnos, el profesor utiliza el humor y la energía positiva. En el estudio que realizó Giné et al (1998) con una amplia población de estudiantes de Secundaria, éstos remarcaron el valor que para ellos tenía este rasgo. Expresaron que la capacidad de aceptar y de hacer bromas dentro de unos límites claros de mutuo respeto, constituía un componente principal de la interacción profesorado-alumnado.

Pero, tal como ya hemos advertido, desde las observaciones que realizamos en nuestras aulas, no proliferaron estos momentos. Etiquetarlos era una tarea fácil, se discriminaban rápidamente, pero a la hora de contabilizarlos no logramos reunir demasiada información. Los instantes así clasificados fueron pocos.

Fue quizá la profesora de Música de 3° la que más momentos de humor compartido logró reunir. De lo que se reían en esa clase lo hemos sintetizado en el *cuadro 4*.

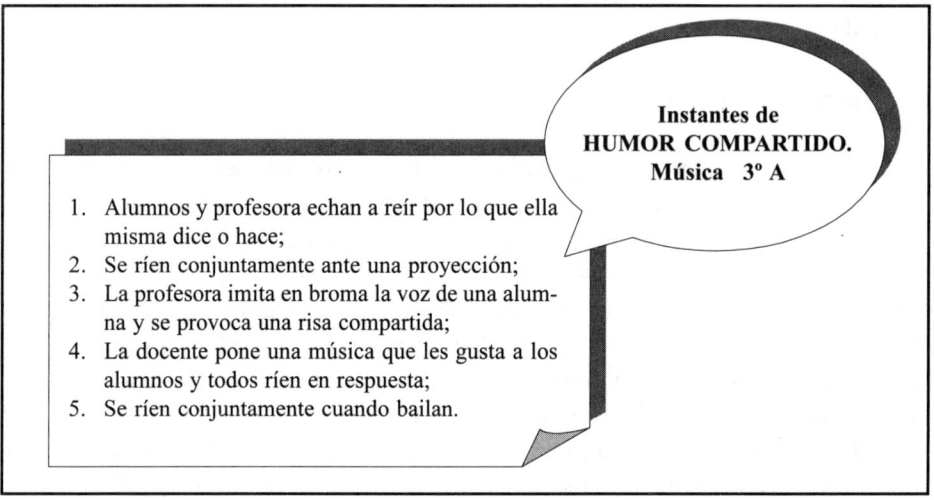

Cuadro 4. Segmentos de Humor Compartido en Música de 3° A.

Al analizar las evidencias de humor de esta profesora, es cierto que algunas de ellas aparecen unidas al contenido curricular que impartía. Cuando se baila o se pone música generalmente se ríe. No obstante, al hacerlo también cuando se está visionando una película –una relacionada con la vida de *Mozart*– ya estamos compartiendo una tarea propia de otras materias. Y no siempre ocurre esto con la proyección que se ponga en un aula. La tercera situación nombrada en el *cuadro 4* tampoco estaría relacionada con la materia impartida. Concretamente, los elementos que entraron en acción se sucedieron así:

Uno de los alumnos llama a la profesora y le dice:
– "¡Señoritaaaaaaaa...!".
– "¿Qué pasaaaaaaaaa...?" –responde la profesora imitando el tono de la pregunta del alumno–.
Esto provoca una risa generalizada de todos.

En referencia a aquello que dice la profesora y que también desencadena la risa –situación primera– no podemos aislar la singularidad del hecho. La docente se limitó a decirle a unos alumnos que estaban en la fila de atrás *"¡Pero qué trabajadores son...!"*. Este mensaje, cargado de ironía, generó una carcajada en todos, incluidos los estudiantes mencionados.

Al reflexionar sobre los comportamientos de esta docente que generan la risa generalizada, resulta difícil averiguar la causa desencadenante. Hablaríamos más de un ambiente que, al poseer –como de hecho poseía– tantos rasgos positivos (abundancia de personalización, valoraciones, entusiasmo de los alumnos...) se va desarrollando sin esfuerzo un clima de espontaneidad en el que la sonrisa se escapa fácilmente.

De los casos estudiados también destacó, aunque en mucho menos grado, las situaciones jocosas que se crearon en una clase de Ciencias Sociales, Geografía e Historia de 3º B. Pero entre los pocos momentos aislados –solo cinco durante seis sesiones de clase– prácticamente todos se desencadenaron a partir de la proyección de unas imágenes, concretamente unas diapositivas. A partir de estas coincidencias, podríamos pensar que la utilización de los audiovisuales favorece la interacción entre profesor y alumnos.

No obstante, analizando lo que acontecía en las aulas con este profesor de Ciencias Sociales, hallamos algo que merece nuestra atención. Cuando en un aula los estudiantes rompen a reír, siempre que no se esté perdiendo el respeto ni las normas de convivencia, sería conveniente que el profesor también lo hiciera. Esta invitación no suele ser difícil ya que si un grupo de veinticinco personas ríe a la vez, es que puede haber causa para ello. Esto sucedió con este docente de Ciencias Sociales. Al visualizar el grupo una diapositiva en la que aparecían dos esculturas desnudas, los chicos y chicas –recordemos que son adolescentes– rompieron a reír y el profesor de inmediato les acompañó en ello. A los pocos segundos, la dinámica de la clase continuó con el mismo formalismo y participación del comienzo.

Esto no pudimos verlo, por el contrario, en otras clases. En una de ellas incluso, ante una situación similar, observamos cómo el docente se llegaba a morder los labios y se giraba con tal de no compartir con los alumnos un golpe realmente gracioso –más bien ingenuo– de una chica. Concretamente sucedió en un aula de Matemáticas de 4º curso:

> *Profesor le dice al grupo clase.*
> *– ¿Está claro lo que es una variable cuantitativa pero discreta? ¿Alguien me pone un ejemplo?*
> *– Un jamón –contesta una alumna convencida de lo que está diciendo–.*
> *Todos los alumnos se ríen. El profesor no emite juicios de lo dicho y le da una explicación de si ese ejemplo sería el adecuado. El resto de los alumnos sigue riéndose. El profesor no lo hace y gira la cabeza.*

A lo mejor el docente, en este caso, estaba escondiendo su sonrisa para evitar que la chica interpretase que su profesor se está riendo de ella. Pero esta posibilidad se lleva mejor y aparece menos forzada, si el profesor comparte con los compañeros la respuesta jocosa a la vez que proporciona aclaraciones. Mensajes del tipo "tu respuesta ha resultado graciosa" a la vez que se explica que el motivo de la risa es el comentario pero en ningún momento ella misma, es quizá la mejor salida.

El humor compartido es, por tanto, un excelente recurso que genera un clima distendido, espontáneo y de aceptación. Pero a la vista de las argumentaciones ofrecidas podríamos decir que no existen fórmulas mágicas desencadenantes de este rasgo ambiental. Tan inadecuado es forzarlo como inhibir su aparición. Hasta la fecha, en las aulas analizadas en la isla de Gran Canaria, el profesorado no está propagando esta singularidad.

1.3. Flexibilidad en los acuerdos

La categorización bajo el término de *flexibilidad* fue aplicada a aquellos instantes comunicativos en los que se percibía con claridad que entre profesor y estudiantes se alcanzaban con rapidez acuerdos comunes. Este rasgo ambiental evidencia que el profesor posee un estilo educativo tolerante, ya que solo bajo esa tolerancia se facilita la flexibilidad y la posibilidad de cambiar de opinión si las circunstancias así lo están aconsejando.

En un estudio de Giné *et al* (1998) en que se recogieron las opiniones del alumnado de Secundaria, la flexibilidad aparecía como rasgo asociado a ese profesor que sabe "enrollarse bien". Udvari-Solner y Thousand (1996) aplican este término a las técnicas y métodos que deben utilizar los profesores. Según estas autoras, si la metodología aplicada en el aula es flexible, la posibilidad que los alumnos aprendan en función de sus características es mucho más alta. Ainscow (20001b) sugiere que ante los comportamientos de los alumnos, el profesor siempre debe responder con consistencia pero a la vez con flexibilidad. Tomlison (2001) plantea que es la planificación del tiempo bajo una fórmula flexible lo que nos acerca a un aula diversificada. A la vista de estas argumentaciones teóricas, localizar segmentos protagonizados por la flexibilidad entre profesores y alumnos, es presenciar prácticas de aula importantes.

En una clase de Lengua de 4º de la ESO, fuimos testigos de cómo, bajo la solicitud del grupo clase, la profesora detenía las instrucciones que realizaba para marcar las tareas de casa y llegaba al acuerdo compartido de que ese día no marcaría nada, dada la petición de sus estudiantes, aunque lo posponía para la jornada siguiente. En otro momento, en esta misma aula, una alumna le proponía a la profesora que si fuera más despacio en las correcciones que estaba haciendo, ella podría ir repasando. Con una frase de *venga, vale* la fluidez de la docente se modificó y, no solo la alumna que lo pidió, sino algunos alumnos más, elevaron sus niveles de atención. Anotamos también en esta profesora como señal de flexibilidad, el reconocer los errores cometidos, verbalizando en alto a los alumnos que ellos llevaban razón al decírselo reemprendiendo de nuevo las explicaciones bajo las puntualizaciones expresadas por el grupo clase.

Ser flexibles es también preguntar y considerar las respuestas de los alumnos antes de tomar decisiones sobre el tiempo y la forma de realizar un ejercicio. Éste fue el talante que percibimos en uno de los profesores que daba Matemáticas en 3º:

(El profesor) vuelve a dirigirse a los alumnos y les dice:
– (...) Vamos a hacer las actividades que hay ahí.
– ¿Empezamos ya? –pregunta la mejor alumna–.
– Sí. Van a estar cinco minutos y luego salen a la pizarra... O mejor ¿qué quieren? ¿cinco minutos o que salgan ya a la pizarra? Pero si salen a pizarra el resto va a copiar...
– Pero es que en 5 minutos no da tiempo –responde otra alumna al profesor–.
– Bueno, quien dice 5 dice 6. Les dejaré un poco más... Pero es mejor que hagan esto que mañana tienen mucho que hacer.

Modificar las fechas de un examen, bajo la petición de la mayoría de los estudiantes, tal como sucedió en una clase de 2º de Matemáticas, se anotó igualmente como indicador de flexibilidad. Una vez más, estaríamos aquí en un caso de flexibilización del tiempo.

Antes las situaciones marcadas, algunos profesores suelen expresar en torno a este rasgo cierta dificultad para ponerlo en práctica. Alegan no saber exactamente dónde estaría el límite de ser flexible y dónde el hacer solo lo que se le antoja al alumnado. Aunque resulta arriesgado dar recetas al respecto, si habría que considerar algunas cuestiones que vamos a exponer utilizando los ejemplos que acabamos de señalar.

El profesor es rígido cuando no escucha las peticiones de sobrecarga de trabajo de un alumnado, descalifica estas solicitudes etiquetándolas de falta de interés y ganas de hacer el vago o cuando, por sistema, sin modular nunca en función de lo que ellos realizan desde otras asignaturas, marca un listado de actividades para casa. También cae en la rigidez cuando impone unos instrumentos o criterios de evaluación cerrados a las aportaciones de los estudiantes o si establece fechas claves de cara al cumplimiento de determinadas obligaciones sin antes hacer una consulta democrática y razonada. En una clase de Ciencias Sociales de 4º curso, anotamos una situación desde la que se ve con claridad lo que podría ser un instante de rigidez bajo el enfoque que estamos explicando:

Los alumnos siguen hablando entre sí. Profesor dice ahora:
– En cuanto a la fecha... vamos a dar dos semanas (se refiere a un trabajo que deben hacer).
Los alumnos al unísono dicen en voz alta:
– ¡Noooooo!
Profesor no les dice nada al respecto.
Un alumno pregunta:
– Pero ¿qué día es entonces profesor? ¿El 7 de Junio?
– ¿Quién tiene una agenda? –pregunta el profesor–.
Se la dan. Él consulta un instante. Les dice al alumnado:
– Lo recojo el 25 de Mayo.
– Tenemos un examen de Lengua, Ramón.
– Ese examen no quiere decir que no hagan esto. Será el 25 de Mayo –vuelve a afirmar el profesor–.
Casi todos los alumnos hacen comentarios y gestos de protesta. Profesor escribe en pizarra la fecha "25 de Mayo".
– ¡Chaacho...! ¡Ramón...! –dice un alumno–.
– Tienen tres semanas –contesta el profesor–.
– ¡El 27, profe! ¡Que tenemos exámenes!
– ¿Ustedes van a hacer el trabajo el día antes? –responde el profesor–.
Un alumno levanta la mano y comienza a explicarle al profesor las tareas de otras asignaturas que deben hacer. Al final le hace una propuesta de fecha diferente. Profesor le contesta:
– Te repito que no lo vas a hacer ese día. El 25 y el 25 lo recojo.
Los alumnos siguen haciendo gestos y comentarios de protesta.

Este tipo de momentos podrían evitarse perfectamente si el docente hubiese accedido a una propuesta que no está tan lejos de la que él mantenía. ¿Qué perjuicio se causa en el aprendizaje de las Ciencias Sociales si en lugar de entregar un trabajo el 25 se hace el 27? En caso de existir justificaciones que lo impidieran ¿por qué no las plantea el profesor y trata de convencer a sus estudiantes que no es viable por determinadas razones? En la descripción de los hechos que anotamos, los alumnos sí estaban dando argumentaciones justificadas. Ellos ensayan la negociación razonada. El profesor, por el contrario, solo dice "no" a lo que le plantean. ¿Qué consecuencias positivas acarrea a un docente el ofrecer una imagen de persona inamovible en sus juicios?

La raya que marca el límite de un profesor tolerante y flexible no tiene por qué confundirse con la de aquel que mantiene una interacción basada en la debilidad y en el dejarse llevar por todo lo que se le antoja al alumnado. Caeríamos en este espacio si dos o tres veces más, siguiendo en el ejemplo anterior, hay que cambiar la fecha porque ellos así lo deciden. Pero estas situaciones son poco probables cuando los compromisos, la entrega de tareas, la manera de organizar las actividades de clase o la forma de explicar ha sido consensuada anteriormente con el alumnado. Aún así, en el caso de que surjan, suele ser muy útil para acallar voces el recordar que lo planificado debe ajustarse al calendario o a la forma que posee porque fue una decisión ya consensuada. No obstante, escuchar nuevos planteamientos nunca perjudica a nadie.

Ser flexibles en nuestra interacción es modular, es adaptarse, es estar pendiente del resultado de nuestro feed-back y de lo que le sucede a la diversidad de nuestro alumnado. En la medida que poseamos este rasgo, nuestra enseñanza podrá mejorar fruto de nuestra reflexión y de nuestra apertura. Marcar un solo camino para trabajar en el aula, sin que exista la posibilidad de que éste se amplíe en algunos momentos –o se estreche en otros– no es viable con la forma de aprender del alumnado. Stenhouse (1987) rescató una cita de Jackson (1968) en la que se afirmaba que la vía del progreso educativo se asemeja más al vuelo de una mariposa que a la trayectoria de una bala. Si los acontecimientos que se van produciendo en el aula se asemejasen a la linealidad de esto último, la flexibilidad no sería necesaria. Pero todos los que hemos dado clase sabemos que esto nunca es así y que Jackson (1968) llevaba razón.

1.4. Valoración de los estudiantes

Cuando entre los participantes del aula se producían mensajes de aprobación y felicitación o se tenía en cuenta, de diversas formas, el trabajo hecho o las aportaciones que hacían los alumnos, acordamos que se estaban vivenciando situaciones de *valoración,* esto es, situaciones en donde el profesor exteriorizaba consideraciones positivas hacia un estudiante o hacia todo el grupo.

Todos los profesores observados, en mayor o menor grado, lanzaban en algún momento este tipo de mensajes. La forma de hacerlo, variaba ligeramente de un profesor a otro. Unos se remitían a decir un *muy bien* al alumnado o dedicaban una reforzante frase del tipo *es una buena pregunta la que me has hecho*; otros utilizaban la táctica de incluir en el propio discurso de la explicación las palabras o ejemplificaciones aportadas por los estudiantes; en otros casos se escribía en la pizarra la frase o término emitido y hubo profesores que ponían como modelo al estudiante como forma de valoración: *cópienlo como Jonay,* solía decir el profesor de Ciencias Naturales. Había una profesora, la de Música de 3º, que acostumbraba a envolver los mensajes de valoración en un tono de broma y espontaneidad:

> *Profesora está preguntando ahora si sabrían decirle qué forma de ser tenía Mozart.*
> *– ¡Burletero! –sostiene Ramón–.*
> *– ¡Muy bien! –responde profesora–.*

– ¡Un positivo seño! –solicita Ramón–.
– Sí... ¡Y un aplauso! –añade sonriente la profesora–.
Todos los compañeros comienzan a aplaudir. Profesora y alumnos ríen.

Al analizar el desencadenante que provocaba la valoración del profesor, tal como muestra el *cuadro 5*, percibimos que, aunque variaba dependiendo del docente y de los alumnos, existen unas constantes que conviene que nos detengamos a considerar. Desde nuestra investigación descubrimos que, sobre todo en las clases de matemáticas, aparecía una felicitación de nuestros docentes a sus alumnos, mayoritariamente, cuando éstos respondían o hacían alguna tarea correcta o de manera rápida. Serían los factores que en el cuadro están numerados del 1 al 5.

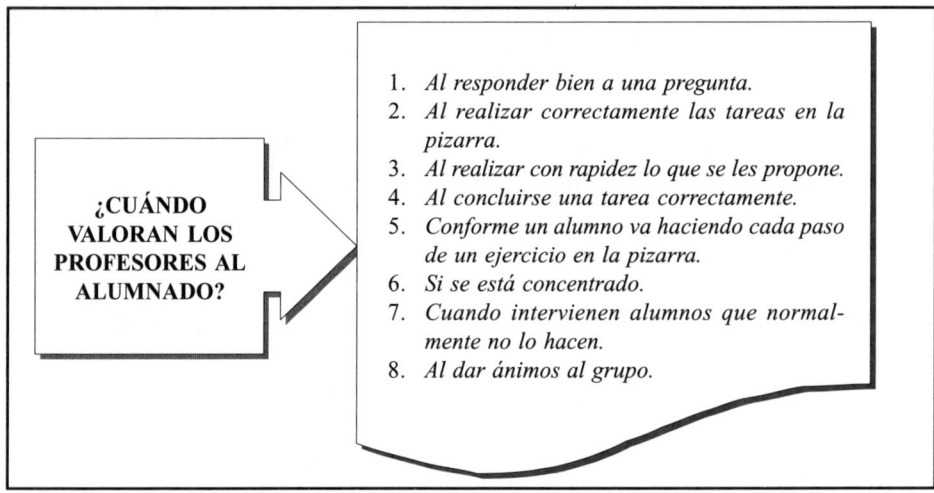

Cuadro 5. Situaciones que generaban la valoración del profesor al alumnado.

Sin embargo, fueron escasos los instantes en que se felicitaba por algún proceso parcial de realización de un ejercicio, o por las tres últimas situaciones que figuran en el *cuadro 5*. Sobre este hecho hay que advertir que cuando Tomlison (2001) describe el perfil de un aula tradicional, contraria a la diversificada, lo asocia a un lugar donde sólo hay una idea en la definición del éxito. En la mayoría de nuestras aulas, si el profesor sólo felicita cuando emerge un resultado correcto y no concibe, en consecuencia, que el éxito y lo bien hecho está definido por el crecimiento personal desde el punto de partida, sólo valorará a un grupo concreto de alumnos, que permanecerá además absorbiendo todas las felicitaciones de manera constante. Ainscow (2001b) aportaba al respecto que el sistema de recompensas debe promover la autoestima del alumno. Si se realiza de manera tan sesgada y solo cuando el resultado último es exitoso, será difícil conseguir lo apuntado por este autor.

Generar un mensaje de valoración cuando algún estudiante, sobre todo aquel que con frecuencia permanece despistado, está visiblemente concentrado sería, por el contrario, algo muy acertado. Es una forma de ir indicándole cuál es el camino que le conduce a destacar en la clase. No obstante, habría que puntualizar que este tipo de valoraciones no debe caer nunca en lo que algunos autores denominan pseudoalabanzas. Si lo que expresamos se acerca a un *qué raro, hoy por fin te veo atento y concentrado... eso está muy bien... vamos a ver cuánto te dura,* no estamos transmitiendo un mensaje que favorezca la autoestima. Sólo estamos recordándole al alumno que él normalmente no suele atender y que cuando lo consigue es por pura casualidad y nunca porque él pueda cambiar.

Aprovechar una pequeña entrada a la participación grupal por parte de un alumno que nunca lo hace, es igualmente una fórmula apropiada que fortalecería la confianza del estudiante que así se comporta. Y si estas intervenciones son escasas, no estaría de más que el docente las estimulara. Uno de los profesores de Matemáticas de 3º tenía por sistema el ir explicando mientras introducía preguntas dirigidas a cada uno de sus alumnos. Pero después de estar varios días observándole, descubrimos que aproximadamente el 80% de estas cuestiones las destinaba ante todo a esos alumnos menos intervinientes. En la *figura 3* hemos segmentado varios de estos momentos. No cabe duda, que algunos –aunque no todos– de los interrogantes que planteaba estaban intencionadamente seleccionados de entre los que exigían una respuesta corta o de fácil elaboración. Pero eso era lo de menos. Lo principal radicaba en que generaba situaciones de éxito a la medida que tenían como resultado el que no solo dos o tres chicos y chicas de la clase absorbieran de manera permanente las valoraciones.

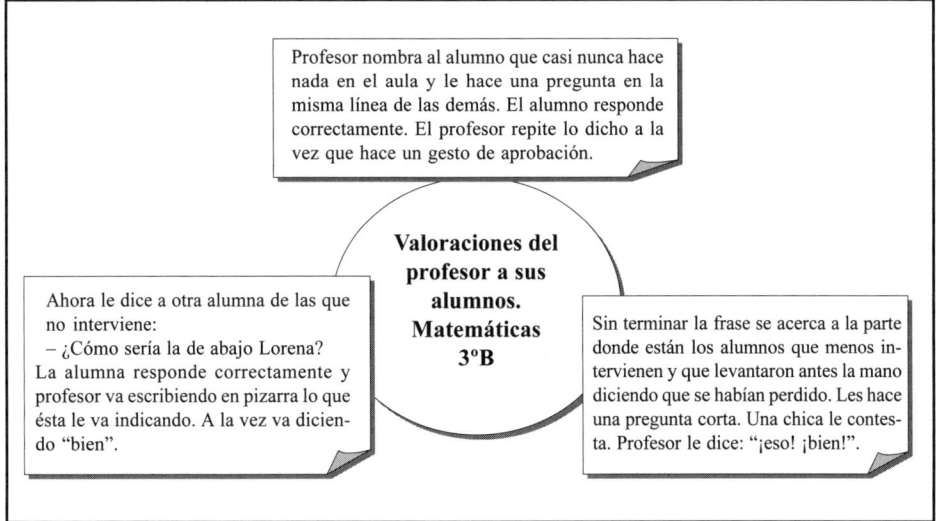

Figura 3. Mensajes de valoración del profesor de Matemáticas de 3º B.

Pero de la misma forma que son importantes las valoraciones individuales, también lo son las grupales. En la medida que valoramos al colectivo se desprende con más facilidad la satisfacción por la pertenencia a ese grupo. Las escuelas inclusivas se definen ante todo por aspirar a la creación de auténticas comunidades de aprendizaje. Como dirían Pearpoint y Forest (1999) la inclusión es vivir juntos, es volver a ser todos uno. Si un profesor infravalora con frecuencia las características del grupo clase, puede estar generando en algunos estudiantes su desagrado a verse incluido en ese colectivo desprestigiado. Llegado ese punto, se hace difícil favorecer la cooperación y realizar actividades grupales con éxito en esa clase.

En las clases de 1º B, con el profesor de Matemáticas, registramos ciertas formas de estimación y valoración al grupo clase. Se sucedían en estos términos:

Ahora profesor está observando todo lo que hay reflejado en la pizarra. Dice de pronto:
– ¡Se me quedó algo atrás y no me lo han dicho!
Algunos alumnos comienzan a decir diferentes aspectos. Profesor va respondiendo:
– ¡Ya está puesto! ¡Fíjense todo lo que esta clase sabe!
Continúan las intervenciones de algunos alumnos. Profesor añade:
– Sigue faltando una cosa más... Saben mucho todos mis alumnos, pero falta algo más. Tienen almacenado una cosa y no se acuerdan de ello.

Es evidente que este caso el docente estaba transmitiendo un mensaje de confianza en relación a los conocimientos que poseía el grupo. Con esta fórmula, los ánimos colectivos tienden a fortalecerse.

Es posible que algunos docentes mantengan la creencia de que estas valoraciones dirigidas a los estudiantes que asisten actualmente a Secundaria es algo difícil dado el bajo nivel académico que poseen. Sobre esta consideración habría que añadir que, efectivamente, en nuestro estudio hallamos que la mayoría de los estudiantes exteriorizan una constante dificultad ante las tareas que tienen que hacer. Fuimos testigos de cómo muchos de ellos se equivocaban, no sabían resolver las actividades que se les adjudicaban, se mostraban inseguros e intervenían en el aula con poca frecuencia. Sin embargo, este panorama no debe debilitar lo que venimos defendiendo hasta ahora.

Por lo pronto, sería adecuado que cada profesor reflexionara si realmente en su clase no se están produciendo momentos dignos de valoración. Si es así, replantear el nivel de exigencia y el tipo de actividades que se están realizando, sería el paso más inmediato a seguir. Interpretar la ausencia de este tipo de mensajes expresando que solo hay dos o tres alumnos válidos y susceptibles de recibir felicitaciones y que el resto no sirve, sería un gran error.

Pero también sería importante que los profesores recordaran las teorías constructivistas del aprendizaje. Entre otros aspectos, se defiende que cualquier aprendizaje se descompone en muchos pasos que en ningún momento están aislados sino que se adquieren en una secuencia. Como nos explican Udvari-Solner y Thousand (1996), estas teorías se relacionan positivamente con las prácticas de la educación inclusiva porque fomenta la idea de que todas las personas están siempre aprendiendo y que el proceso no puede ser parado. Se citan las palabras de Siegel y Shaughnessy (1994) cuando afirma: *"Ningún ser humano entiende todo. Cada ser humano entiende algo. La educación debería esforzarse en mejorar el aprendizaje lo más posible cualquiera que fuera las potencialidades de cada alumno"*. Ante estas referencias, tal como anteriormente defendíamos, el docente debe concluir en lo importante que es estar pendiente del proceso de aprendizaje que se está generando entre sus estudiantes ya que es en esta fase desde donde localizaremos la comprensión de –al menos– algún aspecto del conjunto total de aprendizajes que queremos trasmitir. En ningún sitio debería estar escrito, que la felicitación al alumno solo debe aplicarse al final. Hacerlo así es considerar que el éxito en el aprendizaje es solo uno y a él acceden los alumnos más dotados.

Las teorías sobre las *inteligencias múltiples* que en su momento explicó Gardner (1985, 1995) contribuirían también a justificar los argumentos que defienden que todos los alumnos, sin excepción, deben ser valorados en algún punto o dimensión de sus aprendizajes. Howard Gardner observó niños con déficit y el concepto de inteligencia en muchas culturas, llegando a la conclusión de que no solo existen las tradicionales inteligencias clasificadas en lógicas y lingüísticas. Según este autor, existen múltiples inteligencias. Todas ellas se clasificarían en los tipos que se describen en el *cuadro 6*. Según este planteamiento, triunfar en los negocios, o en los deportes, requiere ser inteligente, pero en cada campo utilizamos un tipo de inteligencia distinto. No mejor ni peor, pero si distinto. Dicho de otro modo, Einstein no es más inteligente que Michel Jordan, pero sus inteligencias pertenecen a campos diferentes.

Gardner (1985) enfatiza el hecho de que todas las inteligencias son igualmente importantes. El problema es que nuestro sistema escolar no las trata por igual y ha entronizado las dos primeras de la lista –la *lógico-matemática* y *lingüística*– hasta el punto de negar la existencia de las demás. Algunos alumnos pueden tener una baja capacidad lógico-matemática pero sin embargo es viable que destaquen por sus habilidades interpersonales, intrapersonales o espaciales. Ante ello, como dirían Udvar-Solner y Thousand (1996), el profesorado debe apreciar y valorar en sus clases las conductas derivadas de esas inteligencias, situación que hasta la fecha ha sido poco convencional. Aunque para ello también estará obligado a organizar las actividades permitiendo expresiones de conocimiento que se realicen de múltiples modos, poniendo en marcha múltiples inteligencias. La misma materia se puede, por tanto, presentar de formas muy diversas que consientan al alumno asimilarla partiendo de sus capacidades y aprovechando sus puntos fuertes.

Inteligencia Lógica-Matemática	La que utilizamos para resolver problemas de lógica y matemáticas. Es la inteligencia que tienen los científicos. Se corresponde con el modo de pensamiento del hemisferio lógico y con lo que nuestra cultura ha considerado siempre como la única inteligencia.
Inteligencia Lingüística	La que tienen los escritores, los poetas, los buenos redactores. Utiliza ambos hemisferios.
Inteligencia Espacial	Consiste en formar un modelo mental del mundo en tres dimensiones, es la inteligencia que tienen los marineros, los ingenieros, los cirujanos, los escultores, los arquitectos o los decoradores.
Inteligencia Musical	Es la de los cantantes, compositores, músicos, bailarines.
Inteligencia Corporal-Kinestésica	Capacidad de utilizar el propio cuerpo para realizar actividades o resolver problemas. Es la inteligencia de los deportistas, los artesanos, los cirujanos y los bailarines.
Inteligencia Intrapersonal	Es la que nos permite entendernos a nosotros mismos. No está asociada a ninguna actividad concreta.
Inteligencia Interpersonal	Nos permite entender a los demás, y la solemos encontrar en los buenos vendedores, políticos, profesores o terapeutas. La inteligencia intrapersonal y la interpersonal conforman la **inteligencia emocional** y juntas determinan nuestra capacidad de dirigir nuestra propia vida de manera satisfactoria.
Inteligencia Naturalista	La que utilizamos cuando observamos y estudiamos la naturaleza. Es la que demuestran los biólogos o los herbolarios.

Cuadro 6. Las inteligencias múltiples de Gardner (1985, 1995).

Los profesores deberíamos, bajo el enfoque que impregna las teorías de las inteligencias múltiples, recordar en cada instante de nuestras clases que al avance diversificador que conllevan estas teorías, se une la definición de la inteligencia como una capacidad y no como algo innato e inamovible. Algunos sectores del profesorado consideran que en la vida se nace inteligente o no, y que la educación no puede cambiar ese hecho. Contrariamente a esta idea, es un aserto, comprobado desde muchos puntos de vista, el que todos nacemos con unas potencialidades marcadas por la genética, pero que esas potencialidades se van a desarrollar de una manera o de otra dependiendo del medio ambiente, nuestras experiencias, la educación recibida, etc. Pensemos que ningún deportista de élite llega a la cima sin entrenar, por buenas que sean sus cualidades naturales. Lo mismo se puede decir de los matemáticos, los poetas, o de la gente emocionalmente inteligente. Al definir la inteligencia como una capacidad, Gardner (1985), sin negar el componente genético, nos hace recordar que la inteligencia es, por tanto, una destreza que se puede desarrollar.

2. PRÁCTICAS DE INTERACCIÓN PROFESOR-ALUMNO NO INCLUSIVAS

Conforme avanzábamos en el análisis de nuestras observaciones, se localizaron también –al igual que en los demás aspectos ambientales– situaciones de interacción que, a la luz de los referentes que establece la educación inclusiva, no resultaban sustentadores de estas teorías. Estamos refiriéndonos a instantes de interacción que etiquetamos bajo la clasificación que presenta la *figura 4*. Referidas en su conjunto, optamos por denominarlas prácticas basadas en la *oposición profesor-alumno*.

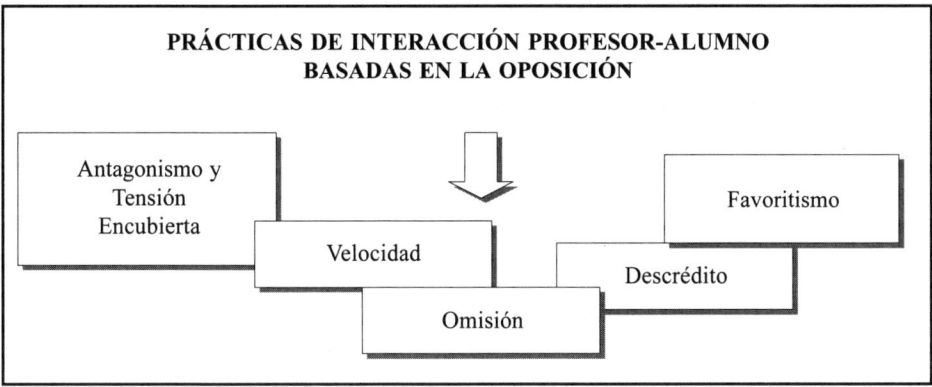

Figura 4. Clasificación de las prácticas de interacción profesor-alumno basadas en la OPOSICIÓN.

Antes de comenzar a desarrollar cada una de estas categorías bajo la vertiente práctica, nos gustaría reparar en un aspecto importante. Tal como suele suceder en cualquier contexto formado por personas, conviene que subrayemos que los profesores en los que localizábamos algunos de estos segmentos, no basaban todas y cada una de sus interacciones en este tipo de rasgos. Estamos defendiendo, por tanto, la poca consistencia que poseen las etiquetaciones globales de los comportamientos.

Al analizar cuantitativamente los segmentos de interacción que se originaban en cada profesor del tipo *comprensión* –el que explicamos anteriormente– frente al de *oposición,* hallamos que todos los profesores –en mayor o menor grado– poseían prácticas de los dos bloques. Si bien es cierto que algunos docentes acumulaban un porcentaje mayor de interacción basada en la *comprensión* o en la *oposición* –profesor de ciencias sociales de 3º B o el de Inglés de 3º A– en ninguno de ellos había un porcentaje cero del estilo contrario que exhibían.

Desde el discurso que va impregnando este trabajo, queremos contribuir con este comentario a la idea de que la diversidad existe también en nosotros mismos. Nadie es invariablemente malo ni constantemente bueno. Etiquetarnos de una u otra forma no es más que percibir la realidad de manera sesgada. Si los profesores en donde se halló un mayor porcentaje de situaciones de oposición en la interacción reflexionaran sobre este hecho, descubrirían que poseen prácticas protagonizadas por ellos mismos, que debieran favorecer más. Pero en ningún momento quisiéramos descalificarlos de manera total ni pensar que en sus clases no hay ningún instante de interacción que debieran conservar.

En los apartados que a partir de ahora desplegamos, iremos deteniéndonos en analizar cada una de esas prácticas que hemos clasificado y que, por tanto, todos los profesores, en algún momento, hicieron suyas.

2.1. Antagonismo y Tensión Encubierta

Asociamos el concepto de *antagonismo* a aquellos momentos de disconformidad que surgían entre el profesorado y los alumnos. Algunos de ellos se observaban de manera explícita y directa pero otros tantos parecían más simulados, menos aparentes pero no por ello menos obvios. A estos últimos los denominamos instantes de *tensión encubierta*. Se basaban en mensajes verbales indirectos, irónicos, de aparente cordialidad o realizados con gestos y diálogos secos, tajantes, impacientes.

En los dos casos –los instantes de *antagonismo* y de *tensión encubierta*– era fácil percibir que estábamos ante situaciones de conflicto. Estos instantes podríamos considerarlos normales si partimos de la base de que la convivencia en cualquier grupo humano conlleva necesariamente el surgimiento de instantes en donde varias personas no están de acuerdo en algún aspecto. La propia diversidad de necesidades, gustos, intereses, metas... sería la causa fundamental de estos segmentos. En la medida que defendemos la diversidad, nos veremos inevitablemente frente a experiencias antagónicas.

Si justificamos de esta manera las vivencias de disconformidad que se generan en un aula, cabría preguntarse por qué las clasificamos dentro de las prácticas no inclusivas. La respuesta ofrecida a esta interrogante pasa por considerar que estas situaciones son negativas en la medida en que quedan como segmentos de la convivencia no resueltos o concluyentes bajo estrategias inadecuadas. Al instalarse estos instantes sin las apropiadas vías de solución, se genera con más facilidad un ambiente de incomodidad o tensión que hace que disminuya la frecuencia de esos otros momentos de valoración, flexibilidad, humor compartido o personalización.

Bajo estas argumentaciones, defendemos la importancia que posee el que los profesores, ante todo, reflexionemos sobre cuáles son las circunstancias más frecuentes que están originando esas experiencias de disconformidad. Y, sobre lo que descubramos, tratar de aprender de manera conjunta –profesores y alumnos– a que discurran por la línea adecuada hasta que queden solventadas. Udvari-Solner y Thousand (1996) subrayan la importancia de este comportamiento del profesorado y la necesidad de que se transmita al alumnado, como un valor, la resolución de los conflictos, ya que solo así se va a favorecer la responsabilidad y el diálogo.

En nuestro estudio, tratamos de aislar de manera conjunta cuáles eran las situaciones concretas que originaban los momentos de disconformidad a que estamos refiriéndonos. Lo hicimos de manera global considerando todas las clases de Matemáticas que habíamos analizado, quizá llevados por la búsqueda de resultados que pudiéramos asociar a una misma asignatura. En el *cuadro 7* hemos resumido los hallazgos obtenidos.

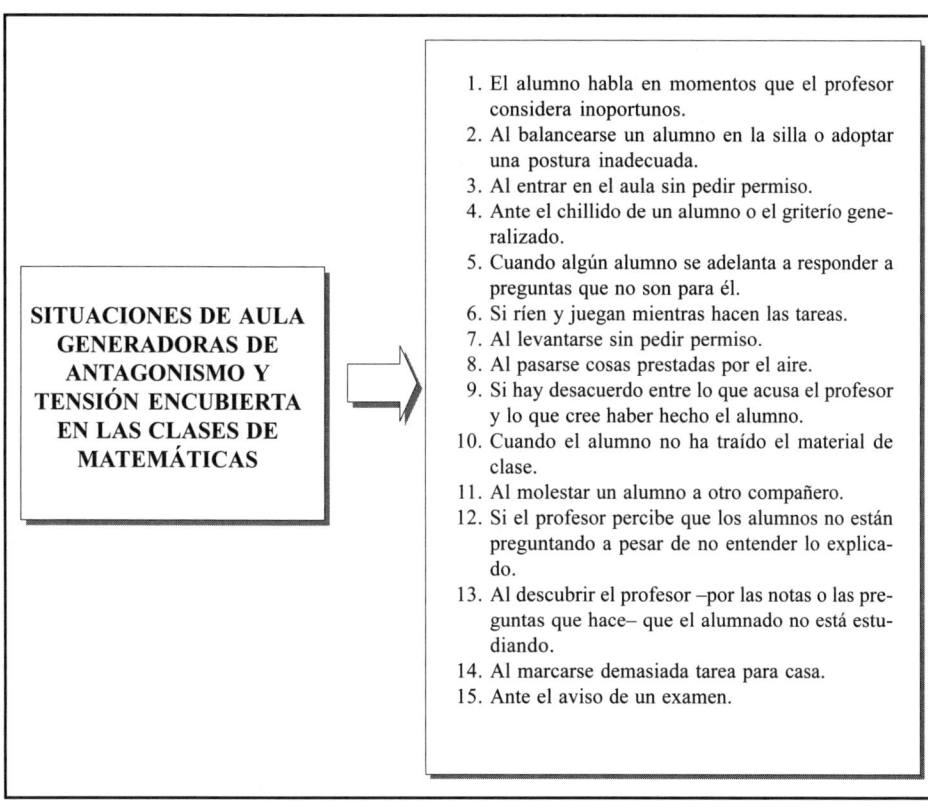

Cuadro 7. Momentos que originaban Antagonismo o Tensión Encubierta en las clases de Matemáticas.

Una de las primeras conclusiones que pudimos obtener desde los casos que analizamos fue que esos momentos no venían dados por el contenido disciplinar.

El hecho de dar Matemáticas no implicaba el surgimiento específico de situaciones antagónicas o de tensión entre los protagonistas del aula. En otras aulas en donde el profesor impartía Lengua, Inglés o Ciencias Naturales, también aparecían similares situaciones. Tampoco hallamos que los conflictos fueran iguales en los mismos grupos, esto es, que un 3º A –por ejemplo– tuviera siempre los mismos conflictos independientemente del docente que les estuviera dando clase. Todo pareció indicar, por el contrario, que los momentos de disconformidad variaban en función del profesor que se ponía al frente de la clase. A la vista de esta información, volvemos a subrayar la importancia que tiene la reflexión que cada docente debe hacer frente a su actuar en el aula.

Si analizamos los factores que originaban estos momentos, reflejados en el *cuadro 7*, es conveniente que establezcamos una distinción entre estos instantes. Los cuatro últimos –los alumnos no preguntan, no estudian y se quejan por el examen que se les pone o las tareas para casa que les marcan– merecen un comentario independiente que luego haremos. Sin embargo, los once restantes son indicadores visibles de que, por lo pronto, en estas clases no existe una normativa clara –con las consiguientes consecuencias– sobre lo que se puede y no se puede hacer. En el subpunto que abrimos a continuación profundizamos en este aspecto a la vez que subrayamos lo complicado que resulta crear un ambiente inclusivo sin tener establecido ese conjunto de normas.

2.2.1. *Establecer contratos sociales que expliciten las normas*

Son clásicos los estudios de Curwin y Mendler (1983) o de Plaza (1996), desde donde se explica la importancia de establecer contratos sociales que expliciten con claridad cuáles son las normas establecidas y acordadas por cada profesor y grupo clase como mejor estrategia para favorecer la convivencia. Pero lo más importante en el establecimiento de estas normas viene dado por la participación activa y cooperativa de los profesores y los alumnos a la hora de establecerlas. Si tenemos en cuenta que la escuela inclusiva aspira a crear auténticas comunidades de aprendizaje, esta relación será básica para avanzar hacia esos principios educativos. Ambos agentes deben preparar, y posteriormente consensuar, lo que ellos creen que deben cumplir mutuamente y las consecuencias que acarrean su no acatamiento. El docente propondrá lo que cree que debe tener en cuenta el alumnado y éstos, a su vez, lo que esperan del profesor y de sus propios compañeros. Después de una fase de discusión y debate, es cuando se puede decir que la normativa está realizada y puede exponerse visiblemente en el aula.

Es clave que en estos contratos se perciba que los conflictos surgidos tienden a solucionarse bajo la óptica constructiva y no tanto bajo el castigo y la opresión. Y esto lo percibiremos en la medida que nos detengamos a analizar cuáles son las consecuencias que hemos establecido ante cada norma que no se cumple.

Si, por ejemplo, en una clase se ha determinado que las mesas no son para rayarlas, escribir en ellas o destruirlas de ningún modo, una posible consecuencia para el que no lo cumple puede ser el limpiarlas conforme lo ha hecho. Si aún así vuelve a hacerlo, podemos acordar que debe limpiar todas las mesas de clase. Y si por casualidad insiste en ello nuevamente, ya pediríamos que contribuyera a repararlas con su propio esfuerzo físico y económico. Evidentemente, esto se hará así porque esta norma y su consiguiente consecuencia ha sido antes aceptada y aprobada por todos y todas. Solo así se consigue el compromiso del grupo clase al completo. Expulsar al alumno de clase, castigarlo escribiendo cincuenta veces que las mesas no se rayan o echarle un grito cada vez más potente no resolvería esta cuestión. En estos casos el alumno solo percibirá que está siendo castigado y quedará muy lejos de saber lo que tienen que hacer los demás cuando ellos se comportan inadecuadamente.

Bajo este enfoque, Udvari-Solner y Thousand (1996) proponen que podemos incluso entrenar a los alumnos a que sean ellos mismos los que manejen los conflictos surgidos. Determinados estudiantes –de manera rotativa– podrían ser enseñados con tal fin y actuarían según se lo demandaran sus propios compañeros o el mismo profesor a través del contrato social que se hubiese establecido. Surgiría de esta manera la figura que estas autoras denominan *conflict manager*.

Es obvio que en las clases que analizamos no existía ninguna normativa que regulara o previera la aparición de los conflictos que pudimos observar. La evidencia más clara de ello la tenemos en el tipo de respuestas que el profesorado solía tener ante estos momentos. Si ante estos conflictos se responde con discursos y sermones enfrentados o con miradas o gestos envenenados, se está haciendo evidente que no hay nada previsto al respecto. Efectivamente, todos lo que hemos estado en un aula, si no hemos tomado ninguna media tendente a esclarecer las normas, tendremos deseos –solo el deseo– de gritar, insultar y hacer desaparecer del mapa a muchos estudiantes en determinados momentos del día. Recurrir a nuestra normativa compartida con sus consiguientes consecuencias y contar con la ayuda de ese *conflict manager* podría –por el contrario– aliviar la tensión que genera esas incómodas vivencias del aula así como hacer desaparecer esos espantosos pensamientos que, si nos dejamos llevar mínimamente por ellos, pueden generar el peor de los comportamientos que puede tener un profesor.

La arbitrariedad en la amonestación o discurso que se le echaba a los alumnos, era otra prueba de que no existía ningún referente normativo que ayudara a resolver los conflictos en el aula. Fuimos testigos de cómo varios alumnos se levantaban de su sitio a tirar papeles a la papelera y no ocurría nada. Pero, por el contrario, si lo hacía un determinado alumno se llevaba en sus oídos un largo sermón de la barbaridad que estaba haciendo. Si, por casualidad, éste se atrevía a responder alegando que él solo no lo había hecho, aparecía otra fuente de discusión. Al final, surgía un ambiente tenso que afectaba negativamente a todos. Se echaba en falta el consenso previo entre lo que se podía hacer en el aula, no sólo con respecto al estudiantado, sino también en relación al profesorado.

Un diálogo tranquilo y democrático entre profesores y alumnos al comienzo del curso puede asimismo evitar que se establezcan consecuencias desmesuradas o no apropiadas a determinados comportamientos. Balancearse sobre la silla es un movimiento distractivo para el estudiante y para muchos docentes. Éstos suelen alegar que les interfiere en el momento en que están explicando. Es también un comportamiento de riesgo para el alumno si la silla no lo resiste y se produce un mal aterrizaje. Lo que no entendemos mucho es el porqué unos profesores respondían con un simple aviso cargado de mensajes de personalización al que se atenía el alumno y otros, por el contrario, echaban el más largo de los discursos envuelto en un tono de enfado. Es cierto que los antecedentes acumulados en torno a este hecho, sumados a una paciencia ya agotada del profesor, pueden desembocar en este tipo de respuesta. Pero eso no justifica que este comportamiento sea tributario de ese tono irritado. Tener un contrato social en donde figuren unas consecuencias que han sido consensuadas por todos ante comportamientos como éstos, garantizan la idoneidad de las medidas que se tomen.

Es conveniente, asimismo, que no olvidemos que, tal como advertía Gimeno (1989), las normas de comportamiento van ligadas al proceso didáctico, esto es, el establecimiento de una normativa lleva consigo ciertas trazas de variabilidad según se estén desarrollando determinadas tareas en el aula. Dada la importancia de esta premisa, esto debe ser comunicado de manera clara y explícita al alumnado. Pongamos ejemplos. Si los chicos y chicas de un aula de secundaria están copiando unos ejercicios de la pizarra, se les pedirá que lo hagan en silencio para que no se equivoquen y les estará permitido preguntar si no entienden una palabra o cambiarse de sitio si no ven bien. Pero si cambiamos la actividad y el profesor comienza a explicar y a alguien se le ocurre levantarse de su sitio, es posible que el profesor lo perciba como un comportamiento no correcto y se dirija verbalmente al alumnado para recordarle que eso no está permitido. En consecuencia, las reglas en el aula no están siempre en juego, sino que estarán vinculadas a cada fase de la clase: el momento de la entrada implicará todavía charlar con el compañero, levantarse para pedir un material, la explicación del profesor conllevará silencio, la resolución de ejercicios en grupo supondrá intercambio verbal entre iguales y la salida significará levantarse y guardar el material. Podemos afirmar, por tanto, que el orden en clase se define y se consigue dentro de contextos y cada contexto hace diferentes demandas interaccionales entre los miembros de las clase.

Desde estas argumentaciones tratamos de defender el trenzado que normalmente se produce entre las tareas de aprendizaje y el cumplimiento de unas normas de convivencia. Pero aunque, en muchos casos, éste es muy obvio y parece desprenderse de manera automática, no estaría de más que se reflejara en los contratos sociales. Un docente no puede instaurar en su clase una norma general que diga que en clase no se habla mientras se realiza un ejercicio. Determinadas actividades pueden precisar un cambio en esta normativa. Realizar esos ejercicios de manera cooperativa, echaría abajo ese principio de convivencia. No se concibe resolver problemas en grupo bajo el silencio.

2.1.2. *Los conflictos en el aula o el olvido de determinados procesos*

Advertíamos anteriormente que, entre los factores que se muestran en el *cuadro 7* como causantes de los momentos de antagonismo y tensión, existen unos que merecían una atención aparte.

Fueron repetidos los instantes en que los estudiantes se enfrentaban al profesorado –y el profesorado a ellos– por la cantidad de ejercicios que marcaban para casa. Este tipo de prácticas, que casi todos los docentes recurren a ella, debiera ser planteada bajo otra óptica. Aquí hay algo más que la ausencia de normas y consecuencias. Fuimos testigos de cómo muchos alumnos, además de generar protestas cuando percibían un número elevado de éstas, no traían elaborados los ejercicios que se les habían marcado. Ante ello, algunos justificaban su no elaboración argumentando no haber entendido lo que se les pedía, pero otros –justo aquellos que menos participaban en las clases– daban el silencio por respuesta ante este tipo de situaciones.

Consideramos que cuando un profesor marca un número determinado de ejercicios para que todo el alumnado lo elabore en casa, estamos generando un cúmulo de desigualdades importantes entre nuestros estudiantes. El que entendió bien lo que se abordó en clase resolverá de manera autónoma y sin apenas esfuerzo lo marcado. Esto le generará que avance más en sus aprendizajes y que cada vez sepa más. Pero aquellos que desde las tareas de clase no llegaron a comprender totalmente lo que se trataba de abordar, al llegar a casa se encontrarán con que no saben realizar lo que se les pide. Y aquí surgen las desigualdades. Habrá, dentro de este grupo, estudiantes que desde su ambiente familiar cuenten con recursos –sus padres, hermanos mayores– a los que pueden acudir solicitando aclaraciones. Pero también habrá otros alumnos que desde sus casas, por muy diversas razones, no cuentan con ese apoyo. Esta ausencia les llevará por sistema a no realizar lo que se le ha encomendado y a quedarse, día tras día, por debajo de los aprendizajes de su grupo.

El resultado de todo ello será que el profesor perciba cada día más diferencias de cara al aprendizaje entre sus alumnos y que se queje de que exista un grupo de estudiantes que solo merece la etiqueta de irresponsables. Ante este panorama defendemos la conveniencia de que el profesor, si realmente desea que sus alumnos hagan tareas en casa para contribuir a la creación del hábito de estudio y de trabajo intelectual, procure diversificar este tipo de ejercicios en función de las características de sus alumnos. Deberíamos cerciorarnos de que lo que encomendamos para realizar en casa puede ser abordado de manera autónoma por parte del alumnado. Al hacerlo así, estas tareas debieran tener siempre un carácter de repaso y refuerzo pero nunca de desarrollo de aprendizajes recién adquiridos. Y, por supuesto, debieran ser diferentes en función del nivel competencial de los chicos y chicas.

Principiar discusiones cuando el profesor avisa que va a poner un examen, puede ser otro indicador de que, en este caso, no se está planteando de manera ajustada los procesos de evaluación. Cullen y Pratt (1999), al referirse a este elemento curricular en un aula inclusiva, advierten que debe considerarse como una ayuda para el alumno y no como un obstáculo. Si se vivencian incomodidades y tensiones en torno a este elemento curricular es que los estudiantes perciben en estos procesos más esto último que auténticas ventajas de cara al aprendizaje.

En ocasiones, los profesores recurren a la posibilidad de poner un examen como una estrategia amenazante para que los estudiantes dejen de montar follón o se comporten adecuadamente. Esta idea va contribuyendo, poco a poco, a que los alumnos y alumnas vean en los exámenes algo así como la forma de venganza que posee todo profesor. Otros docentes entienden que la evaluación continua es sinónimo de exámenes continuos. En estos casos, si se añade a este hecho la visión amenazante que suelen tener los estudiantes al respecto, nos encontramos con un ambiente tenso e incómodo en prolongados momentos de esas clases. Si a su vez, la realización de esta actividad evaluadora se acompaña de la creación de un clima diferente, bajo el silencio absoluto, recordando las muchas amenazas que pueden recaer si te equivocas, los alumnos asociarán estos instantes a la peor de las torturas.

Un examen no es más que una posible forma, entre otras muchas existentes que el profesor tiene, para observar y escuchar a los alumnos. Los resultados que se obtengan a través de éste, deberían considerarse como el replanteamiento de la enseñanza y no tanto como el momento de regañarles al grupo por lo poco que están estudiando. La profesora de Matemáticas de 3º A había realizado un examen en el que solo habían aprobado cuatro chicos. El discurso de desvalorización hacia el grupo que se desprendió de este resultado fue considerable, pero el siguiente paso que dio consistió en avanzar hacia un nuevo tema.

Desde estas páginas invitamos al profesorado a que reflexione sobre estas consideraciones y a que reestructure las muchas prácticas que sobre la evaluación se han asentado equivocadamente en nuestra enseñanza. Conviene recordar que las tradicionales pruebas escritas han de complementarse o sustituirse por técnicas de evaluación que favorezcan la autoevaluación y coevaluación, para así mejorar la motivación y la autonomía del alumnado. Y que disminuirán los momentos de disconformidad en estos temas si nuestra evaluación tiende a ser más colaborativa, esto es, si se realiza con la mayor participación posible de todos los implicados en el proceso educativo.

Otro de las situaciones que el *cuadro 7* señala como factor generador de antagonismo es el que le surge en el aula cuando el profesor nota que los alumnos no están preguntando a pesar de no entender lo explicado. Al profesor de 4º B de Matemáticas se le aislaron instantes bajo este encuadre:

> *Ahora le dice al grupo clase:*
> *– ¿El cuatro quién lo hizo?*
> *Siete alumnos levantan la mano. Profesor los cuenta y vuelve a preguntar:*
> *– ¿Y quién lo intentó y no sabía?*
> *Un solo alumno la levanta. Profesor interviene enfadado:*
> *– ¡¡Se lo tengo dicho!!... ¡Si no lo entienden me tienen que preguntar!*

Este tipo de imperativos, envueltos en ese tono de exigencia, no invita demasiado a que se cumpla el deseo del profesor. El que un alumno pregunte o no por las dudas que va teniendo está más relacionado con las características de la enseñanza del profesor que con la decisión personal del estudiante. Aún admitiendo que algunos chicos o chicas suelen ser tímidos y esto les lleva a la precariedad de sus intervenciones, el docente posee múltiples estrategias para realizar a lo largo del proceso diversos *feed-back* que le hagan comprobar la comprensión de los aprendizajes. Fueron varios los segmentos que anotamos en donde, diversos profesores, intercalaban en sus explicaciones un *¿lo entienden?* Sin embargo, a pesar de que a esta pregunta solo contestaban uno o dos alumnos afirmativamente, el profesor avanzaba en su discurso y daba como válida y generalizable la aislada comprensión de un alumno a todo el grupo clase.

Aumentar las actividades de desarrollo, aquellas que permiten ejercitar los aprendizajes que se están realizando, e ir acercándonos a las producciones que van realizándose constituye una estrategia de *feed-back* más válida que la anterior. Bajo esta fórmula descubriremos las dudas de nuestros estudiantes con más cercanía. Organizar estas actividades bajo la modalidad del pequeño grupo, puede ser otra buena estrategia. Hay estudiantes que, por la causa que sea, no tienden a exteriorizar sus dudas al profesor, pero si le estructuran la posibilidad de consultar con sus compañeros, los cuestionamientos hacia lo que están tratando de comprender, salen con fluidez y espontaneidad.

Debiéramos tener también presente que existen determinados mensajes del profesorado que, aunque son aislados y breves, pueden generar en la clase un clima inadecuado. Desde las anotaciones que hicimos, observamos que algunos estudiantes, después de pasar la mayor parte de la hora entregados a comportamientos no acordes a lo permitido (sacar móviles, hablar continuamente con los de atrás, molestar a los compañeros...), de repente, de manera aislada, esbozaban una pregunta al profesor que, la mayoría de las veces, lo único que demuestran es que han estado desconectados de todo lo que hasta ese momento se ha estado tratando en clase. Ante ello, casi por inercia, algunos docentes, respondían con una negativa a su pregunta alegando que no eran merecedores de ella. Estas dos evidencias que describimos ejemplifican lo que estamos comentando:

– Ahora hacen lo siguiente... –dice el profesor– No hemos terminado. Ponen el título debajo del dictado (...).
– ¿Cuál es el título? ¿El de la izquierda o derecha? –pregunta un alumno–.
– No. A esa profundidad no puedo contestar. Es como si no se hubiesen enterado en los cincuenta minutos que han estado escuchando –responde irónicamente el profesor–. (Inglés, 3º A-5ª sesión).

El alumno que estaba en la esquina levanta la mano (parece que trata de hacer una pregunta). Profesora le dice:
– Cuando tú atiendas y no te estés de cachondeo te explico todo.
Alumno queda callado. (Matemáticas, 3º D-5ª sesión).

Estas comprensibles, pero no justificadas, respuestas son oídas por toda la clase. Y aquí viene la complicación. Fue Doyle (1986) el que avisó que todo lo que hacen profesor y alumnos es público para el resto de los participantes, es como si actuaran en una pecera, en consecuencia, cada chico o chica puede ver cómo son tratadas las demás personas en esa pecera. La contestación que dirige el profesor en los casos anteriores, la escucha también ese alumno tímido que vive sumergido de manera casi constante en sus propias inseguridades. La simple posibilidad de que a él le contesten de la misma manera, le lleva, con bastantes probabilidades, a silenciar la mayoría de sus dudas. En consecuencia, creemos que es sensato dar siempre respuesta a cualquiera de las preguntas que se realicen sin entrar a hacer valoraciones de la idoneidad u origen de esos interrogantes. Una pequeña conversación posterior, en privado, con esos alumnos que han exteriorizado su desconexión a las tareas de clase, podría ser más eficaz que lo que antes describimos.

Desde las situaciones de antagonismo que hemos analizado en este apartado, podríamos llegar a la conclusión que muchas veces se generan segmentos de disconformidad entre los protagonistas del aula porque en las tareas o en los mensajes del profesor existe un planteamiento que está olvidando determinados procesos didácticos o normas de comunicación. Reflexionar sobre ellos lograría que mejorásemos el ambiente de nuestras aulas.

2.2. Episodios de Velocidad

Cuantificar la *velocidad* de nuestras prácticas de aula, puede ser algo relativo. Por lo pronto, el profesor no suele ser consciente de ello. Sólo el aviso explícito de que eso está sucediendo por parte del alumnado –envuelto normalmente en tono de protesta– es el que nos hará reflexionar sobre este hecho. En nuestro caso, al ser observadores externos de lo que en esas aulas acontecía, captamos instantes con estas características aún cuando todavía los chicos y chicas no lo habían verbalizado. Pero esto sucedía cuando la velocidad impregnaba el ritmo de explicación.

Sin embargo, no solo estos segmentos podemos considerarlos merecedores de este calificativo. También clasificamos en esta categoría aquellas peticiones del profesorado consistentes en solicitar una tarea con límites ajustados de tiempo. Aquí sí que surgía con rapidez la protesta de los alumnos y alumnas. Hemos fragmentado algunos de estos momentos en el *cuadro 8*.

Consideramos que cuando imprimimos velocidad a las tareas de clase, estamos yendo en contra del respeto a las diferencias de aprendizaje. Con esta postura el profesor está suponiendo una respuesta única y rápida del alumnado hacia sus peticiones. Y todos sabemos que esto no es así.

EPISODIOS DE VELOCIDAD EN EL AULA

1. Ahora profesor dice:
   – Tienen tres minutos para hacerlo.
   – ¡Ños!... ¿tres minutos? –intercala jonay–.
   (Ciencias Naturales 3º D).

2. (*Profesor*). Les plantea una actividad que consiste en reflexionar por escrito y en sus cuadernos sobre las ventajas y desventajas que tienen ambos Sistemas Políticos. Da 5 minutos. Dos alumnos se ponen a protestar. (Geografía e Historia 3º B).

3. Profesora anuncia que hará ahora una prueba. Dice:
   – Hay dos opciones, un examen o un ejercicio individual.
   Los alumnos protestan enérgicamente, dicen que no hay tiempo (*faltan 5 minutos para acabar la sesión*) de hacer el examen. (Matemáticas 3º D).

4. Por favor, cada uno lo hace. Nos tiene que dar tiempo a hacerlo. Aunque suene el timbre, ya saben... (*faltan tres minutos para que toque el timbre*).
   Varios alumnos protestan por ello. (Matemáticas 3º A).

Cuadro 8. Situaciones de velocidad registradas desde diversas clases.

Es cierto que en ocasiones este rasgo surge en nuestras prácticas si nosotros mismos, los profesores y profesoras, nos entusiasmamos demasiado con el tema que estamos abordando y fluyen en nuestras mentes, mientras lo explicamos, borbotones de información que consideramos muy interesantes y que no queremos dejar de transmitir. Esto es quizá lo que le ocurría al profesor de Ciencias Naturales de 3º D. Él impartía una materia optativa de 4º sobre Educación Ambiental. En una de las sesiones en que fue observado, trataba de explicar este tema a alumnos de 3º en una hora. Fue en esta ocasión en donde más episodios de velocidad se le registraron en la fluidez de sus explicaciones. En dos ocasiones, incluso, varios alumnos le dijeron un *profe, va muy rápido*.

Pero en otros momentos nos daba la sensación que algunos docentes utilizaban la velocidad como estrategia –un tanto improcedente– de atención y control a lo que se realizaba en el aula. El profesor de Inglés de 3º D solía decir *¡Voy rápido, eh! ¡Quien no lo coja... lo siento!* Este proceder está asentándose en la consideración de que cuando los alumnos no entienden algo es porque se han despistado pensando en otras cosas ajenas al conocimiento. Si, por el contrario, se les pide que hagan las cosas con rapidez, se conseguirá impermeabilidad a esas situaciones. Pero esto no es así. Hay estudiantes que, efectivamente, parecen cortar la fluidez de su concentración pero, la mayoría de las veces, lo suelen hacer al haber acumulado una cantidad importante de lagunas. O sencillamente, llegan a estos instantes porque precisan un poco más de tiempo, debido a las características de sus diferentes inteligencias, para ir construyendo e interiorizando sus aprendizajes.

La velocidad es asimismo una práctica que puede generar con facilidad momentos de desorganización en el aula. En la medida en que el profesor hace que se sucedan con rapidez las actividades, esos alumnos que no llegan a coger el ritmo impuesto, al ir quedándose relegados en la comprensión de lo que se explica y perder el hilo argumental, muchos de ellos, optan por charlar con el compañero como modo de distracción. Esto es lo que sucedía en 3º A durante las clases de inglés. En este aula registramos estos acontecimientos:

> *Profesor continúa hablando:*
> *– Después de oír el casete les digo lo que hacemos. Ante tres textos del periódico, entenderlas y ponerles el título.*
> *En ese momento acciona el casete. A los pocos segundos lo apaga (casi no se ha oído la información). Un alumno comenta:*
> *– ¿Qué dijo?*
> *Profesor pone otra vez en marcha el casete. Vuelve a apagarlo rápidamente. Les pide a los alumnos que lean el título de una página del libro. Éstos no parecen atender demasiado. Todos están hablando de otras cosas con los compañeros cercanos.*

Profesor sigue la explicación del significado de lo que se oyó. Ha vuelto a encender el casete. Se repite el proceso de apagar rápido. Los alumnos hablan entre sí (sin relación con lo que se trabaja).

En otros momentos, pudimos observar que la pérdida de la información que va transmitiendo el docente por su apresuramiento generaba en algunos estudiantes la necesidad de consultar a los compañeros sobre lo explicado. Esta iniciativa, favorecedora del aprendizaje entre iguales y acorde a los principios de la escuela inclusiva, era sin embargo cortada por algunos profesores. Era evidente que mientras fluían sus explicaciones, este tipo de iniciativas se percibían como atentados al buen ritmo de la clase ya que mientras se trabaja con estrategias didácticas expositivas, el silencio en el aula es el mayor de los requisitos (de ahí los grandes inconvenientes de estas fórmulas de trabajo).

A las consecuencias que sobre el ambiente de clase es capaz de generar la velocidad de nuestro ritmo de enseñanza, deberíamos añadir las desventajas que ocasionaríamos en aquellos chicos o chicas que poseyeran una pequeña pérdida auditiva, bien transitoria o permanente. Someter a una persona que oye mal a una escucha larga y rápida es la peor de las situaciones que puede vivenciar. Si sobre lo que escucha bajo estas condiciones debe construir todo un aprendizaje, las cosas se complican todavía más.

Frente a esta tesitura que estamos defendiendo, algunos profesores pueden estar pensando –con toda la razón– que si ralentizamos en exceso nuestro ritmo de enseñanza, también habrá un grupo en la clase que termine aburriéndose ya que su rapidez para aprender admite y precisa una mayor velocidad en la enseñanza. Ante este planteamiento, deberíamos precisar que una cosa es imprimir lentitud a nuestras prácticas de aula, situación que aburriría a muchos, y otra bien diferente trabajar, explicar, exigir actividades y tareas bajo una constante prisa, aceleración y no respiro. Es a esto a lo que hemos llamado velocidad y es esto lo que detectamos en varias aulas. Estas dinámicas encienden cansancio y hasta agobio en cualquier tipo de alumno.

No obstante, aún sin caer en esas situaciones, es posible que el ritmo que tratemos de mantener en el aula sea inalcanzable por algunos estudiantes. Disminuir el tiempo dedicado a las intervenciones expositivas del profesor y propiciar actividades en donde se intercambie y practique la información entre los propios compañeros, sería la solución más adecuada a este tipo de circunstancias que siempre surgirá en el aula. Pongamos un ejemplo. Cuando un profesor de matemáticas acaba de explicar una nueva fórmula, su consiguiente puesta en práctica a través de diferentes problemas, no debería hacerse bajo la realización de ejercicios individuales, sino recurriendo al pequeño grupo que, lógicamente, debe ser heterogéneo en su composición. Desde este espacio organizativo, las dudas que todavía quedaron en muchos estudiantes se verán resueltas con más rapidez por sus iguales que si el profesor vuelve a explicar pidiendo silencio a todos. A su vez, evita la pasividad y el aburrimiento en los que ya comprendieron ya que se les crea un contexto más activo con la posibilidad de hablar e incidir sobre los compañeros. De la otra forma, siendo el docente el único encargado de retomar nuevas explicaciones para resolver las dudas, el que ya aprendió no tiene nada más que hacer que silenciar sus pensamientos y esperar por los demás.

Ante estas evidencias, nuevamente la reflexión sobre nuestras prácticas y el oportuno feed-back con nuestros alumnos, puede ser la única fórmula que nos lleve a descubrir si la *velocidad* o el inadecuado ritmo de enseñanza es protagonista frecuente de nuestras clases. Este rasgo puede ser uno de los mayores factores de exclusión entre los estudiantes sin ser consciente de ello el profesor. Analizar procesos que desemboquen en estas situaciones es unos de los postulados básicos de la educación inclusiva.

2.3. Omisión de respuestas

Mientras registrábamos el acontecer de las aulas fuimos testigos de situaciones en las que algunos alumnos solicitaban una opinión o mostraban una producción al profesor o profesora pero sin obtener respuesta. Bajo parecida orientación, percibimos instantes y comportamientos de los alumnos, susceptibles de una intervención adulta, en los que, sin embargo, el docente se mantenía al margen. A unos y otros momentos, decidimos denominarlos segmentos de *omisión*.

Es cierto que las ocasiones representativas del primer caso –la no respuesta del profesor a lo que solicitaba el estudiante– eran situaciones en las que no pudimos comprobar si era una omisión voluntaria del profesor o, por el contrario, la consecuencia de no percibir o tan siquiera oír lo que se le está pidiendo. En la clase de Matemáticas de 1º B sospechamos que era esto lo que ocurría en algunos de los instantes que recogimos. En una de las sesiones, el profesor permaneció durante veinte minutos plasmando en la pizarra, de espaldas a sus alumnos, un esquema que debía copiarse. Mientras esto sucedía, anotamos cosas como éstas:

> *Una alumna levanta el dedo. Permanece así unos instantes. Profesor, que sigue girado hacia el encerado, no lo tiene en cuenta. La chica expresa:*
> *– ¡Profe!*
> *Éste sigue sin atender y anotando en pizarra. Alumna, después de unos minutos, baja el dedo y continúa copiando.*

En otros momentos, este mismo profesor respondió con silencio a la petición de sus alumnos de que no marcara más deberes. Aquí, sin embargo –y sin lugar a dudas– sí estaba oyendo lo que le decían, entre otras cosas porque era una petición amplificada y repartida por varios estudiantes que, incluso, se repitió en varias sesiones. Interpretamos, en este caso y en otros parecidos, que un deseo de no vivenciar y disminuir así posibles situaciones de disconformidad delante del observador externo que anotaba lo que sucedía, podría ser el motivo de la no respuesta y de la consiguiente omisión forzada.

Bajo la influencia de esta sospecha interpretamos también el que la profesora de 3º A de matemáticas no interviniera en determinadas situaciones que protagonizaban sus alumnos. Estamos ahora refiriéndonos a esos otros momentos que consideramos susceptibles de una intervención adulta. En el *cuadro 9* hemos recogido dos de ellos. El nivel de tensión y agitación que se refleja en ellos es importante.

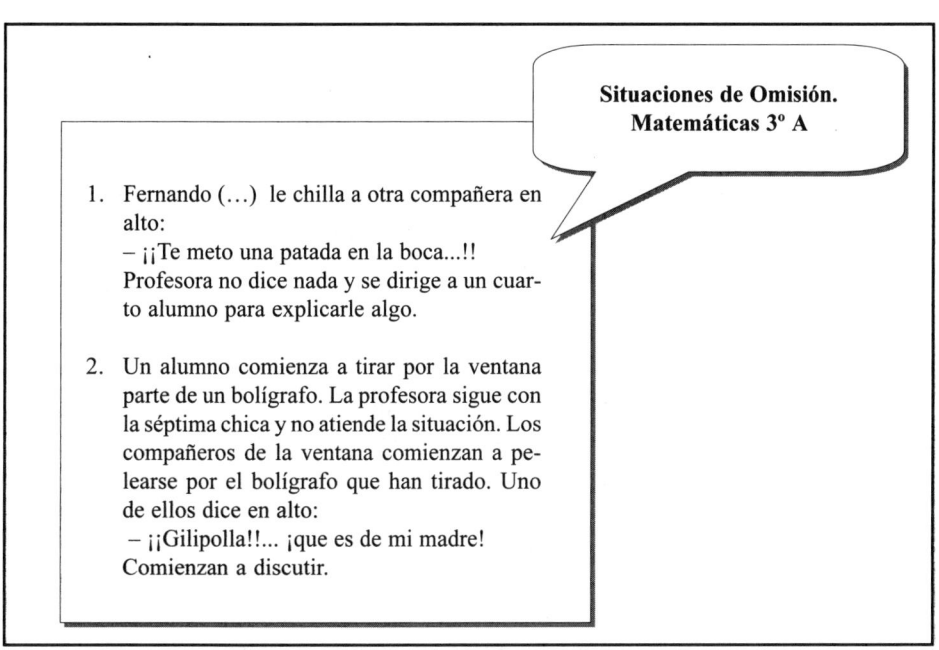

Cuadro 9. Situaciones de Omisión en 3º A-Matemáticas.

No nos cabe otra interpretación para los casos que estamos señalando que lo que antes apuntamos, esto es, un deseo de no generar capítulos de disconformidad y tensión delante del observador externo que en esos días asistía a las clases. Estos espantosos instantes requieren de una mediación rápida, firme y coherente por parte del profesorado si no quiere que estos episodios de violencia verbal se conviertan en algo asiduo en su aula.

Recordemos nuevamente la comparación que hacía Doyle (1986): lo que hacen profesor y alumnos es público para el resto de los participantes, es como si actuaran en una pecera, en consecuencia, cada chico o chica puede ver cómo son tratadas las demás personas. Según esta premisa, el resto de los compañeros, si este tipo de comportamientos se repite, puede sacar la conclusión de que son sucesos normales ante los que nunca sucede nada. Y esto hay que evitarlo. Si en ese aula se tuviese previsto un contrato social desde principio de curso nacido del consenso y el diálogo de todos los protagonistas del aula, este tipo de circunstancias tendría una salida más afortunada que la de la omisión del docente, la expulsión del aula o la posible respuesta impregnada de histeria e impotencia de una profesora que no sabe qué hacer ante esto.

No merecen tampoco la omisión como respuesta, las situaciones en que, por una vez, interviene públicamente y de manera adecuada el alumnado que normalmente no lo hace. Este tipo de comportamiento lo pudimos registrar en numerosas clases, tanto de matemáticas como de historia e inglés. Aquellos estudiantes que, efectivamente, se definen por sus silencios o incluso por sus conductas disruptivas, precisan con urgencia de algún feed-back positivo proveniente del profesorado. Desaprovechar esos pequeños instantes en que, por una vez, se lanzan a lo correcto, es perder una oportunidad de oro. Para aprender determinados comportamientos necesitamos que nos avisen de que los estamos haciendo bien. Si los ignoramos, el sujeto deducirá que, para el caso que le hacen, mejor no repetirlos. Por el contrario, una rápida respuesta –aunque sea negativa– ante sus actuaciones conflictivas, le llevará a aprender que está ante la mejor estrategia para absorber atención y protagonismo en el aula.

Decía Ainscow (2001b) que para mejorar las condiciones de trabajo en el aula es preciso que se responda a los alumnos –entre otras cosas– con consistencia y justicia. Los episodios de omisión, si se convierten en la respuesta asidua del profesorado, nos aleja bastante de este ideal.

2.4. Favoritismo a determinados alumnos

En ocasiones, mientras se sucedían determinadas tareas en el aula, en idénticas condiciones, el profesorado, sin exteriorizar una razón visible para ello, atendía o respondía de manera más favorable a unos alumnos que a otros. Esto fue lo que conceptualizamos con el nombre de *favoritismo*.

En algunos momentos, estos comportamientos surgían como continuación de los episodios de *omisión*. El silencio era la respuesta otorgada a un alumno determinado pero no a otro que intervenía en las mismas circunstancias. Estos hechos nos llevan a interpretar que, si bien podía ser fácil asociar un momento de omisión a uno de despiste por parte del docente, los instantes de *favoritismo* tengan una complicada justificación.

En la clase de 4º de Historia pudimos anotar un acontecimiento que ejemplifica lo que estamos planteando. El docente trataba de explicar, bajo una estrategia prolongadamente expositiva, el tema del Islam. Llegó a un punto en que empezó a referir las obligaciones de esta religión. Él mismo iba citándolas y escribiéndolas en la pizarra. En esto, un alumno intervino en alto y preguntó:

– *Profe ¿y el no salir de casa?*

El docente le dio el silencio como respuesta. Los compañeros arrancaron con risas pero la explicación siguió su marcha y la dinámica anterior no pareció verse afectada. El profesor siguió anotando la obligación de no beber alcohol. Ante ello, un estudiante comentó:

– *Jo... ¡qué putada!*

El docente no hizo comentarios y fueron los alumnos los que nuevamente volvieron a reír ante esa expresión que dejó escapar el compañero. Pero surgió luego una nueva intervención de otro el alumno que cuestionó:

– *Profe ¿y las mujeres tapadas?*

Nuevamente nació la omisión como respuesta. Sin embargo, al instante siguiente, un alumno que estaba sentado en primera fila expresó:

– *¿Y el ayuno en el mes de Ramadam?*

Este planteamiento, por el contrario, sí mereció la atención del profesor y oímos todos un *sí, es verdad* como respuesta. En este instante, las situaciones de *omisión* anteriores se convirtieron en un claro caso de *favoritismo*.

Ante este segmento que hemos referido no llegamos a entender el porqué el profesor omite sus intervenciones. En el primer caso, cuando el estudiante menciona el *no salir de casa* es posible que esté exteriorizando una confusión. Si esto es así, el aviso y la corrección del profesor es más importante que en cualquier otro momento. Cuando el segundo chico expresa que el no beber alcohol es *una putada*, al docente se le escapa una buena ocasión para explicar el significado que tuvo esto bajo esa religión y, de manera transversal, se le va también de las manos el transmitir algún mensaje en contra de aquellos hábitos no saludables entre los que figura el beber alcohol. Más adelante, cuando se lanza el cuestionamiento de si las mujeres deben ir tapadas, se está comunicando algo que sí figura en el *Korám*. Responder con el silencio es una contestación no comprensible ni justificable. La atención y recogida, por el contrario, de la última intervención de ese alumno de primera fila es ya lo que nunca entenderemos.

La constante observación que aplicamos en estas aulas nos llevó también a discriminar ciertos rasgos de *favoritismo* perceptibles de manera más implícita.

Nos estamos refiriendo a las miradas. El mismo profesor que protagonizó los episodios que antes explicamos, solía dirigir sus prolongadas explicaciones tan solo a los alumnos –más bien alumnas– de la primera fila. Es cierto que era el único grupo que exteriorizaba cierta atención, pero llegaba un momento que no se podía adivinar qué factor estaba desencadenando ese proceso: la ausencia de atención del grupo le quitaba al docente las ganas de dirigirse a ellos o, por el contrario, el que ese profesor no se dirigiera ni con la mirada a los de atrás generaba sus comportamientos de desconexión hacia lo explicado.

Al profesor de matemáticas de 3º B le registramos también algunos segmentos de *favoritismo* bajo esas características. En el *cuadro 10* hemos seleccionado algunos de ellos. En este caso vemos con claridad cómo el profesor se está dejando llevar por la constante respuesta atenta y positiva de determinados grupos. El razonamiento que sugerimos antes de causa-efecto también sería aquí aplicable.

Situaciones de Favoritismo. Matemáticas 3ºB	Profesor sigue la explicación pero la dirige fundamentalmente al grupo que siempre contesta a sus cuestiones.
	Profesor (...) continúa la explicación. Pasea por delante de la pizarra. Sigue dirigiendo la mirada al grupo más participativo.
	El profesor está dirigiendo visualmente la explicación a ellas (*las que siempre intervienen*).

Cuadro 10. Segmentos de favoritismo en la clase de Matemáticas de 3º B.

Las trazas de *favoritismo* se dejaron ver igualmente en presencia de otras variables. Por ejemplo, la profesora de matemáticas de 3º A, en algunas ocasiones, le registramos la tendencia de revisar las producciones que iban haciendo sus alumnos en clase pero centrándose sólo en las primeras filas. Al llegar a las dos últimas –donde se agolpaban las mayores conductas disruptivas– frenaba este actuar y, sin razón aparente, cambiaba su tarea. A la docente de 3º D también le anotamos diferencias de respuestas en función del alumno que hacía la pregunta. A unos, los que más incordiaban el ritmo de clase, les dedicaba tajantes explicaciones a las respuestas de contenido que le dirigían y, por el contrario, con otros, los más participativos, se explayaba en sus aclaraciones.

Es posible que desde los planteamientos psicologistas, pudieran explicarse estos episodios bajo la teoría de los refuerzos positivos y negativos y su influencia en el comportamiento. Todos los que hemos dado clase hemos tenido estudiantes obedientes, atentos a nuestras explicaciones, que hacen todo como se lo decimos y que, en definitiva, refuerzan de manera positiva nuestro actuar profesional., tal como le ocurría a nuestros profesores de 3º B y 4º B. Pero, frente a estos estudiantes, están aquellos otros que hablan mientras explicamos, que nos regalan el peor de los gestos cuando nos dirigimos a ellos y que actúan bajo la antítesis de nuestras orientaciones. Aquí tendríamos el refuerzo negativo. Si seguimos haciéndoles caso a estas teorías, esto explicaría el porqué tendemos a mostrarnos de manera más afectuosa con los primeros y a rechazar a los segundos siempre que podamos. Esta realidad sería la que luego tendiese la alfombra hacia el favoritismo de uno sobre otro.

Pero afortunadamente también existen las teorías cognitivas. Nuestro pensamiento ejerce una notable influencia sobre cualquier comportamiento. Un docente no debe nunca acudir a un aula dejándose llevar, sin ejercer reflexión alguna, por esta tendencia condicionante del comportamiento humano. Encender el capítulo de la diversidad inevitable que siempre tendremos en nuestros alumnos, puede ser lo más adecuado. La diversidad es una cualidad objetiva de la persona por la que cada cual es como es y no como nos gustaría a los demás que fuera. A todos los docentes nos agrada que nuestros alumnos se caractericen por dirigirnos atentas miradas y por silenciar cuando nosotros hablamos. Pero las diferencias definen nuestra especie humana. Aquellos estudiantes que no se caracterizan por estos comportamientos no pueden, por ello, ser excluidos de su condición de alumno sobre el que tenemos que ejercer nuestro esfuerzo profesional. Muy al contrario, deben abrir en nosotros la intencionalidad permanente de conseguir motivarles y de hacer que se le generen los aprendizajes. Unos instantes de reflexión diaria puede hacernos descubrir y, en consecuencia mejorar, aquellas prácticas que nos lleven a este tipo de comportamientos docentes.

Lo que sí es evidente es que si se repiten con frecuencia los episodios de *favoritismo* estaremos convirtiendo la diversidad propia de nuestro aula en una rechazable desigualdad, ya que estaremos estableciendo jerarquías de respuesta entre nuestros estudiantes en función de sus cualidades y características. ¿Qué llevó a ese profesor a que el alumno de primera fila merezca su atención y respuesta y los anteriores el silencio absoluto? El principal aserto de la escuela inclusiva consiste, tal como lo señala Pearpoint y Forest (1999), en aceptar a todos y en favorecerlos por igual. Tender la mejor de nuestras respuestas hacia los alumnos que previamente hemos etiquetado como los mejores, no es desarrollar una educación igualitaria.

2.5. Descrédito hacia el alumnado

Lanzar delante de todos los asistentes mensajes de desvalorización fue una práctica de interacción en el aula que resolvimos denominar como *descrédito*. Llegados a este punto, nos estamos situando en lo que puede ser la experiencia más alejada de las corrientes inclusivas. Si etiquetar a nuestros alumnos es siempre inadecuado, orientar esta etiqueta hacia el desprestigio, haciéndolo de manera pública, es llegar al punto menos aceptado.

Es cierto que apenas se registraron estos comportamientos en las ochenta horas de observación que realizamos con nuestros catorce profesores. Y en los acontecimientos en que se asomó, nunca se basó en el insulto sin más, sino que adoptó una forma solapada y a veces indirecta. Un ejemplo de esta tendencia la localizamos en el profesor de inglés de 3º A. En varias ocasiones lanzó mensajes en los que se percibía con claridad la etiquetación negativa del grupo aunque, sin lugar a dudas, envolvía esos comentarios en un tono irónico e indirecto que algunos alumnos ni tan siquiera llegaban a captar. Un día, después de que éstos realizasen individualmente un ejercicio, en el momento en que se les acercaba para recoger sus producciones expresó con cierto sarcasmo: *hay una película que se llama "Misión Imposible" que podemos relacionar con la clase.*

El otro profesor de inglés, el de 3º D, también tendió al descrédito grupal adoptando una estrategia indirecta pero muy útil si queremos infravalorar a alguien. En una de las sesiones, como tutor del grupo clase al que se dirigía, decidió comentar los resultados de las calificaciones obtenidas en la última evaluación. Con tal fin expresó inicialmente:

– *Voy a decir sólo los que suspenden.*

A partir de esta poca acertada decisión, comenzó a describir públicamente el número de suspensos de cada alumno. El bajo nivel de la clase hizo que vertiera comentarios a casi todos, hecho que se demostró cuando al final cerró este episodio con un *María, tú eres la única que aprobó todo.*

El indicador visible de que los comentarios vertidos, centrados tan solo en exponer los suspensos, no estaban siendo los adecuados, lo pudimos percibir en las respuestas que daban los compañeros. Esta trascripción literal de lo que registramos es prueba de lo que decimos:

– *...Alexis ¿lo digo en público? –pregunta a un alumno que se sienta en la última fila–.*
Este alumno hace un gesto con la cara como diciendo que le da igual. Profesor dice en alto:
– *Suspendiste once.*
Todos los alumnos se ríen. Ahora profesor sigue haciendo una relación nominal de sus alumnos y el número de suspensos que tienen. Cada vez que nombra a uno y le señala un número alto de éstos, los compañeros se ríen.

Fue fácil interpretar que las risas del grupo de iguales estaban convirtiendo estos mensajes en auténticas vivencias de descrédito público que no revierten en nada positivo. Por otro lado, se estaba facilitando a los alumnos la percepción de que el suspenso era un rasgo propio de ellos y, en consecuencia, el que no lo poseyera, no se podría identificar con el grupo. Favorecía también la idea de que un número alto de suspensos es un motivo de diversión para los compañeros y, por tanto, una estrategia para alcanzar cierto protagonismo. Pero eso es solo bajo la apariencia externa. La auténtica realidad es que alguien estaba diciendo en público justo aquella faceta más negativa de nosotros mismos. Se estarían aireando nuestros fracasos y no nuestros éxitos.

Una alternativa a este proceder podría basarse en lo que hizo el profesor de Geografía e Historia de 3º B. El propósito de una de las sesiones que le observamos fue idéntica a la del docente de Inglés, aunque sin ser tutor del grupo. La intención de él fue comentar los resultados de la evaluación pero con respecto a su materia. Sin embargo, lo planificó de otra manera. Al llegar, lo primero que trasmitió fueron las instrucciones para realizar unas actividades del libro. Advirtió incluso que, aunque debieran hacerlas individualmente, estaba permitido comentar a los compañeros de al lado. Bajo estas indicaciones, se inició una dinámica tranquila en la que los alumnos iban realizando lo indicado agrupándose, casi todos ellos, en espontáneos grupos de trabajo. Mientras tanto, este profesor, situado en el último pupitre de atrás del aula, iba llamando de uno en uno a sus alumnos. Una vez allí, mantenía una conversación privada de unos minutos con cada uno. Bajo esta fórmula, los mensajes y la información que se abordara perdían el carácter de desprestigio público aunque tuviesen que comentarse los suspensos alcanzados.

Hay demasiados testigos en un aula como para dirigir determinados mensajes en voz alta. Ni los suspensos ni ciertas informaciones deben exteriorizarse en una clase. En el *cuadro 11* hemos señalado algunas respuestas, protagonizadas por el profesor de Matemáticas de 2º B y por la que impartía Lengua en el mismo grupo.

Los comentarios reflejados en este cuadro son ejemplos claros de lo que no debe comunicarse con un telón abierto. Si en algún momento creemos necesario lanzar este tipo de información, debe hacerse siempre bajo una dimensión más privada. Concretamente, nos preguntamos qué finalidad tiene que el docente de Matemáticas diga en voz alta el nombre de los compañeros que se han equivocado. Eso sólo le concierne a él. Y la información que se le dedica a Rayco y a Oti, sólo cobra razón si se transmite de manera privada, e incluso, es susceptible de recibir ciertas matizaciones más orientadas a la confianza que tenemos en que ese chico y chica puedan hacer mejor las cosas en otros momentos. Algo así como un *Rayco, hemos hecho esto tres o cuatro veces... estoy seguro de que tú eres capaz de entenderlo... un pequeño esfuerzo más y lo conseguirás.*

Las formas indirectas de descrédito pueden venir dadas también por esas pseudoalabanzas que en un apartado anterior comentamos. En las clases de Matemáticas de 4º B anotamos un acontecimiento orientado a esta línea. En una de las sesiones, el profesor había estructurado las tareas, consistentes en resolver unos problemas, de manera grupal. Mientras esto sucedía, el profesor iba supervisando

MENSAJES DE DESCRÉDITO

1. Profesor está observando la producción escrita entregada por el alumno que parece ir peor en el aula. Una vez revisada, comunica en alto:
   – Rayco, así no puedes seguir, una cosa que hemos hecho tres o cuatro veces y tú no la sabes hacer (Matemáticas 2º B).

2. Profesor en su mesa va corrigiendo algunos de los ejercicios escritos. Expresa en voz alta los nombres de los que se equivocaron. (Matemáticas 2º B).

3. Otra alumna está hablando en alto con su compañera más cercana. Profesora eleva la voz y le llama la atención diciendo:
   – ¡Desde luego! Estás llevando un mal camino... y eso que ibas muy bien. ¡No sé lo que te está pasando! ¡Oti, si te desvías un poco, procura ir de nuevo a la senda, porque estás en una edad mala, rara...! Y si tienes dudas, fuera de la clase hablamos.
   La alumna calla inmediatamente. (Lengua 2º B).

Cuadro 11. Situaciones de descrédito expresadas por varios profesores.

y orientando a sus alumnos pasando de uno a otro grupo. Al llegar al último de atrás, registramos el siguiente comentario:

– ¿Lo hicieron ustedes?... qué raro que todos tuviesen dudas y ustedes no...

Consideramos que esta acotación verbal es innecesaria. Es verdad que estas alumnas habían copiado el ejercicio de las compañeras de atrás. El profesor llevaba razón al tener esas sospechas. Pero esta argumentación no implica que podamos lanzar este tipo de mensajes. Si el docente se hubiese limitado a decirles que era correcto lo realizado y a darles un mensaje de que confiamos en sus posibilidades, con bastantes probabilidades las chicas aludidas se sentirían animadas para seguir haciendo más tareas, incluso sin necesidad de copiarlas. No olvidemos que eso es lo que queremos conseguir en última instancia. Las personas nos sentimos más comprometidas a hacer las cosas en aquellos casos en que depositan confianza en nosotros.

Las tesituras que estamos defendiendo no deben implicar que tengamos que silenciar ante nuestros alumnos los comentarios que advierten que algo se ha hecho mal. Pero lo que nunca defenderemos es que la comunicación se llene siempre de este tipo de mensajes y queden extinguidas las informaciones que subrayan que también existen los éxitos en nosotros. Las teorías de las inteligencias múltiples –tal como explicamos en apartados anteriores– demuestran que esto es siempre posible. De esta forma, en la medida en que seamos capaces de ir indicando los puntos fuertes de los chicos y chicas de nuestras clases, ellos recibirán mejor las advertencias de que hay algunas dimensiones que deben ser modificadas.

No obstante, habría que tener precaución y someter a una reflexión constante el cariz de esos mensajes que encienden la luz roja a nuestros alumnos. Avanzar tras el ideal de mantener unas relaciones auténticas, pasa por no descalificar nunca su persona sino, en todo caso, su comportamiento. Si un estudiante presenta un escrito lleno de tachones le debemos avisar de que su producción está sucia y poco presentable. Pero nunca le diremos que él es sucio y poco presentable. Si un día expresa un comentario descalificador hacia algo o alguien, le recordaremos que ese mensaje es estúpido, inadecuado y que está fuera de lugar. Pero en ningún momento esa colección de descalificativos debe recaer en su persona. Nuestro estudiante no es un estúpido. Ha sido su comentario el tributario de este denominador. Al actuar con esta tendencia estaremos evitando que caigan losas etiquetadoras sobre su personalidad. Los comportamientos son transitorios, siempre pueden cambiarse, está al alcance de todos y de todas. Si nos convencen, por el contrario, de que somos de una manera determinada, difícilmente nos despegaremos de esos calificativos. Es más, justificaremos nuestro actuar alegando frases simples como la de *es que yo soy así*. Y este es el camino que más rápido nos lleva hacia el bajo autoconcepto.

CAPÍTULO II

INTERACCIÓN ENTRE IGUALES

Dedicamos este capítulo al segundo de los elementos configuradores del ambiente de un aula: la interacción entre iguales o entre los compañeros de la clase. Este factor agruparía los comportamientos relacionales que pueden surgir a partir de los contactos que entablan los alumnos y alumnas entre sí. Al igual que el anterior, pertenecería a la categoría social. Desde nuestras observaciones y análisis pudimos entrever en esta dimensión que, en algunos aspectos, se acercaba a los ideales de la educación inclusiva, pero que en otros –quizá mayoritarios– distó un tanto de lo que marcan estos referentes teóricos.

No obstante, es conveniente que anotemos algunas consideraciones a los hallazgos que vamos a ir presentando en este capítulo. Tal como explicamos en el Bloque II, en donde describimos el proceder metodológico de la investigación en que se sustenta el contenido de este libro, para conocer la interacción de los estudiantes en el aula tuvimos dos fuentes metodológicas. Por un lado, la *observación* y consiguiente anotación de todo el acontecer que se iba presentando en las clases pero, por otro, se recurrió también a la cumplimentación de un *cuestionario* que debía rellenar el alumnado. De esta forma, pudimos contrastar lo que decían los alumnos con respecto a sus relaciones con lo que nosotros percibimos en las aulas. Esta situación de estudio proporcionó una mayor fiabilidad en los datos que hallamos ya que, obviamente, no solo se basaron en lo que vimos sino también en lo que ellos mismos opinaron.

Sin embargo, a pesar de la opción metodológica anterior, no hemos podido avanzar demasiado con respecto a algunas limitaciones que nos surgieron. Observar el grado de sociabilidad de unos estudiantes que están inmersos en un aula en donde abundan las metodologías tradicionales es un poco difícil. Adivinar si los alumnos y alumnas se conocen mutuamente y se apoyan entre sí mientras permanecen en silencio escuchando a un profesor que emite una información impermeable, es muy difícil. En estos casos, serían los recreos y los pequeños minutos que se vivencian entre los cambios de hora los que pudieran ofrecer mayores datos al respecto. Y, en el estudio que hicimos, no reparamos en estos segmentos de convivencia.

Por tanto, la descripción de cómo se produce la convivencia de los estudiantes en las aulas de la ESO que observamos, se ha visto limitada por esta realidad. Aunque es verdad que esto no sucedió en todas las sesiones que registramos. Hubo aulas, tal como ahora iremos mostrando, en donde el profesorado mantuvo unas dinámicas metodológicas más abiertas y cooperativas que nos permitieron sumar una mayor información al respecto. Por otro lado, al poder contar también con lo que opinaban los estudiantes a través de los cuestionarios que antes comentamos, se subsanó un tanto la veracidad de lo que percibíamos. De cualquier forma, las reflexiones y el análisis que se realiza en este capítulo en relación a la interacción mantenida entre los iguales, ha nacido, como todas las restantes, del universo práctico que día a día se desarrolla en un aula y que tuvimos la oportunidad de observar.

1. LA INTERACCIÓN ENTRE IGUALES DESDE LA EDUCACIÓN INCLUSIVA

Todos aquellos comportamientos que se definieron por el conocimiento mutuo, la ayuda o la comunicación entre iguales, consideramos que podrían estar materializando el ideal que preconiza una educación con la diversidad ya que se estaban basando en la aceptación mutua. A este proceder decidimos llamarle *cohesión*.

Desde las observaciones realizadas, teniendo en cuenta la limitación que explicamos antes, pensamos que serían indicadores de estos instantes aquellas situaciones que de manera esquematizada presenta la *figura 1*. En los apartados siguientes detallamos el significado de lo que cada aspecto llegó a suponer.

1.1. Aceptación de los compañeros

En las clases que analizamos pudimos observar cómo algunos alumnos mostraban conformidad y se entusiasmaban cuando el profesor o profesora que impartía la clase les solicitaba que formaran grupos de trabajo para realizar las activida-

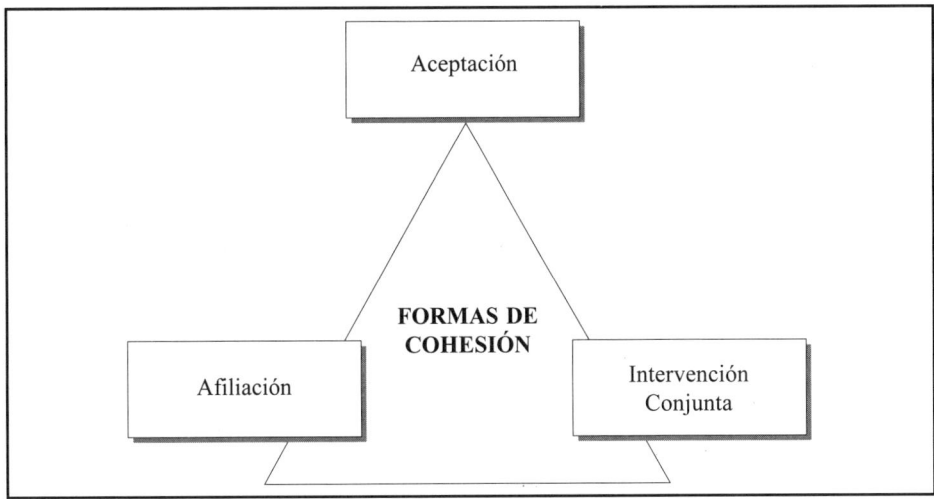

Figura 1. Situaciones derivadas de la Cohesión mantenida entre iguales.

des de ese día. Esta orientación la definimos bajo el término de *aceptación* y la interpretamos como un paso hacia lo que implica el trabajo cooperativo tantas veces promovido desde la escuela inclusiva. Aunque, tal como ocurrió en algunos casos, luego no emergiera en esas agrupaciones el auténtico trabajo en cooperación, no cabe duda que esta orientación era indicadora de que existía una predisposición positiva hacia esta forma de agrupación.

Es verdad que, frente a este deseo, algunos profesores interpretan que lo que realmente busca el estudiante es charlar, entretenerse y pasar el rato, relajándose así de las obligaciones de clase. Además, pudimos comprobar en varias sesiones que surge cierto alboroto en el momento en que se arranca a trabajar bajo esta agrupación (ver *cuadro 1*). Pero no deberíamos interpretar estas situaciones como una señal de que estamos ante la peor de las estrategias de un aula. Cuando observemos que se está produciendo esta tendencia, sería más acertado considerar que nuestros estudiantes no saben trabajar de esta forma y por ello, cuando se juntan, pasan los minutos y no avanzan en lo que debieran.

Ante aquellos alumnos en donde encontremos lo contrario de lo que aquí estamos defendiendo –la no aceptación o deseo de trabajar en grupo– tampoco debiéramos concluir en esas erróneas interpretaciones. Fijémonos en el *cuadro 2*. La expresión que ahí se recoge no es más que una evidencia de que la estudiante en cuestión debería suspender aquellos objetivos relacionados con la cooperación y ayuda mutua, ya que no muestra interés, ni siquiera en su mirada, por las dudas de sus compañeros y, mucho menos, por los deseos de consultar a la profesora. Pero nunca, volviendo a repetir, deberíamos deducir que la causa de todo ello reside en que estas estructuras de participación poseen muchos inconvenientes.

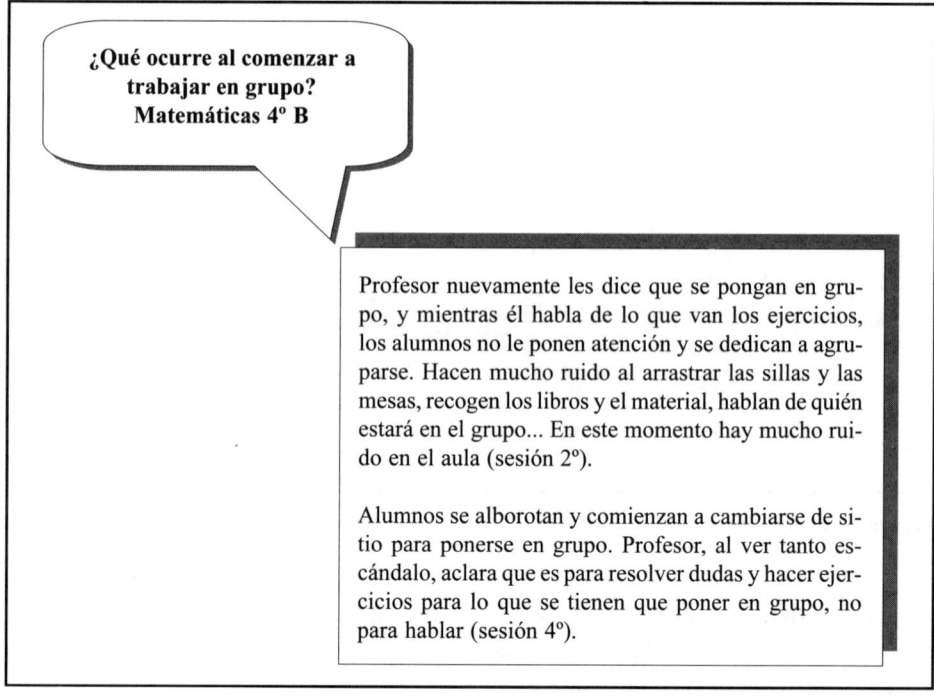

Cuadro 1. Acontecimientos surgidos al comenzar a trabajar en grupo.

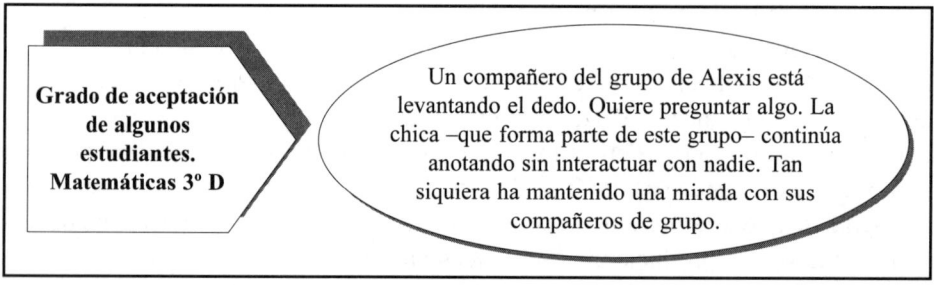

Cuadro 2. Baja aceptación hacia el trabajo en grupo de algunos estudiantes.

Trabajar en equipo no es solo una metodología sino un contenido, esto es, debe enseñárseles a los chicos y chicas de la misma manera y con la misma necesidad que se les enseña cualquier contenido de Lengua o de Biología. Decían al respecto Johnson y Johnson (1997: 62) que la capacidad de todos los alumnos de aprender a trabajar cooperativamente con los demás es la piedra clave para construir y mantener matrimonios, familias, carreras y amistades estables. Ser capaz de realizar habilidades técnicas como leer, hablar, escuchar, escribir, calcular y resolver problemas sería algo valioso pero poco útil si la persona no puede aplicar estas habilidades en una interacción cooperativa con las otras personas en el trabajo, en la familia y en los entornos comunitarios.

Retomando ese deseo exteriorizado por algunos alumnos de formar agrupaciones en el aula, una posible justificación –sin ser la de pasar el rato y evadir responsabilidades mayores– podría residir en la tendencia natural que cualquiera de nosotros suele mantener a la hora de relacionarse con los compañeros. Si a eso le añadimos el incremento del poder de los iguales que se suele vivenciar en la época de la adolescencia, entenderíamos mejor esta inclinación. De hecho, en el cuestionario que respondieron los chicos y chicas, hallamos que un alto porcentaje –el 90,8%– contestó que le gustaba que los demás fueran amigos suyos. Trabajar en equipo, al fin y al cabo, no es más que una oportunidad de hacer realidad esta pretensión.

Estamos, por tanto, ante una herramienta didáctica y un contenido a enseñar que cuenta con la aceptación del alumnado. Y eso no suele ocurrir con todas las variables que intervienen en los procesos de enseñanza y aprendizaje. La profesora de Matemáticas de 3º D, no sabemos si consciente de esta realidad, solía amenazar a sus estudiantes con dejar de trabajar bajo esta fórmula si no cumplían sus alumnos las normas que iba poniendo. Con frecuencia podíamos oír un *es la última vez que aviso, o se callan o lo hacemos individualmente*. Ante ello, la respuesta –al menos la inmediata– solía ser la obediencia, señal inequívoca de que deseaban estar bajo esta fórmula organizativa. Otra cuestión sería si cumplían lo indicado por mucho tiempo –no hablar mientras trabajan en grupo–, pero esta cuestión la abordaremos más adelante.

1.2. Intervención Conjunta

Entre las formas de interaccionar el grupo de iguales, pudimos percibir algunos segmentos en donde ya no era solo la predisposición positiva, sino la realización por parte de los estudiantes de tareas en grupo. A este actuar fue al que denominamos *intervención conjunta*. Pero convendría hacer aquí una puntualización al respecto. Cuando se investiga en el aula a través de la realización de registros narrativos –anotaciones de todo lo que se ve, oye y experimenta–, además de las limitaciones que antes explicamos, se hace imposible registrar en paralelo lo que va sucediendo internamente en cada uno de los grupos. Y esta limitación emergió cuando se trabaja bajo esta estructura de participación.

Los profesores de Ciencias de la Naturaleza y los de Matemáticas de 3º D y 4º B fueron los que pusieron en práctica esta agrupación. Al hacerlo, dedujimos que se estaba produciendo una *intervención conjunta* pero, en función de lo que estamos planteando, no podemos afirmar con precisión si esto conllevaba la práctica de una auténtica tarea cooperativa o se estaban desarrollando esos enfoques grupales mal gestionados que en el capítulo quinto denominamos grupos de pseudo aprendizaje. Esto es, no sabríamos decir con certeza si cada chico o chica hacia algo que, al sumarse a lo del compañero, daba como resultado la producción que el profesor solicitaba, o por el contrario, solo se estaban desarrollando tareas de manera paralela sin cumplir los mínimos requisitos cooperativos. En el *cuadro 3* hemos recogido las evidencias que anotábamos. Compruébese desde ellas lo que estamos planteando.

La información del *cuadro 3*, sin embargo, sí nos deja con claridad un rasgo que hallamos casi constante en las aulas. Una vez que se comienzan a desarrollar las tareas de manera grupal –al contrario de lo que ocurría en los primeros momentos de arranque– el ambiente de la clase se hace más sereno y tranquilo, los conflictos disminuyen y la clase se vuelve más fácilmente gestionable. Los alumnos saben lo que tienen que hacer y, ellos mismos, generan internamente estrategias de control más efectivas incluso que las nuestras. Esto provoca que al profesorado le sea más fácil atender a sus estudiantes y que la resolución de dudas sea incluso más personalizada y cercana. No es lo mismo explicar algo a un grupo de veinticinco alumnos a la vez, que ir por las mesas atendiendo y explicando a solo cinco o seis participantes. Ocurre, asimismo, que en esta tarea de aclarar dudas los propios alumnos también se incorporan a ello con sus iguales, dado el escenario de intervención interna que se permite bajo estas estructuras grupales. Las expresiones antes señaladas –*los miembros del grupo se pasan información relacionada con la tarea que deben hacer*– son indicadoras de estas situaciones.

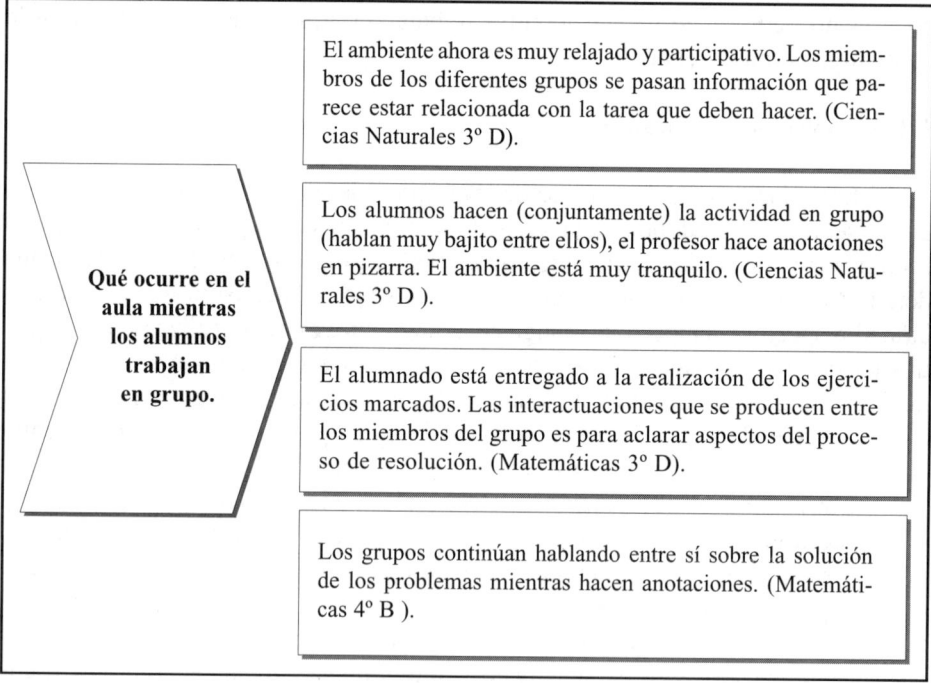

Cuadro 3. Actuaciones de los alumnos mientras se trabaja en grupo.

Aunque es verdad que en una de las sesiones de Matemáticas de 4º B no se sucedieron los hechos bajo estos planteamientos. Aquel día toda la clase se había organizado en pequeño grupo siguiendo un criterio no definido, o por lo menos, no exteriorizado en ese día. Espacialmente estaban distribuidos por todo el aula y numéricamente no pasaban de los cinco miembros, aunque había algunas agrupaciones constituidas por solo un par de estudiantes. Fue precisamente en una de estas escasas agrupaciones en donde se juntaron dos chicas muy concretas. Una solía pasarse las horas de clase con unos auriculares de música mientras el profesor explicaba y la otra tendía a escribir poesías o letras de canciones durante casi todas las sesiones. Ahora estaban juntas y formaban un grupo de trabajo. Mientras la gran mayoría de sus compañeros se entregaba a la elaboración de la tarea bajo la dinámica propia de estos momentos, ellas pasaron el tiempo haciendo lo que les caracterizaba y solo, cuando se percataron que el profesor venía hacia ellas, solicitaron a un grupo vecino la resolución de los ejercicios para poder copiárselo.

La ausencia de participación y el inadecuado proceder de estas chicas podía haberse evitado si se hubiese tenido en cuenta uno de los requerimientos básicos de estas agrupaciones que el lector encontrará explicadas en el capítulo V. Nos estamos refiriendo a la necesidad de que los grupos se construyan bajo la heterogeneidad. Dos chicas caracterizadas por su desconexión hacia lo que se hace en clase, cuando se juntan, potencian sus actuaciones. Por el contrario, si se hubiesen diluido estas alumnas en dos grupos diferentes, los propios compañeros hubiesen ejercido una presión natural que, con bastante seguridad, le hubiese frenado estos comportamientos. Y, a la vez, por lo menos, hubiesen sido testigo del proceso de resolución de los ejercicios marcados.

Algo similar sucedió en el aula de Matemáticas pero esta vez en 3º D. Los dos chicos que reunían mayor número de amonestaciones y llamadas de atención en todas las sesiones, se habían juntado para formar un grupo y resolver los ejercicios marcados. No obstante, y aquí está la diferencia con el ejemplo anterior, la profesora, quizá llevada por las explicaciones que dábamos antes, hizo que una chica muy tímida y trabajadora se sumara a esta agrupación. El resultado no fue muy exitoso. Los dos estudiantes ejercían un bloque que la chica, dadas sus características personales, ni tan siquiera intentó modificar. Emergió la situación que antes pusimos como representativa de no aceptación de los miembros de un grupo. La muchacha no les dirigió ni la mirada y nosotros anotamos en nuestro registro una yuxtaposición de dos tendencias de trabajo. Una caracterizada por la entrega total y la otra –la de los chicos– sumergida en la dejadez y el relajamiento de responsabilidades. Es evidente que la heterogeneidad que se aportó a este grupo no fue suficiente ni por el número de participantes ni por las cualidades personales de quien se intentó que contribuyera a ello. En este caso hubiese sido mejor que uno de los alumnos se hubiese quedado con la chica añadiendo, a su vez, a otro componente más trabajador y participativo. Y el mismo criterio habría que haber aplicado al otro estudiante. Como vemos, lo que estamos defendiendo es una heterogeneidad donde, bajo el criterio del buen rendimiento, sea siempre mayoritaria esta tendencia.

Una cuestión que observamos en las clases donde se puso en práctica el trabajo en grupo –independientemente de que fuera o no cooperativo– radicó en el hecho de que los profesores solían recurrir a esta estructura de participación cuando proponían tareas basadas en la resolución de problemas, tal como ya subrayamos en el capítulo anterior. Creemos que esta opción es una práctica muy acertada y que debiera extenderse más de lo que se suele hacer.

Cuando un profesor comunica cualquier teoría física o matemática de manera expositiva, no todos los alumnos la comprenden de la misma forma. Si el paso siguiente se basa en realizar individualmente unos problemas para poner en práctica lo explicado, encontraremos que frente a una minoría que resuelve todo con gran rapidez, se halla un nutrido grupo que posee una cantidad variable de dudas que le va a impedir llegar con fluidez a la solución. Y serán dudas muy diferentes. Y el profesor no es un "pulpo" que puede actuar simultáneamente para resolver esas interrogantes de uno en uno. En este caso, solicitar a los alumnos que formen grupos puede ser la estrategia más apropiada. Si se respetan los requisitos de las agrupaciones, entre los iguales se van a resolver muchas dudas y, tal como lo recuerda la psicología del aprendizaje, se hará incluso con mayor efectividad. Mientras, el profesor puede dedicarse, por ejemplo, a acercarse a aquellos que aúnan un mayor número de interrogantes o a los que no atinan a arrancar de la manera apropiada.

Pero frente a esta acertada opción anotamos también algo que no fue tan apropiado. Se hizo visible en las clases de 3º D de Matemáticas. La profesora, en una de las sesiones dedicadas a esta forma de agrupación que comentamos, mantuvo un propósito permanente: impedir que sus alumnos hablaran entre sí. Ella partía de la base de que sus alumnos debían estar callados o, en todo caso, hablar bajo un rumor casi imperceptible. Llegamos a registrar más de diez peticiones de silencio, durante veinte minutos, que curiosamente se basaban en lanzar de manera automática e intermitente un escueto "shhhhh, shhhhh..." a un grupo clase que, a decir verdad, hacía las tareas en un ambiente tranquilo. Además, ese día se había alcanzado un ratio de solo quince alumnos.

Mientras se trabaja en grupo no se pueden silenciar las voces. Los participantes necesitan intercambiar información, se hace necesaria la interacción cara a cara, o lo que es lo mismo, la necesidad de estar en permanente diálogo. Otra cosa diferente sería la de gritar, pelearse o adentrarse en conversaciones ajenas al tema que tratan. Eso sí hay que impedirlo. Pero, fuera de esas condiciones, el grupo debe hablar entre sí. Deberíamos preguntarnos si esta circunstancia es la que lleva a muchos profesores a evitar estas prácticas organizativas. Es como si identificaran el que los alumnos hablen con la creación de un escenario no propicio para el aprendizaje. Y esto no es así. La comunicación es la base del aprendizaje. Si queremos que éste se genere desde los pequeños grupos de trabajo, hay que ser permisivos con sus intervenciones orales.

1.3. Deseos de Afiliación

La necesidad del alumnado de interactuar entre sí, aunque el profesorado no la canalice diseñando trabajos cooperativos en el aula, acostumbra a emerger en las muchas situaciones cotidianas de una clase. Pedirse ayuda cuando no entienden algo, prestar y compartir material, agruparse espontáneamente para realizar tareas, serían ejemplos de esos segmentos a que nos referimos. Cuando los observamos en las aulas decidimos denominarlos momentos de *afiliación*.

Desde el punto de vista cuantitativo fueron las situaciones anotadas con mayor frecuencia dentro de lo que concebimos como comportamientos de *cohesión*. Agrupados los porcentajes de observación de este rasgo por cursos, percibimos cómo, efectivamente, la *afiliación* absorbía siempre unas cifras más altas. Destacó también cómo 3º de la ESO se definía como el curso con el nivel más bajo de interacción entre iguales bajo esta perspectiva de *afiliación*.

La explicación de estos hechos podría estar en lo que apuntamos antes. Los profesores que analizamos no recurrían mayoritariamente a organizar las actividades de manera grupal. En consecuencia, lo rasgos tendentes al desarrollo de la inevitable tendencia social del alumnado se iban manifestando por otras vías. Podríamos hablar de un potencial de interacción del alumnado que se derivaba a través de unos canales espontáneos. Por otro lado, el que en 3º de la ESO disminuyera esta tendencia, podría confirmar la opinión de muchos profesores con respecto a este nivel. Desde los casos estudiados, no olvidando que no podemos generalizar la información, fueron varios los docentes que definieron este nivel como uno de los más conflictivos y en donde se agolpaban más problemas de disciplina.

Al analizar estos variados segmentos de *afiliación* que anotamos, se hacen evidentes unos hallazgos de los que podríamos sacar algunas consecuencias prácticas. Por lo pronto, tal como se refleja en el *cuadro 4*, resolver ejercicios en la pizarra suele ser una actividad que desencadena la cooperación espontánea. Unas veces son los alumnos que están sentados los que intervienen, sin que nadie se lo solicite, para indicar al que escribe cualquier olvido o sugerencia que crean oportuna. Aunque, como vemos, esta iniciativa se invierte en ocasiones y son los mismos que escriben en la pizarra los que solicitan este apoyo o arrancan sin más, una vez que han terminado, a explicarle a sus compañeros.

Esta realidad, a un profesorado con iniciativa y creatividad, pudiera darle pie a que organizara, de manera más sistemática, determinadas actividades de corrección desde la pizarra interviniendo, de forma ordenada, diversos grupos. El que el profesorado tenga que ser siempre el que lleve la iniciativa en la corrección de lo que se plasma en la pizarra, podría pasar a un segundo plano y asumir, a cambio, una labor más de guía y supervisión que de agente protagonista.

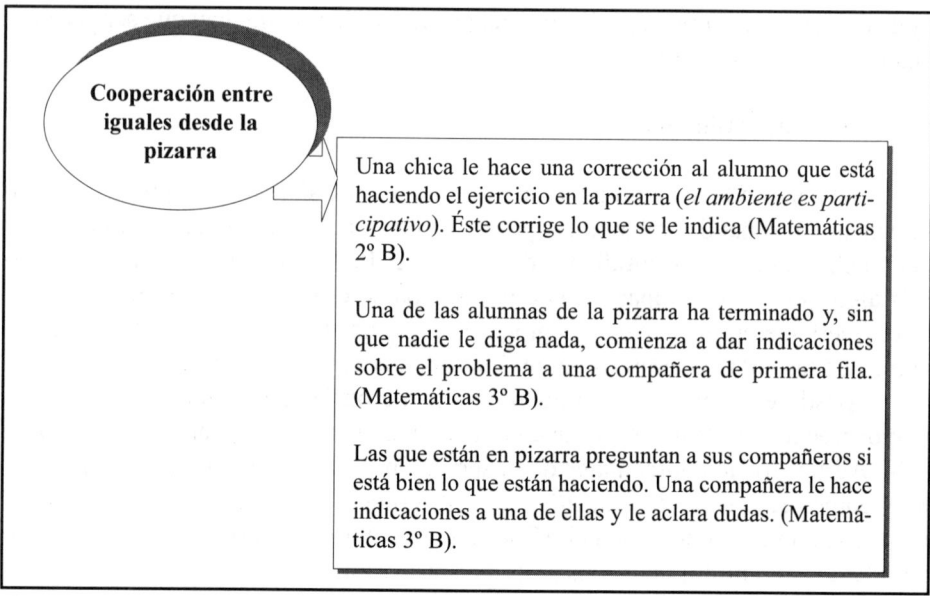

Cuadro 4. Segmentos de afiliación desde la pizarra.

Vemos en este caso cómo la coevaluación –evaluación realizada entre los compañeros– es una tendencia espontánea del alumnado que, sin proponérselo el docente, puede estar emergiendo en el aula. Decían Cullen y Pratt (1999) y Udvari-Solner y Thousand (1996) que en un aula inclusiva hay que utilizar técnicas de evaluación que favorezcan la coevaluación ya que es una técnica que hace mejorar la motivación y la autonomía del alumnado. Subrayan también la importancia que tiene que la evaluación sea colaborativa en el sentido de que se realice con la mayor participación posible de todos los implicados en el proceso educativo. No obstante, creemos importante que si estas prácticas se incorporan al aula, el profesorado debería enseñar también a que los estudiantes no identificasen la coevaluación con criticar o infravalorar públicamente a un compañero o compañera. Cuando nos sumergimos en la corrección de una producción debemos, en primer lugar, estar abiertos –y exteriorizar públicamente– los aciertos que se han alcanzado para, solo después de ello, advertir las cosas que podrían hacerse de otra manera.

Continuando con los hallazgos desprendidos de los momentos de afiliación registrados, se hizo factible la tendencia rápida y frecuente de muchos chicos y chicas de compartir el material. En el *cuadro 5* tenemos algunas evidencias de ello. Aunque también podríamos apuntar la existencia de sectores de estudiantes perezosos para estos comportamientos de generosidad, no cabe duda que no debería ser éste el modelo a imitar. Es positivo que propaguemos las ventajas de la dadivosidad y del prestar lo que en un momento determinado podemos ofrecer.

| La tendencia a compartir el material | 2. De vez en cuando uno le pide al compañero más cercano un material de trabajo pero en voz muy baja. (Matemáticas 2° B).
3. Una pareja de alumnos se está pasando material. (Lengua 4° B).
4. De pronto, dos alumnas dicen que no pueden hacer el ejercicio del libro, porque no tienen libro. Profesor se queda un instante mirándolas con cara extraña, hasta que otra compañera les dice:
– No se preocupen, yo les dejo el mío.
Se ponen de dos en dos. (Matemáticas 4° B). |
|---|---|

Cuadro 5. Momentos de afiliación basados en compartir material.

La importancia de esta orientación del comportamiento no solo va a repercutir en la adquisición, por parte de cada alumno, de los valores que nos ejercitan como futuro ciudadano. Desde las dinámicas de clase, esta apertura puede ser la que solucione situaciones personales de otros compañeros, no desarrolladas todavía, como es la responsabilidad ante las tareas académicas. Hay alumnos que, por esta razón, olvidan traer el material de clase. Dejarlos sin intervenir en las dinámicas que se generen, pasivos y sin hacer nada, no es la mejor fórmula. Esto lo anotamos varias veces en la clase de Inglés de 3° A. Se presentaban momentos como éstos:

Profesor les pide que abran el libro y vuelve a dar a cada alumno su ejercicio. Uno de ellos no tiene libro. Profesor no le dice nada y queda inactivo observando lo que sucede en el aula. (Inglés 3° A).

En estos casos, si favorecemos que otro compañero intervenga en estas situaciones y lo abordamos como un compromiso que adquieren ellos dos y no como una manera de infravalorar y censurar públicamente al que no trajo su material –tendencia que recogimos en algunos docentes– las posibilidades de que nuestro estudiante olvidadizo mejore son mayores. No olvidemos la trascendencia del grupo de iguales durante la adolescencia. A su vez, la gestión de la clase se hace más llevadera porque, como todos sabemos, un alumno que se queda sin hacer nada en el aula suele tardar bien poco en montar follón e iniciarse a realizar estúpidas llamadas de atención ante sus compañeros.

La viabilidad de poner en práctica las estructuras de participación que se conocen con el nombre de *tutoría entre iguales* –explicadas en el capítulo V– fue el tercer hallazgo que dedujimos de los instantes de *afiliación* que observamos. Recordemos que esta técnica consiste en comprometer a los estudiantes a ser agentes educativos para otros estudiantes.

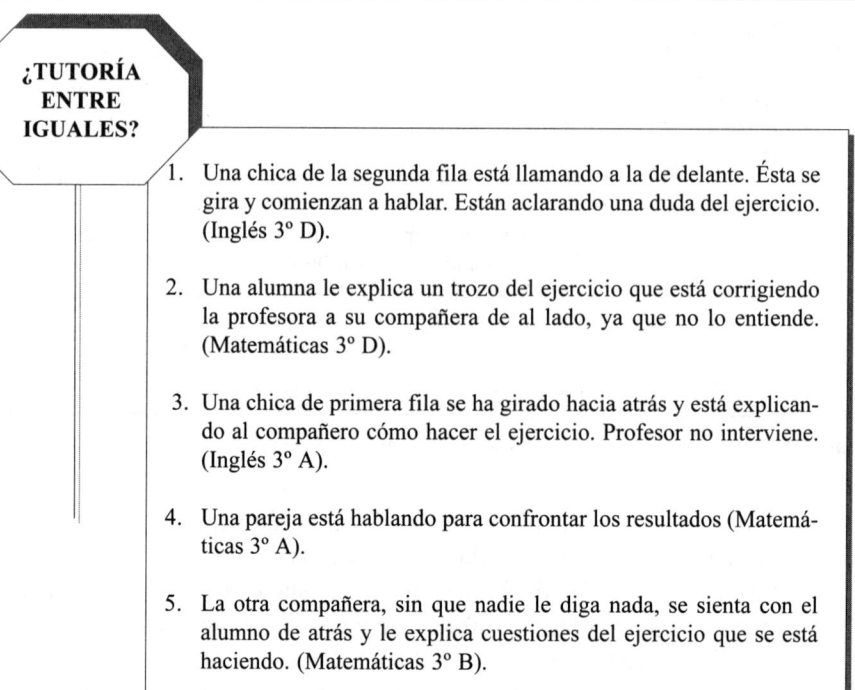

Cuadro 6. Segmentos que demuestran la viabilidad de las tutorías entre iguales.

Desde los segmentos que anotamos y que recogemos en el *cuadro 6*, pudimos ver con claridad cómo persiste en buena parte del alumnado la tendencia espontánea de recurrir a este recurso, aún cuando el profesorado no lo haya incorporado de manera sistemática a sus prácticas. Nos preguntamos por ello cómo podemos dejar escapar esta inclinación natural de los estudiantes y no desarrollar en nuestras clases esta importante estructura de participación. La cantidad de dudas e interrogantes que pueden solventar los iguales no debería ser desaprovechada. Sugerimos al lector que revise, desde el capítulo V, las iniciativas que se están desarrollando al respecto en algunos Institutos de la etapa Secundaria.

Algo similar estaría ocurriendo con los frenos que muchos profesores se autoimponen hacia los grupos cooperativos. Las evidencias que hemos recogido en el *cuadro 7* vuelven a demostrarnos que el formar agrupaciones en el aula es una inclinación potencial de casi todos los estudiantes. Es como si ya estuviera el campo labrado y preparado.

> **Formación de grupos espontáneos**
>
> – Vamos a ver el siete. Aunque no esté marcado vamos a hacerlo –anuncia el profesor en este momento–.
> Lo lee (en inglés) y comienza a explicar lo que hay que hacer (en español). Los alumnos comienzan a realizarlo. Unos se agrupan por parejas, otros individualmente y algunos se giran y lo hacen espontáneamente con los que tienen detrás. (Inglés 3º D).
>
> Casi todos trabajan individualmente, aunque hay algunos que se han aproximado y hacen la tarea en pareja. (Matemáticas 1º B).
>
> Tres alumnas se han juntado para confrontar los ejercicios que han hecho. (Matemáticas 3º B).
>
> Otra chica que se sienta detrás se ha levantado y se ha dirigido a dos compañeras de delante. Se sienta con ellas y forman otro trío de trabajo. (Matemáticas 3º B).

Cuadro 7. La inclinación hacia la formación de grupos espontáneos entre iguales.

Sin embargo, y es aquí donde se entablan las contradicciones en las que caemos muchos profesores, en ocasiones se suele censurar esta tendencia a la cooperación y dedicamos mensajes críticos a los estudiantes porque están tendiendo a resolver sus aprendizajes de la manera más efectiva que puede haber, esto es, recurriendo a sus compañeros. Trazas de esta tendencia las registramos en las clases de Inglés y Matemáticas de 3ºD, grupo que, por el contrario, cuando llegaba el docente de Ciencias Naturales favorecía permanentemente estas prácticas. Éstas serían las evidencias que constatan lo que planteamos:

> *Dos alumnas están hablando entre sí. Profesor les llama la atención. Alumna le contesta:*
> – *Profe, es que la estoy ayudando.* (Inglés 3º D).

> *Una alumna le explica un trozo del ejercicio que está corrigiendo la profesora a su compañera de al lado, ya que no lo entiende. La profesora las escucha, interrumpe la explicación y les dice:*
> – *Las dudas me las preguntan a mí.* (Matemáticas 3º D).

Llegados a este punto, y a partir de todas las evidencias que hemos ido indicando, podemos afirmar que los segmentos de afiliación existentes en el aula son, en su gran mayoría, los mejores predictores de que las estructuras de participación colaborativas son viables en el aula ya que se apoyan en una tendencia espontánea del alumnado. Por el contrario, trabajar individualmente –agrupación más recurrente de las aulas de la ESO– es una estrategia que siempre será costosa de instalar en un individuo si tenemos en cuenta la escasa propensión interna de un adolescente hacia ello.

Esta premisa que planteamos, que cualquier profesor bajo la reflexión puede descubrir en su aula, es sin embargo olvidada en ocasiones y se actúa, en determinados casos, gestionando los problemas de disciplina mediante la prohibición de cualquier intervención conjunta del alumnado en el aula. Concretamente, según nos comentaba la profesora de Matemáticas de 3º A, esto fue lo se hizo como forma de solucionar los muchos problemas de indisciplina que se vivenciaban en las clases de este grupo. Dado que *durante los dos primeros meses había follones continuos* –comentaba esta docente– *se decidió ponerlos sentados de uno en uno para evitar conflictos*.

Ante esta información, que quedó ratificada desde los registros de aula, nos surgen algunas incertidumbres. Por lo pronto, se está olvidando el estudio de Doyle (1986) desde el que se comprobaba que aparecen mayores distracciones y comportamientos de mala conducta en los alumnos, cuando permanece cada uno en su sitio realizando la tarea que cuando están todos participando colectivamente en la actividad.

Por otro lado, en estas clases, cuando ya se había llegado al mes de Abril, los follones no sólo continuaban sino que incluso eran mayores que en otras aulas de este mismo nivel. Sin embargo, pudimos observar algo importante. Cuando se impartía Música, la exigencia de trabajar individualmente era pocas veces llevada a la práctica ya que la profesora, debido a su metodología, recurría con asiduidad a realizar actividades musicales conjuntas. A pesar de ello, el resultado no fue el del aumento de la indisciplina. En estas clases, al contrario de lo que podríamos pensar, se anotaron mayores porcentajes de cohesión, un alto grado de entusiasmo y una menor frecuencia de conflictos entre iguales.

Este tipo de evidencias debería invitarnos a estar más pendiente de reflexionar sobre nuestras prácticas educativas y, por supuesto, a favorecer la cooperación, no solo entre el alumnado, sino también entre los profesores de una misma clase. Si esta docente comunicara en las reuniones de equipo educativo la realidad de su aula y se contrastara con la que, a su vez, mostraran los otros profesores, se tomarían decisiones más acertadas o al menos, más fundamentadas.

2. PRÁCTICAS DE INTERACCIÓN ENTRE IGUALES NO INCLUSIVAS

Los instantes de cohesión que hemos explicado en el apartado anterior, tal como podemos deducir de los planteamientos que vamos estableciendo, no fueron los únicos que definieron la interacción del alumnado que analizamos. Desafortunadamente, también registramos momentos antagónicos de esta tendencia que, si tenemos en cuenta los principios de la educación inclusiva, hemos de referirlos como prácticas no favorecedoras de esta corriente educativa.

En ocasiones pudimos ver a unos adolescentes que se sumergían en tensiones y disputas. A esta tendencia la denominamos *fricción*. Pero también percibimos algunos rasgos de oposición y rivalidad entre ellos desde donde asomaba cierto énfasis por competir. A esta segunda orientación la consideramos indicadora de cierta *competitividad*.

2.1. La fricción entre los alumnos

En las clases de la ESO los alumnos discuten y, en ocasiones, se pelean. Esta afirmación, nada idealizada, refleja una realidad que no podemos obviar. Fuimos testigos de ello en diversos episodios de nuestras observaciones. Sin embargo, convendría que hiciéramos algunas acotaciones a esta idea.

Por lo pronto, podríamos establecer niveles diferentes en estos comportamientos de *fricción*. No trasciende de la misma forma a la convivencia de una clase el que los alumnos protagonicen acontecimientos como los siguientes:

1. *Una chica levanta el dedo y genera una duda. Casi a la vez hace lo mismo otro chico. La chica comenta su incomodidad por estar hablando los dos a la vez. (Matemáticas 3º D).*

2. *Fernando, el alumno que se peleó antes, le chilla a otra compañera en alto:*
   – ¡¡Te meto una patada en la boca...!! (Matemáticas 3º A).

En el primero de estos acontecimientos se está vivenciando una ligera incomodidad –nada comparable al segundo– nacida por el deseo aplaudido de que los alumnos planteen al profesor sus dudas. La controversia surge al hacerse simultáneo este comportamiento. Es evidente que estos casos, aunque anotamos las expresiones de queja de una chica sobre su compañero, no podemos hablar de una auténtica discusión. Por esta razón, establecimos que dentro de la categoría de *fricción* habría que hacer algunas distinciones. Estarían, por un lado, los segmentos de *incordio*, caracterizados por un alumnado que se molestaba entre sí o expresaba situaciones de disconformidad por alguna razón. La evidencia primera de 3º D es un ejemplo de ello.

Similares a estas vivencias de incordio son las que hemos seleccionado en el *cuadro 8*. Es cierto que abundan los momentos en que los estudiantes se sienten incómodos porque sus compañeros hablan o generan ruidos en momentos inoportunos. Pero existen otras situaciones que desencadenan estos segmentos. El no compartir un material, la desaparición de éste o el acercamiento físico de un chico hacia una chica creaban también motivos de disconformidad entre los estudiantes.

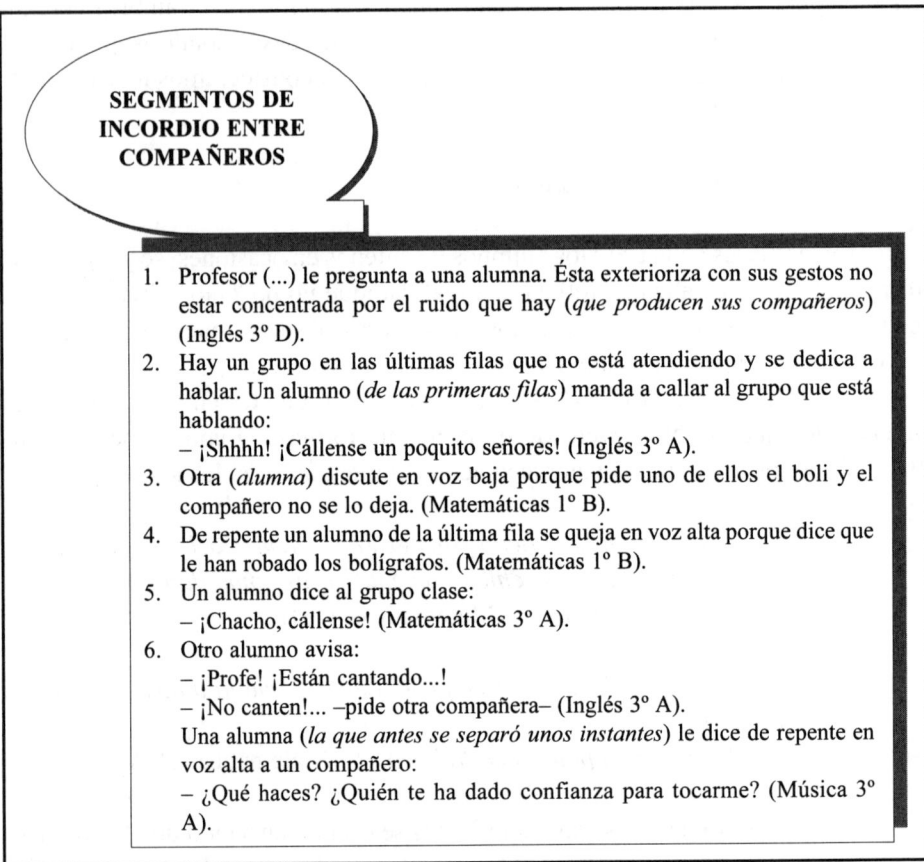

Cuadro 8. Selección de algunos instantes de Incordio.

Sin embargo, nada tienen que ver estos episodios, por otro lado, con aquel otro que reflejamos en donde se lanza la amenaza de dar una patada en la boca a un compañero. Ahí hay algo más que la simple disconformidad entre iguales. Por esta razón definimos esos impactantes momentos con el término de *agresión*. Los comportamientos que definieron estos segmentos eran intensos. Anotamos en ellos a un alumnado que, en ocasiones, llegaba a agredirse o amenazaba con hacerlo y, otras veces, insultaba profundamente al compañero. El *cuadro 9* detalla algunas de esas situaciones.

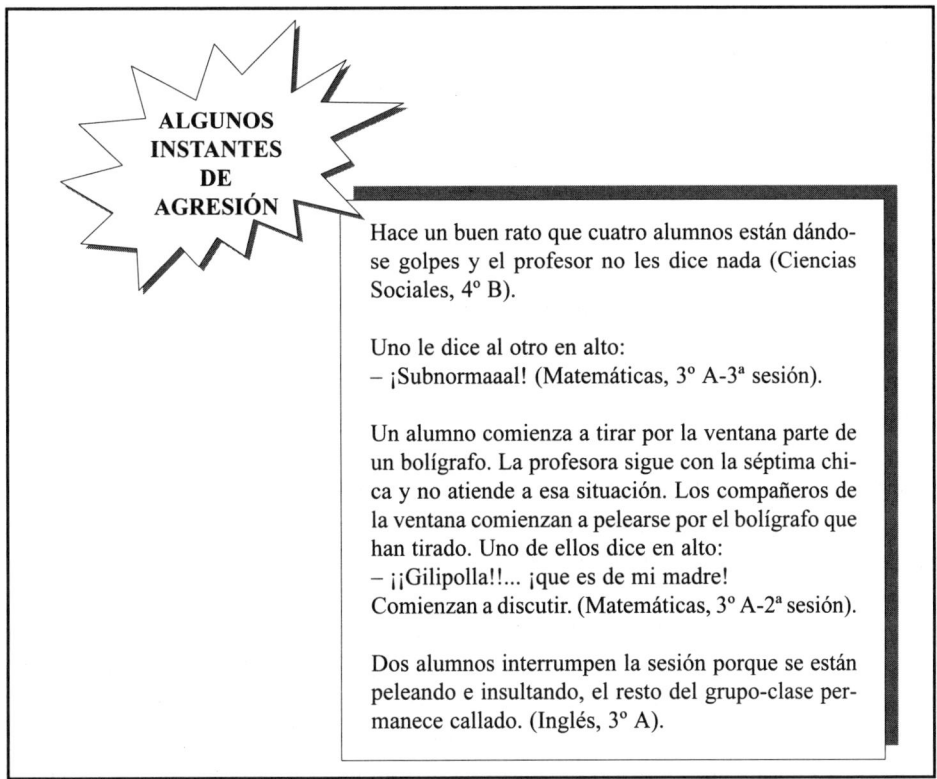

Cuadro 9. Episodios de agresión.

A la vista de estos datos, confirmados por el profesorado en las entrevistas que mantuvimos, se hace evidente que existe una agresividad preocupante en las aulas de la ESO. Estudios realizados en el extranjero (Ferguson y Fraser, 1998) confirman también este aumento de la fricción en las aulas y avisan que es mayor este rasgo en los Institutos de Secundaria que en los colegios de Primaria.

Los acontecimientos que anotamos reflejan también que no estamos hablando de unas situaciones de confrontación entre un profesor y sus alumnos, hecho que podría desencadenar cierta incertidumbre al profesorado a la hora de buscar el origen o el porqué de estos momentos. En los casos que referimos surgía la agresión desde la propia e interna interacción de los estudiantes.

Creemos que es éste el momento de anexar nuestras reflexiones a los planteamientos de la llamada *perspectiva sociológica* o *perspectiva crítica* de la educación que en los capítulo teóricos referimos con mayor detalle. La escuela, bajo este pensamiento, no es una institución neutral, independiente de otros ámbitos de la realidad social. Actualmente, la sociedad sigue actuando con un marcado patrón de agresividad que se refleja –y a su vez refuerza– en los medios de comunicación. Este marco, inevitablemente, también trasciende y limita el actuar de los estudiantes en las aulas y ejerce, haciendo uso de la terminología de Popkewitz (1994), como si de una estructura se tratara. En otras palabras, podríamos afirmar que la agresividad que se vive en los escenarios académicos no es más que el reflejo de lo que está sucediendo en la sociedad.

A la hora de buscar soluciones, si tenemos en cuenta este trenzado argumental, no podemos delegar en la escuela, como dice Fernández Enguita (1995), la resolución de múltiples conflictos y aspiraciones sociales –como la que estamos refiriendo– que tienen su origen en contextos sociales más amplios. Existirían, por tanto, demasiadas acotaciones impuestas por la sociedad que limitarían las pretensiones educativas basadas en disminuir la agresión en las clases. La consecuencia de esta afirmación nos lleva a pensar que estamos ante un problema de difícil solución.

Pero a pesar de ello, al profesorado no le cabe otra opción que la de comprometerse. Existe, por tanto, una línea de expectativa en esta temática que compromete al profesorado a buscar estrategias que hagan disminuir la tendencia agresiva del alumnado con la esperanza de que también disminuya en el escenario social.

Un hecho que podría generar optimismo en esta consecución vendría dado por un hallazgo que localizamos en nuestra investigación. Frente a esta patente tendencia a la agresividad, hallamos que no es éste el comportamiento que define a todo el alumnado de la ESO. Los momentos más intensos de fricción parecen estar sectorizados en un grupo concreto de estudiantes. El análisis de las respuestas dadas en el cuestionario que cumplimentaron los chicos y chicas, al descubrirnos la percepción de ellos, nos hace llegar a esa afirmación. Concretamente, tal como se muestra en la *tabla 1*, al cuestionarles si en su clase los compañeros siempre se estaban peleando, respondían negativamente un alto porcentaje en cada unos de los cursos. Igualmente subían los porcentajes contestando negativamente a otra pregunta muy similar que les planteaba si en la clase se pelean mucho.

FRICCIÓN		1º ESO	2º ESO	3º ESO	4º ESO
2. Los alumnos siempre se están peleando.	NO	95,2%	78,3%	77,0%	75,0%
	SI	4,8%	21,7%	23,0 %	25,0%
22. Los alumnos en nuestra clase se pelean mucho.	NO	86,4%	78,3%	72,6%	90,0%
	SI	13,6%	21,7%	27,4 %	10,0%

Tabla 1. Porcentajes de respuestas, por cursos, a dos preguntas del cuestionario del alumnado.

Estas conclusiones se vieron confirmadas por un estudio del *Instituto Canario de Evaluación y Calidad Educativa (ICEC,* 1999) que se propuso evaluar cómo se estaba desarrollando la implantación del segundo ciclo de la ESO en nuestras islas. Entre otras evidencias, registraron un pequeño porcentaje que hacía pensar que existían algunas peleas entre escolares aunque siendo siempre mayor el caso de intimidación o insulto. Se habla, por tanto, de un rasgo no generalizable a toda la población y que no alcanza unos niveles muy altos de agresión.

Esta distinción gradual de la fricción, que nosotros también la percibimos en las observaciones y por ello distinguimos entre *agresividad* e *incordio*, puede ser otro foco sobre el que deberíamos arrojar algunas reflexiones. Desde determinados ámbitos de la psicología se suele distinguir entre lo que serían *comportamientos disruptivos* frente a los que se denominan *problemas de disciplina.* Los primeros –los *disruptivos*– vendrían a ser las actuaciones de un alumnado que está comportándose en función de su estadio o momento evolutivo, esto es, de su edad o situación maduracional. Expresar que un grupo de chicos y chicas adolescentes se muestran inconformistas, están irritables o exteriorizan conductas superficiales de coqueteo ante los compañeros del otro sexo, sería poner ejemplos de actuación disruptiva. Los adolescentes –tarritos llenos de incómodas hormonas– no siempre actúan según establecen los mínimos principios de convivencia. Pero, en muchos de esos casos, a lo que estamos asistiendo es a un comportamiento transitorio y no definitivo que, la mayoría de las veces, va a ir desapareciendo.

Ante esta realidad, los profesores deberíamos considerar que buena parte de los enfrentamientos entre iguales –sobre todo los que hemos denominado como *incordio*– pueden ser situaciones disruptivas. Ampliar nuestro grado de comprensión hacia ellos –además de intervenir adecuada y serenamente con alguna normativa– es quizá la mejor de las estrategias, y acercarnos a la exageración, la generalización negativa y el etiquetar, el peor de los aliados.

Una de las líneas de intervención adecuada desde el aula requeriría que, tal como venimos insistiendo en el contenido de esta publicación, se enseñe al alumnado a convivir con los otros y a adquirir unos mínimos comportamientos grupales. Y para alcanzar este propósito, hay que recurrir permanentemente al trabajo colaborativo. Volvemos a recordar aquí las evidencias halladas en la clase de 3º A. Frente a un comportamiento en las clases de Inglés y Matemáticas en donde se registraron diversos episodios de agresión, aparece la profesora de Música –con el mismo grupo de alumnos– con ausencia total de estos segmentos agresivos y con un incremento de intervención conjunta a la hora de realizar las tareas solicitadas. En la *tabla 2* percibimos cuantitativamente esta realidad.

Por otra parte, si en las clases no existe una normativa clara en la línea que describíamos en el capítulo anterior, se hace difícil convivir en estos ambientes. Recordemos también que la implicación de los iguales en la resolución de los conflictos que puedan surgir, va a ser asimismo algo de vital importancia. Y en las aulas que observamos, detectamos una ausencia de normas o mediación entre iguales.

3º A	PORCENTAJES DE AGRESIÓN	PORCENTAJES DE INTERVENCIÓN CONJUNTA
Inglés	37,50%	00,0%
Matemáticas	71,43%	00,0%
Música	00,0 %	69,57%

Tabla 2. Porcentajes de Intervención Conjunta y Agresión en 3º A.

Ignorar los comportamientos negativos del estudiantado con la idea de que desparezcan por sí solos, es verdad que puede ser útil en algunos momentos, sobre todo si estamos ante comportamientos disruptivos muy superficiales. A un chico que decide hacer el chiste fácil a cualquier comentario que se haga en el aula, puede serle aplicada esta estrategia. Si el profesor y los alumnos acuerdan ignorar sus intervenciones, el proceder, con bastantes probabilidades, desaparecerá. Cuando no hay espectadores, la función se acaba. Pero esta estrategia no es nada útil si la situación contemplada se refiere a la amenaza de dar una patada en la boca o al inicio de una pelea que incluye la agresión o el insulto. Ésta lógica advertencia, sin embargo, no fue la que definió el actuar de algunos docentes.

En el *cuadro 9* de páginas anteriores, donde expusimos unos cuantos episodios de agresión, vemos con claridad que no existe ninguna respuesta por parte del profesorado. Los conflictos, sobre todo si están reflejando un grave problema de disciplina, deben ser abordados de alguna manera. Un profesor no puede quedar impasible ante una situación como las que se plasma en el *cuadro 10*. Por otra parte –tal como explicamos en el capítulo anterior– estamos asistiendo en estos casos a auténticos momentos de omisión por parte del profesorado con todas las consecuencias negativas que ello también conlleva.

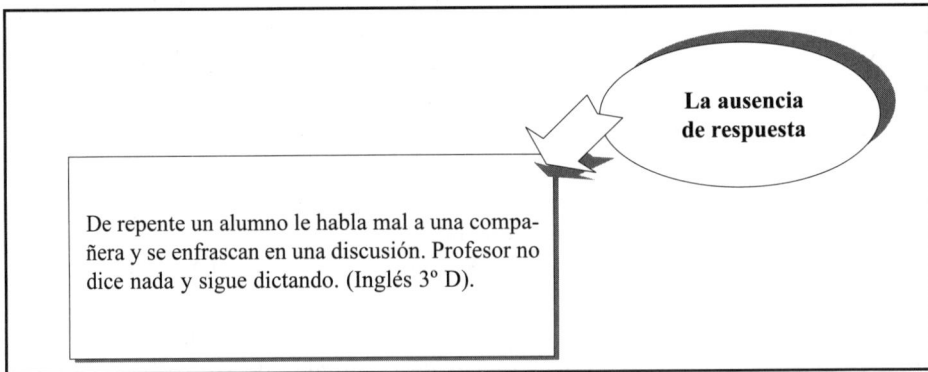

Cuadro 10. Situaciones de agresión sin mediación del profesorado.

2.2. La competitividad entre compañeros

No es solo la fricción que se mantenga entre los iguales de una clase lo que nos aleja de ese espíritu cooperativo que debería existir en las aulas de la ESO. Cuando los estudiantes compiten entre sí y exteriorizan cierta rivalidad entre ellos, también nos estamos desviando de los principios de un aula inclusiva. Decían Ford, Davern y Schnorr (1999) que para tener la sensación de que hemos conseguido algo, no necesitamos medirnos con los demás. Esto es verdad. En todo caso, qué mejor medida que la de nosotros mismos cuando contemplamos la evolución de nuestros comportamientos, conocimientos o habilidades en un momento actual y en un tiempo ya pasado. Reflexionar sobre lo que somos y lo que conseguimos constituye el mejor medio para afianzarnos a nosotros mismos.

Competir nos aleja de nuestro propio conocimiento personal y nos separa de la pertenencia a un grupo. Este obvio planteamiento, sin embargo, no siempre lo asumimos con facilidad. Además, la mayoría de nosotros nos hemos socializado en formas competitivas de pensar y de actuar. Incluso, algunos aunamos vivencias en donde sabemos que ha sido el compararnos con otros –percibidos como auténticos rivales– el que nos ha hecho despertar y empeñarnos en lograr algo que al final hemos obtenido. Pero esta consecuencia no siempre es automática y, en ocasiones, puede generar intensas vivencias de frustración y malestar.

Observar que otra persona consigue algo y compararnos a ella con el propósito de alcanzar lo que tiene, solo funciona si uno mismo, realmente, posee todas y cada una de las habilidades y destrezas del rival así como el contexto adecuado para progresar con ellas. Y esto no siempre sucede de esta forma. Cuando un profesor pone como ejemplo a seguir a un alumno que reúne grandes capacidades con el deseo de que sea imitado, emerge en la gran mayoría de los compañeros una sensación de rechazo hacia él ya que, entre otras cosas, van a ser muchos los estudiantes que no tengan no solo sus características personales, sino –incluso– las familiares. Rechazarlo llega a convertirse en un mecanismo de defensa. Al hacerlo, el sentimiento de pertenencia a un grupo se ha quebrado.

Pero a veces la competitividad llega a desarrollarse en el aula sin ser consciente el profesorado. No solo comparando explícitamente a los alumnos se favorece estos sentimientos. Determinados mensajes, alejados de esa intencionalidad, pueden despertar en el estudiantado la necesidad de comparase con los compañeros. Cuando surge, los profesores tan siquiera lo tenían planificado. Estas situaciones son las que se derivan de lo que se conoce con el nombre de currículo oculto, esto es, adquisición de objetivos y contenidos no patentes ni planeados desde el diseño didáctico del docente pero sí evidenciados en los aprendizajes de los estudiantes.

Cuando un profesor anuncia en voz alta las notas que han obtenido los chicos y chicas de la clase –práctica recurrente de algunos profesores según comentamos en el capítulo anterior– solo pretende informar a sus alumnos de los resultados de la evaluación. Sin embargo, la comparación mutua entre iguales y, por consiguiente, la competitividad, se está desarrollando de manera paralela.

Otra muestra distintiva de esta realidad la tendríamos cuando un docente estructura actividades basadas en los concursos y observa que sus alumnos se estimulan más y aprenden más rápido. En estos casos no se está dando cuenta que también está enseñando a competir. Y es éste el aprendizaje que alcanzan los chicos y chicas de su clase a través del currículo oculto. En un concurso a los jóvenes no les estimulan las Matemáticas ni las Ciencias Sociales, sino la perspectiva de compararse y vencer a los compañeros y compañeras. Si retomamos las explicaciones anteriores, el que puede alcanzar esa situación porque sus destrezas personales se lo posibilitan, se sentirá muy bien. Pero nos deberíamos también preguntar qué ocurre con los que tienen dificultades para aprender o poseen alguna discapacidad que les impide ir tan rápido y "vencer" en conocimientos a su igual.

Toda esta línea discursiva en contra del fomento de la competitividad se acompaña, sin embargo, de una nota ventajosa. Cuando procedimos en nuestras observaciones a anotar comportamientos y comentarios del alumnado que dieran fe de su presencia en el aula, hallamos, sin embargo, que si bien es un rasgo que siempre está presente en todas y cada una de las clases de la ESO, no alcanza unas altas frecuencias. De todos los momentos que registramos en las aulas, sólo el 2'97% hacían referencia a estas situaciones. Al triangular esta información con la opinión de los propios estudiantes, nos encontramos también con que ellos no percibían de manera muy clara que fuera éste un rasgo que definiera a sus compañeros, tal como podemos comprobar en la *tabla 3*.

COMPETITIVIDAD		1º ESO	2º ESO	3º ESO	4º ESO
3. A menudo los alumnos compiten para ver quién puede terminar primero.	NO	77,3%	82,6%	80,6%	80,0%
	SI	22,7%	17,4%	19,4 %	20,0%
13. Algunos alumnos se sienten mal cuando no hacen algo tan bien como sus compañeros.	NO	54,5%	52,2%	54,8%	45,0%
	SI	45,5%	47,8%	45,2%	55,0%
18. Algunos alumnos intentan siempre hacer su trabajo mejor que los demás.	NO	22,7%	13,0%	12,9%	47,4%
	SI	77,3%	87,0%	87,1%	52,6%

Tabla 3. Porcentajes de respuestas, por cursos, a tres preguntas del cuestionario del alumnado sobre la competitividad de sus compañeros.

Queda patente en esta tabla cómo, a la pregunta de si los compañeros compiten para ver quién puede terminar primero, hay una rotunda mayoría, en todos los cursos, que se pronuncia con una negativa. No obstante, es verdad que la siguiente pregunta –número 13– a la vista de las puntuaciones obtenidas, nos deja con algunas dudas. Por el contrario, si nos detenemos en el último interrogante *–algunos alumnos intentan siempre hacer su trabajo mejor que los demás–* se nos confirma, exceptuando algunos casos, que es éste un rasgo que, efectivamente, solo está presente en "algunos" estudiantes.

Por tanto, podríamos afirmar que no es la competitividad lo que define el clima de las aulas de los adolescentes entre 12 y 16 años y que los segmentos que anotamos al respecto tendrían una procedencia más bien sectorizada y no generalizada a toda la clase.

No obstante, de cara a la necesaria reflexión que este rasgo precisa, sería conveniente detenernos en analizar las características que tuvieron estos episodios. Pudimos ver, por un lado, situaciones en que los alumnos discutían por ver quién realizaba la tarea propuesta o se anticipaban a responder a interrogantes o tareas que iban dirigidas a otros compañeros. A estos instantes los denominamos segmentos de *rivalidad*. En el *cuadro 11* mostramos algunos de ellos.

Pero por otro lado hubo también ocasiones, más extremas que las anteriores, en donde las producciones o intervenciones de determinados alumnos, en público, eran motivo de burla o crítica negativa por parte de algún compañero. Aunque es verdad que, afortunadamente, desde el punto de vista cuantitativo, no fueron frecuentes estos segmentos. Algunas de ellas se anotaron en estos términos:

RIVALIDAD DEL ALUMNADO

1. Profesora (...) continúa interactuando con el alumno de la pizarra lanzándole preguntas cortas. En algunos momentos dan la respuesta espontáneamente otros compañeros de la clase. (Matemáticas 3º D).

2. Mientras lo hace, una compañera dice:
   – ¡Yo la segunda profe!
   – ¡No! ¡Yo!... –responde otra chica–. (Inglés 3º A).

3. Muchos alumnos levantan el dedo (*quieren salir a la pizarra a hacer una tarea que no le sale a un compañero*). Expresan en voz alta "¡yo... yo... yo!..." (Matemáticas 1º B).

4. Profesor le pide luego:
   – ¿Y uno al cuadrado?
   Está dudando. Otro chico contesta por él. (Matemáticas 2º B).

Cuadro 11. Segmentos de Rivalidad.

El alumno se apura en terminar de copiar mientras algunos alumnos situados detrás se mofan de él. (Matemáticas 3º D).

Profesor está intercalando preguntas. Una de ellas la responde incorrectamente un chico. Nuevamente la clase se ríe de él. (Matemáticas 1º B).

Está leyendo otro alumno bajo la petición de profesora. Lo hace despacio. Profesora lo interrumpe varias veces haciéndole preguntas de control de comprensión. Los compañeros se ríen en algunos momentos (ante las respuestas del compañero). (Lengua 2º B).

No cabe duda, que estas intervenciones son poco afortunadas y deberían ser rápidamente frenadas. El establecimiento de una normativa en clase debería recoger una importante advertencia de oposición a este tipo de comentarios. Decía Sapon-Shevin (1999) que en las clases habría que ir en contra de cualquier evidencia de estereotipo o discriminación entre los estudiantes ya que los protagonistas de un aula –profesores y alumnos– deben considerarse agentes de cambio dispuestos a afrontar estas alusiones de infravaloración. Ir en contra del uso de los motes, de los insultos personales o de cualquier forma de discriminación racial, cultural o personal sería algunos de los ejemplos tendentes a extinguir.

A pesar de toda esta información, seguimos insistiendo en que, desde las clases que se analizaron, podríamos divisar cierto optimismo de cara a avanzar en los principios de la educación inclusiva. Es verdad que el auténtico sentimiento de cooperación entre iguales permanece aún lejos de la realidad diaria de las aulas, pero los rasgos indeseables –la competitividad y la fricción– existen de manera sectorizada. Por otro lado, demostramos cómo hay una tendencia espontánea en el alumnado a agruparse y pedir ayuda mutua cuando surgen dificultades y dudas. No olvidemos tampoco ese 90,8% de estudiantes que contestaba al cuestionario que le gustaría que los demás fueran amigos suyos. Una mayor intencionalidad del profesorado a la hora de favorecer los hábitos de socialización desde las prácticas escolares, podría llevarnos a mejorar y desarrollar esta importante dimensión de los alumnos y alumnas. Apagar estos propósitos alegando el poco apoyo social, familiar o de los medios de comunicación –precisiones reales y ciertas– no debiera impregnar nuestra actuación profesional. No olvidemos una advertencia que plantea a menudo García Pastor (1995): la educación puede convertirse en una práctica emancipadora.

CAPÍTULO III

LA DISPONIBILIDAD DE LOS ALUMNOS HACIA LAS TAREAS DE CLASE

La disponibilidad de los alumnos hacia las tareas, último de los elementos que seleccionamos como configuradores del ambiente de un aula, recogería las actitudes y comportamientos de los estudiantes hacia las tareas que va proponiendo el profesor. Este factor sería más cultural que social, ya que se ponen en juego las consecuencias de la cultura existente en el docente, así como la que subyace a los alumnos y alumnas.

Tal como explicamos en el capítulo V, dependiendo de las ideas y creencias que tengan los profesores sobre lo que implica el proceso de enseñar y aprender, se irán proponiendo y seleccionando unas tareas. A su vez, los chicos y chicas, influidos también por su forma de pensar, por las creencias que actualmente impregnan al adolescente y por la misma naturaleza de las tareas, irán reaccionando de manera satisfactoria o, por el contrario, generando desorganización en el aula, posturas todas ellas que conformarían el ambiente del aula.

1. INSTANTES DE SATISFACCIÓN ACORDES A LA EDUCACIÓN INCLUSIVA

En coherencia con la definición que acabamos de plantear, el estar satisfecho con lo que se hace en clase es una posible forma de disponibilidad hacia las tareas. Desde una perspectiva docente, y más concretamente, desde la óptica académica, podemos interpretar que un alumno está satisfecho cuando sabe hacer las tareas de la clase, se implica en ellas, interviene espontáneamente, no está pasivo, tiende a consultar dudas. La atribución de este significado se apoya en la premisa de lo que supone aprender significativamente, meta ideal a conseguir desde una perspectiva didáctica. Cuando se realiza el aprendizaje bajo esta óptica, además de estar motivado el alumnado, esos procesos –preguntar, intervenir, implicarse– suelen ponerse en marcha para poder resolver la cantidad de conflictos cognitivos que emergen cuando llega una nueva información, por tanto, en la medida que se hagan perceptibles éstos, podríamos decir que se está consiguiendo el éxito, así como la consecución de una importante meta académica: el que los alumnos aprendan de manera significativa. Y esto debería generar satisfacción en los estudiantes.

Sin embargo, una vez que analizamos los resultados que recogimos de nuestro estudio, comprobamos que este significado no es coincidente con lo que dicen los alumnos. Para ellos, aprender significativamente no es sinónimo de satisfacción. O lo que es lo mismo, cuando un profesor considera que sus estudiantes están satisfechos puede que no haya una coincidencia exacta con lo que afirman sus alumnos, ya que para unos y otros, la satisfacción conlleva una realidad distinta.

Al igual que hicimos para evaluar la interacción entre iguales, además de observar directamente en el aula si los estudiantes de la ESO estaban satisfechos, recurrimos a un cuestionario que interrogaba a los chicos y chicas sobre esta cuestión. Este proceder fue el que nos llevó a constatar esa ausencia de similitud entre lo que concibe un alumno y un profesor en torno al significado de la satisfacción en el aula. En 4º curso –por ejemplo– afirmaron mayoritariamente que no les gustaba lo que hacían en clase y, sin embargo, fue en donde contabilizamos una mayor profusión de evidencias de satisfacción bajo la observación. El caso contrario, se halló en la clase de 1º nivel.

Al contrastar estos resultados con otras investigaciones recientes (Giné *et al*, 1998), hemos averiguado que, efectivamente, parece ser que la satisfacción la asocian los alumnos a la calidad de la comunicación interpersonal entre los iguales y con el profesorado, pero no a la participación pedagógica bajo la orientación que nosotros le hemos dado.

Ante este antagonismo, consideramos que deberíamos reflexionar sobre algunas cuestiones. Por un lado, tenemos un dato más que nos subraya la importancia de los dos anteriores elementos ambientales que analizamos, esto es, la interacción profesorado y alumnado y la mantenida entre los iguales. Todo lo que desde estas perspectivas hemos ido estableciendo deberíamos percibirlo con prioridad a la hora de intentar mejorar nuestras prácticas de aula ya que nos conduce, inevitablemente, a que el alumnado se sienta satisfecho en las clases.

Pero, por otro lado, también sería conveniente que insistiéramos en hacer vivenciar al alumnado los momentos de participación pedagógica como instantes de los que nos debemos sentir satisfechos, independientemente de las características que esta participación pueda adoptar. Esto es, sería adecuado que nuestros alumnos y alumnas aprendieran a sentirse satisfechos porque están aprendiendo. No se trata, para ello, de considerar la participación como sinónimo de intervención exitosa, ya que, si así procedemos, serán muy pocos los estudiantes dignos de atribuirles este rasgo. Participar también es preguntar, dudar, buscar seguridad. En los instantes de clase en que emerjan estos comportamientos, deberíamos transmitir la mejor de nuestras valoraciones; solo así conseguiremos que se repitan estos momentos.

Normalmente, los profesores suelen dar respuesta a las dudas e inseguridades que le plantean en el aula, pero no anotamos, sin embargo, mensajes explícitos que expresaran la importancia de dudar o preguntar como evidencia de estar aprendiendo. Lo podemos comprobar si volvemos al capítulo I, en donde analizábamos cuándo valoran los profesores a sus alumnos. Si consiguiéramos reforzar positivamente con más frecuencia a nuestros estudiantes en estos momentos, no nos quejaríamos como lo hacía el profesor de Matemáticas de 4º B. Recordemos que este docente reñía a sus alumnos porque éstos no le preguntaban cuando no entendían algo.

1.1. La implicación como evidencia de satisfacción en el aula

Además de las indicaciones que estamos dando de cara a conseguir que los alumnos vivencien cierta satisfacción por el hecho de implicarse en los asuntos de clase, en las aulas que observamos se dibujaron otros hallazgos relacionados con la implicación del alumnado y, por consiguiente, con la satisfacción de éstos si tenemos en cuenta la conceptualización que hemos establecido.

Se confirmaron, por lo pronto, varias de las advertencias que establecen los referentes teóricos de la educación inclusiva. Es cierto que la participación e implicación de los estudiantes es mayor cuando partimos de sus conocimientos y experiencias. En las clases de 2º B registramos momentos como éstos:

> *Una alumna pregunta de repente:*
> *– ¿En las sectas te vuelven loco, seño?*
> *Profesora contesta dándoles a todos una pequeña explicación sobre lo que es esto y hace alusión a un reciente suceso que pasó en España sobre una secta y que salió en la prensa local. Advierte que hay que tener mucho cuidado con éstas. Mientras realiza esta explicación, todos los alumnos le escuchan atentamente. Son bastantes los alumnos que han comenzado ahora a hacer preguntas a la profesora sobre el tema. Ella va dándoles respuesta y les repite varias veces que respeten los turnos de palabra. El ambiente está muy relajado y participativo.* (Lengua 2º B).

> *Los alumnos mantienen absoluto silencio. Profesora introduce mensajes de cuándo se debe usar un móvil y en qué situaciones no estaría permitido. Todos están muy atentos. Algunos hacen preguntas. El ambiente es espontáneo y participativo.* (Lengua 2º B).

Se observa con facilidad que, tanto en el primer caso como en el segundo, el comentar hechos tan cercanos a los alumnos como es el uso de los móviles o las recientes noticias acaecidas desde su entorno próximo, está produciendo un aumento del interés y la participación de los chicos y chicas. Algo similar anotamos también en las clases de Ciencias Sociales de 3º B cuando se abordaban temas de actualidad. La siguiente evidencia da muestra de ello:

> *Se establece un debate entre ellos (el ambiente es muy participativo, parece motivarles mucho este tema) donde cada uno expone sus propios planteamientos sobre algunos casos concretos (inmigración, maltrato familiar,...). Casi todos quieren intervenir cuando recurre a ese tema. Profesor escucha y le corta la palabra a algunos de ellos para darle la palabra a otros que también quieren participar.* (Ciencias Sociales, Geografía e Historia, 3º B).

Comprobamos, asimismo, que la implicación es mayor si los docentes lanzan preguntas básicas o abiertas al grupo clase, principio que en los referentes teóricos subrayamos como factor importante para abrir la participación generalizada de la clase. Nuevamente, el profesor de 3º B fue el que más eventos de estas características reunió. Aquí hemos seleccionado dos de ellos:

> *Ahora profesor está pidiendo al grupo clase un ejemplo de edificio actual con la forma de la arquitectura griega.*
> *– ¿El gobierno? –dice un alumno–.*
> *– ¿El gobierno tiene esa estructura? –le plantea el profesor–.*
> *– La Casablanca –responde otro–.*
> *– Sí –dice el profesor– Pero ¿y en España?*
> *– El parlamento –interviene otro alumno–.*
> *– Sí, el Parlamento... ¿no lo reconocen? –les recuerda el profesor– ¿Y aquí en nuestro pueblo?*
> *– ¡¡La Iglesia!! –dicen todos los alumnos a la vez–.* (Ciencias Sociales, Geografía e Historia, 3º B-3ª sesión).

> *– En España ¿la gente está contenta con los políticos o se quejan? ¿Por qué? (pregunta el profesor).*
> *Dos alumnos que hasta ahora no habían intervenido dan su opinión.*
> (Ciencias Sociales, Geografía e Historia, 3º B-4ª sesión).

Vemos, en el primer caso, cómo, conforme se simplifica la pregunta por acercarnos más al entorno cercano, las respuestas de los estudiantes se van multiplicando, de tal forma que llega un momento en que responden todos los chicos y chicas al unísono ya que se les ha cuestionado por un edificio de formas clásicas en su propio pueblo. En el segundo caso, la pregunta, además de ser sencilla en su planteamiento, resulta bastante abierta dada la cantidad de ejemplos que cualquier adolescente puede aportar al respecto. Esta circunstancia, como vemos, genera que incluso participen alumnos que acostumbran a no intervenir en el aula.

Es cierto que algunos profesores podrían alegar ante esto que no siempre es posible cuestionar cosas tan elementales. Sin embargo, habría que advertir que, efectivamente, no siempre es viable mantener el mismo nivel en las preguntas hechas. Pero es que no hace falta que así sea. Lo importante es que se cree un ambiente espontáneo de participación en el aula para todos y, precisamente por ello, cuando se van sucediendo preguntas de unas y otras características, estaremos desplegando un menú más amplio y al alcance de todos.

No obstante, creemos importante hacer una puntualización al respecto que nace después de observar al profesor de Matemáticas de 1º B. Este docente solía lanzar preguntas elementales en sus clases pero dirigidas de manera nominal a un alumno que asistía a clases de apoyo. Incluso, una vez que se las planteaba, recordaba en voz alta que era una cuestión muy sencilla. Esta forma de proceder, sin ser consciente el profesor, estaba, sin embargo, creando un proceso de exclusión. Si las preguntas sencillas tenían siempre esa dedicatoria, se estaba reconociendo, ante todos, que este chico solo era tributario de cosas elementales, circunstancia que no afectaba al resto de los iguales. Los profesores no debemos lanzar estos mensajes. Las preguntas básicas o abiertas, o se dedican al grupo clase al completo o se dirigen, de manera alternativa, al alumno que va bien y al que precisa más apoyo que el resto. Y, por supuesto, no debemos quitar mérito a las respuestas calificando previamente las preguntas, de manera pública, según exijan una mayor o menor elaboración. Lo que un docente diseña previamente sobre su clase no tiene por qué hacerse explícito ante los alumnos y alumnas. Por otro lado, la dificultad o el esfuerzo para responder algo, viene dado por las diferencias individuales de cada estudiante y no por lo que diga o establezca el docente.

En las prácticas observadas también comprobamos uno de los estudios de Doyle (1986) que explicamos en el capítulo V. Este autor advertía que la disposición espacial de los alumnos en el aula, condiciona la intervención de éstos. Efectivamente, en las clases que analizamos, los estudiantes posicionados en las primeras filas y centrados con respecto al profesor intervenían con mucha más frecuencia que los restantes. Esta circunstancia, nada novedosa para un docente que lleva tiempo enseñando, es la que genera que algunos profesores pongan delante a aquellos alumnos que van peor en sus aprendizajes. Sin embargo, no siempre es ésta una medida adecuada. Colocar en el aula a los alumnos –bien hacia delante, bien hacia detrás– según sea su fluidez de participación, no debería ser un buen criterio. En muchas ocasiones, se van a crear barreras marcadas y visibles que no suelen ser muy efectivas. A los estudiantes que tiendan a participar más, en todo caso, habría que colocarlos de manera dispersa por el aula, para que así, cuando intervinieran, crearan la sensación de que es todo el grupo clase el que está participando, circunstancia que suele animar y contagiar a todos los participantes. De todos es sabido que esta estrategia suele utilizarse conscientemente en eventos comerciales, políticos o publicitarios para dar la imagen de que existe un interés generalizado y extendido lo cual, con frecuencia, provoca el contagio y la generalización a todos los asistentes.

1.2. ¿Qué ocurría en las clases en donde había agrado y entusiasmo?

Además de la implicación como evidencia discutible por parte de los profesores y alumnos de si debe ser considerada sinónimo de satisfacción, hubo en las aulas determinados comportamientos y evidencias que, sin lugar a dudas, todos y todas coincidieron en percibirlas como sinónimo de satisfacción en el aula. Nos estamos refiriendo a los instantes de *agrado* y *entusiasmo*.

Al primer término –el *agrado*– se anexaron aquellos instantes en donde los propios alumnos exteriorizaban gestos, palabras, mensajes, que implicaban agrado y seguridad por la tarea que estaban realizando o iban a realizar. En el *cuadro 1* hemos seleccionado algunos de estos intervalos. Es evidente que, en estos casos, no estamos hablando de comportamientos que, posteriormente, podemos interpretar como una muestra de satisfacción. Eran los propios chicos y chicas los que, de manera espontánea, expresaban esta situación emocional positiva.

Y el segundo término que utilizamos –el *entusiasmo*– recogió segmentos en donde, para sorpresa del observador, una vez que tocaba el timbre avisando que la sesión había concluido, los estudiantes –sin que nadie se lo pidiera– continuaban sin interrumpir la tarea que estaban realizando. Es ahora el *cuadro 2* el que reproduce los momentos así clasificados. Consideramos que estas manifestaciones –al igual que las que denominamos como *agrado*– añaden una información objetiva que nos hace alimentar la idea de que, en esos instantes, lo que se estaba haciendo era tan agradable que no se sentía deseos de abandonar o no era fácil de disimular y que, tanto desde la observación externa como desde la percepción del alumnado, habría coincidencia en afirmar que son auténticos sectores temporales de satisfacción.

Estos dos rasgos evidenciadores de la satisfacción en el aula, sin embargo, desde el punto de vista cuantitativo, se registraron con muy poca frecuencia en las aulas que analizamos. De los 2425 instantes que se aislaron, solo 30 –el 1,2%– correspondieron con los momentos de *agrado* y 5 –el 0,2%– con los de *entusiasmo*. A pesar de ello, creemos importante que analicemos qué sucedía en estas clases que pudiera explicar la aparición de estos rasgos. Esto nos confirmaría la idea de que los docentes contamos con una rica base de conocimientos en nuestras propias prácticas. Descubrirlas puede llevarnos a reestructurar enfoques erróneos que no siempre sometemos a revisión.

INSTANTES DE AGRADO

1. Profesora no hace comentario y se dirige hacia el armario para sacar varios instrumentos de percusión. Comienza a repartir uno a cada alumno (...). Uno de ellos, cuando lo recibe, expresa con alegría:
   – ¡Chacho, chacho! (Música, 3º A).

2. Sigue el silencio (mientras continúa la proyección). Se producen sonrisas espontáneas en la cara de muchos alumnos. (Música, 3º A).

3. Un chico silba mientras trabaja; mantiene un gesto de entusiasmo en su cara. (Ciencias Sociales, 3º B).

4. Alumna comienza a escribe en pizarra. Suena el timbre. Alumna dice en tono de sorpresa:
   – ¿Eh? ¡Miiira! (parece incomodarse porque se queda sin poder terminar su producción en pizarra). (Lengua, 4º B).

Cuadro 1. Situaciones de agrado en el aula.

EVIDENCIAS DE ENTUSIASMO

1. Un alumno dice:
   – Acaba de tocar, seño. Ya es la hora.
   Nadie le hace comentario. Todos siguen atentos y en silencio. Profesora continúa sentada entre el grupo clase. Ramón es de los alumnos más atentos. (Música, 3º A).

2. En ese momento suena la sirena. El profesor sigue de pie al lado de la pizarra y los alumnos continúan respondiendo de manera voluntaria y espontánea a las preguntas que él va intercalando a su explicación. Pasan así unos tres minutos más desde que sonó el timbre. (Ciencias Sociales, 3º B).

3. En ese momento suena el timbre. Nadie recoge. Profesor sigue interactuando con unos alumnos y el resto termina de copiar lo de pizarra. A los cinco minutos empiezan a salir. (Matemáticas, 3º B).

Cuadro 2. Evidencias de entusiasmo en el aula.

Las sesiones que absorbieron un mayor recuento de estos acontecimientos correspondieron a las clases de Música de 3º A. Más de la mitad de esos intervalos se produjeron en este escenario. ¿Qué hacía la profesora de Música para que esto sucediera?

Desde el punto de vista ambiental percibimos a unos estudiantes con unos índices de cohesión muy altos, mucho más que cuando se ponía al frente de estos chicos la profesora de Matemáticas o el profesor de Inglés. Esta singularidad estaba originada, fundamentalmente, por la cantidad de actividades conjuntas que se desarrollaban en el aula. En estas clases casi todos los días se organizaba una coreografía grupal o se orquestaba, utilizando diversos instrumentos, pequeños fragmentos musicales. En estos momentos, además de disminuir notablemente la fricción y la competitividad entre iguales –singularidad que comentamos en el capítulo II– la espontaneidad y la participación de la gran mayoría emergían como grandes protagonistas. Eran también instantes en donde se exteriorizaba con frecuencia lo bien que se lo estaban pasando, sobre todo si atendemos a las sonrisas que aparecían en la cara de todos los estudiantes.

Continuando con la perspectiva ambiental, hallamos en esas sesiones que la interacción mantenida entre la profesora y los alumnos dibujaba un perfil coincidente, en la mayoría de sus dimensiones, con el ideal de la educación inclusiva. En estas clases veíamos a una docente que valoraba al grupo, se reía de manera compartida con ellos, tenía en cuenta sus aportaciones, flexibilizaba ante imprevistos surgidos y personalizaba mucho la relación con su alumnado. A esta inclinación respondían también los alumnos con un especial trato y valoración. Tanto es así que en una de las sesiones se llegaron a aislar situaciones como éstas:

Todos los alumnos están riendo. Profesora también. El ambiente es muy distendido. Han empezado a aplaudir a la profesora y vitorearla llamándola por su nombre:
– ¡Ana, Ana, Ana...! (Música, 3º A-3ª sesión).

Por el contrario, se registraron muy pocos casos de antagonismo, se respiraba poca tensión en el aula y escaseaban los instantes de omisión o favoritismo. Ante este caso analizado comprobamos, por tanto, que es cierto que cuando los alumnos asisten a un aula donde hay calidad en las interacciones sociales de los protagonistas, la satisfacción se hace más visible.

En lo que concierne a los restantes elementos que configuran el comportamiento de los alumnos hacia lo que se hace en estas clases de Música, percibimos, en la misma línea, que las actividades que se desarrollaban en estas sesiones estaban al alcance de la mayoría de los estudiantes, información que desprendimos del bajo porcentaje de dificultad hallado. Dada la importancia de este rasgo, profundizaremos un poco más sobre ello en el siguiente apartado.

Vimos, por otro lado, que estos estudiantes desconectaban poco de lo que la profesora iba marcando. Pero, de todas estas averiguaciones, lo que más nos llamó la atención fue que, estos mismos chicos y chicas, cuando daban clase con el profesor de Inglés o la profesora de Matemáticas, mostraban unos comportamientos casi contrarios a lo que aparecía en Música. Bajo los planteamientos que estamos haciendo, habría que añadir que esos otros profesores mostraban, a su vez, una interacción con el alumnado totalmente contraria a la mantenida por la docente de Música, tal como se visualiza en los *gráficos 1, 2 y 3*, donde se muestra cuantitativamente esta realidad. Destaca cómo esos docentes de Inglés y Matemáticas llegan, incluso, a ser casi coincidentes en su estilo de interacción. En definitiva, y volviendo a insistir en algo que creemos de gran importancia, hemos podido comprobar, desde los casos analizados, que la calidad de la interacción entre profesores y alumnos, repercute directamente en la disposición de éstos hacia las tareas de clase.

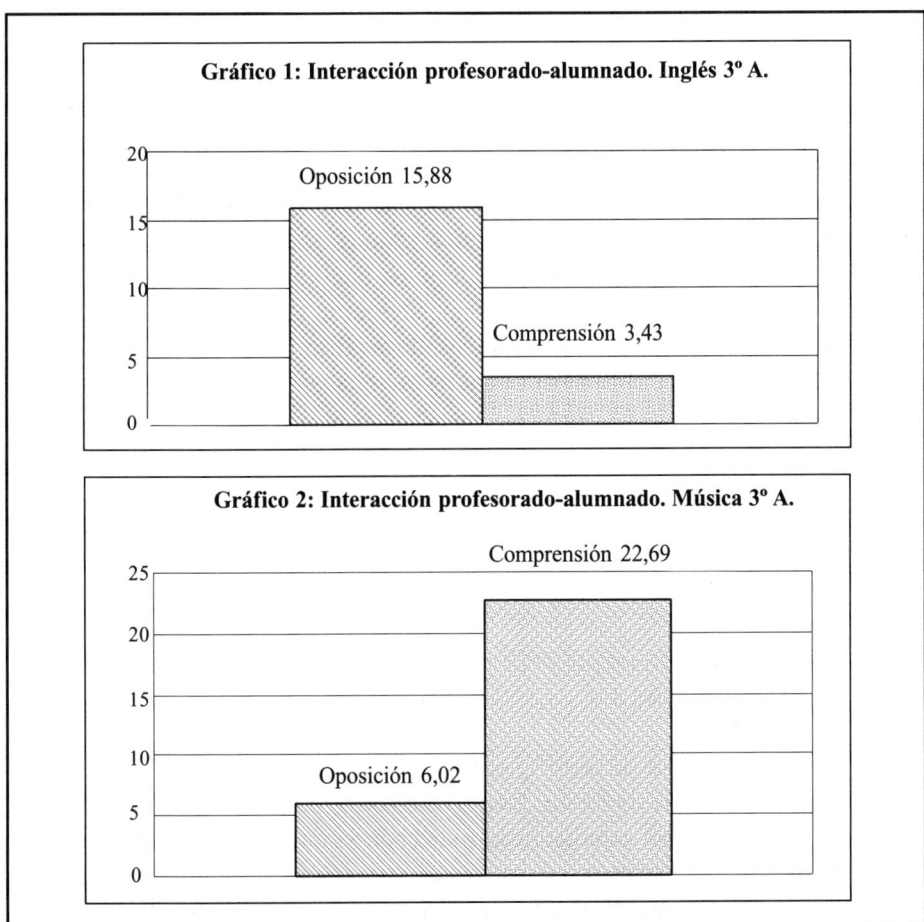

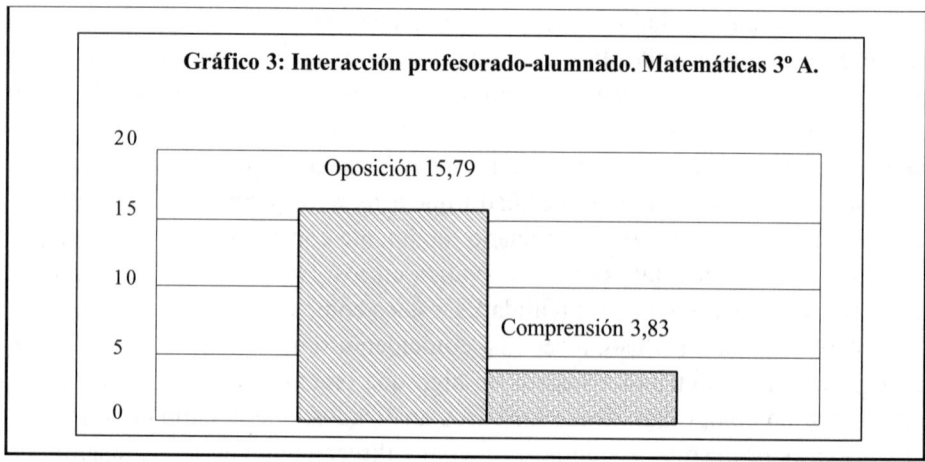

Gráficos 1, 2 y 3. Cuantificación en porcentajes del tipo de interacción profesorado-alumnado mantenida por los tres docentes de 3º A.

Es lógico, llegados a esta altura de nuestro posicionamiento, que pensemos también que en el aula hay algo más que un ambiente. Preguntarnos por el tipo de tareas y actividades que se realizaban en estas clases sería igualmente oportuno, ya que, de lo contrario, podríamos pensar que las características del contenido curricular de Música son las que estaban permitiendo ese entusiasmo del alumnado. Realmente, cuando se baila o se canta todos estamos contentos.

En contra de esta deducción, tendríamos que reparar en el hecho de que las muestras de agrado de estos alumnos aparecieron también en otros momentos. Llamaba la atención cómo estos chicos alcanzaban lo que podría denominarse una auténtica cara de embeleso mientras visionaban fragmentos, sobre todos musicales, de la película de *Mozart*. Concretamente llegamos a anotar estas situaciones:

> *Todos continúan en silencio. Suena ahora en la película un fragmento musical de Mozart. Todos escuchan con cara de cierto embeleso.* (Música, 3º A).

> *El que jugaba con las bolitas de papel está ahora totalmente absorto escuchando la música de la película.* (Música, 3º A).

Aunque habría que advertir que, mientras los alumnos escuchaban la proyección, la docente solía intercalar focalizaciones verbales, muy entusiastas, que llegaban a contagiar a los estudiantes provocando la participación espontánea de éstos. Pudimos oír comentarios del tipo *¡Fíjense cómo dirige Mozart sin batuta!... ¡con su cuerpo!...* En otro momento, en esta misma proyección, anotábamos un diálogo que evidenciaba el clima relajado y espontáneo de la profesora y los estudiantes en los siguientes términos:

> *Esther hace ahora un comentario espontáneo en torno a lo que está sucediendo en la película:*
> *– ¡Lo sabía!*
> *– ¡Claro que lo sabía!... ¡Eso es un genio! –le responde entusiasmada la profesora–.*
> *Los alumnos ríen ante lo expresado por la profesora. Ella misma también. Un chico le hace un pequeño comentario a Esther en flojito. Ésta le responde:*
> *– ¡Calla, calla que no se oye!...* (Música, 3º A).

Similares comportamientos volvían a sucederse cuando se proyectaba otro vídeo no tan famoso –uno de *Prokofied*– en el que sonaban melodías basadas en el uso de instrumentos de cuerda, tema que trataba de explicar esta profesora. Por tanto, no era las características del vídeo proyectado lo que generaba los instantes de agrado.

Tampoco fueron las proyecciones las únicas que entablaron estos momentos de satisfacción. Las técnicas de evaluación que utilizaba esta profesora transmitían, sorprendentemente, bastante entusiasmo a los chicos y chicas. El día en que se desarrollaron estas tareas evaluativas, llegamos a apuntar un comentario como éste:

> *Profesora se dirige a todos ellos:*
> *– Hoy se va a hacer el control del instrumento. Se va a escribir lo que está en la pizarra. Los que han perdido esa partitura que la copien rápido (profesora la tiene escrita en la pizarra).*
> *– ¡Qué bien! –exclama una chica–.* (Música, 3º A).

A estas evidencias se sumaron, en esta sesión de evaluación, situaciones en las que los propios estudiantes se mandaban a callar para escuchar mejor lo que se hacía, se peleaban por salir voluntarios y hacer primero el ejercicio de control o se sentían desilusionados si se les decía que hoy no podían intervenir ellos. Ante esta información, es natural que sintamos curiosidad por saber las características que tenía la técnica de evaluación empleada.

Por lo pronto, no tenía nada que ver con los sistemas tradicionales de evaluación. Se realizaba en grupos de cuatro. A cada uno se les daba un xilófono y debían tocar conjuntamente, al ritmo que marcaba la profesora con el piano, una pequeña melodía siguiendo una partitura. Podemos hablar, por tanto, de una técnica en donde se valoraba el conocimiento de manera práctica, en la que los estudiantes comprobaban, al participar en la producción musical, la recompensa intrínseca de lo que supone haber aprendido algo. Es evidente que no se trataba del clásico examen individual. Tampoco se proporcionaba una medida calificadora clásica de 1 a 10 como es usual en los sistemas de evaluación de la ESO. La profesora, una vez que intervenía el pequeño grupo, hacía una valoración que desembocaba en poner un punto a los que lo hacían bien y advertir a los otros que no les había salido adecuadamente. En el *cuadro 3* hemos seleccionado algunos de los comentarios evaluativos que se iban comunicando. Podemos afirmar, por tanto, que el método de evaluación utilizado por esta profesora, alejado de los sistemas tradicionales de evaluación, estaba también contribuyendo a este clima de agrado y entusiasmo.

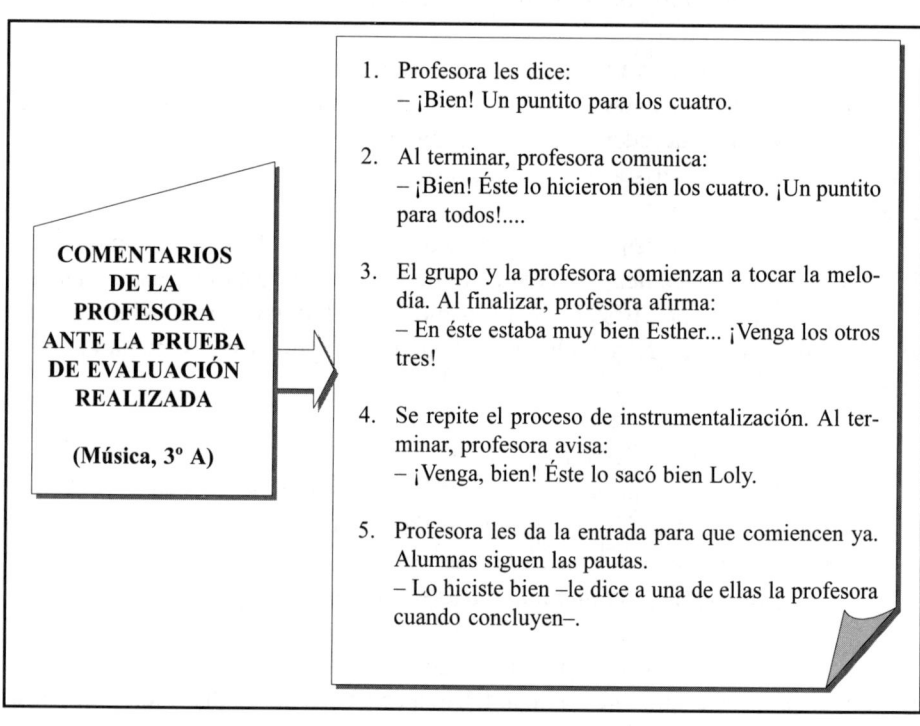

Cuadro 3. Comentarios realizados por la profesora de Música ante la producción evaluativo del alumnado.

Habría que añadir también a estas consideraciones, la tendencia de esta docente por partir, con frecuencia, de las propias vivencias y experiencias para organizar las actividades que se desarrollaban. La música con la que invitaba a participar pertenecía al folklore canario más popular y conocido que se puede oír en nuestra comunidad autónoma: *Isas, Campanas de Vegueta...* Por otro lado, acostumbraba a poner música de fondo mientras los alumnos respondían por escrito a una serie de cuestiones que previamente había dictado. Pero lo más llamativo de estas situaciones era la música en cuestión que seleccionaba. Tal como se lee en la evidencia que describimos a continuación, eran piezas musicales de estilo rock que despertaba la aprobación rápida de los alumnos:

> *Profesora va hacia el casete y comienza a sonar una música rock rápida. Todos los alumnos se echan a reír a la vez que emprenden la tarea propuesta por la profesora. Ella también ríe. Una alumna comenta sobre la música que suena:*
> – *Eso tiene mucha marcha...* (Música 3º A).

Pero no sólo registramos momentos de *agrado* y *entusiasmo* en las clases de Música. Aunque en un grado mucho menor que con esa profesora, los alumnos de otro grupo de tercero –3º B– al asistir el profesorado de Matemáticas y Ciencias Sociales, evidenciaron algunos de esos momentos.

En las de Matemáticas asilamos algunos sectores de entusiasmo. Ante ello, cabe cuestionarse –retomando el significado que le dimos a este término– qué se estaría haciendo en estas clases cuando, en dos ocasiones, tocó el timbre y los alumnos continuaron sin interrumpir su tarea. La respuesta no es nada impactante. En las dos ocasiones se estaban resolviendo problemas que había puesto el profesor después de explicar un concepto. De hecho, en la totalidad de las sesiones observadas, era ésta la estrategia que siempre se seguía.

Sin embargo, y aquí está la posible explicación, se realizaban estas actividades en un ambiente bastante distendido y espontáneo. Y este clima tan relajado procedía, con bastantes probabilidades, de dos factores que también se anotaron en Música. Nos estamos refiriendo a la interacción entre iguales y la relación del profesor con sus alumnos.

En el aula de este profesor de Matemáticas, aunque no se planificaban actividades grupales, sí existía una gran permisividad para la afiliación y la ayuda entre compañeros que aparecía de manera espontánea. En cuanto a la interacción del profesor con sus alumnos, se orientó, fundamentalmente hacia la comprensión y muy poco a la oposición. Concretamente, este profesor impregnaba la clase con bastantes instantes de personalización. Recordemos que esto conllevaba que en el docente había interés por el bienestar personal y/o académico de los participantes del aula, que se envolvían los mensajes con palabras de ánimo y que, incluso, se llegaban a comunicar cuestiones personales entre alumnos y/o profesor.

En cuanto al profesor de Ciencias Sociales de este aula, al que también se le contabilizaron algunos sectores de agrado y entusiasmo, volvimos a percibir –al igual que ocurrió con la de Música y el de Matemáticas– que era un docente caracterizado por su buena interacción con los alumnos. De manera específica, se le aislaron frecuentes instantes de valoración y, por supuesto, de personalización. En el *gráfico 4* hemos descrito los porcentajes de comprensión y oposición de este profesor de manera conjunta con el de Matemáticas. Es fácil percibir cómo, ambos docentes, son similares en sus formas de interacción con el alumnado, inclinándose, en los dos casos, hacia los requerimientos de la educación inclusiva.

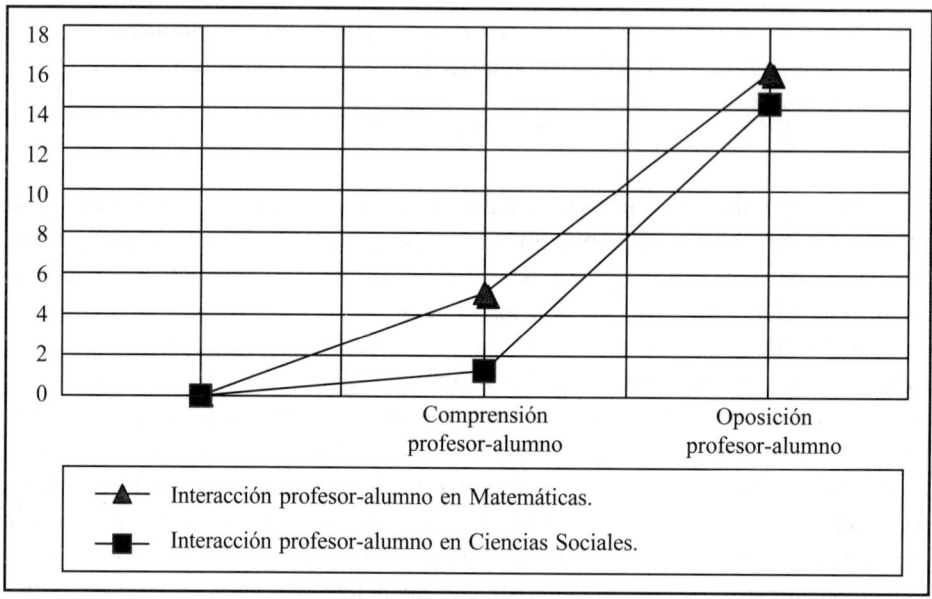

Gráfico 4. Interacción profesor-alumno en 3º B.

Pero, por otro lado, una vez más, localizamos la cohesión entre los iguales en unos niveles altos. Y, coincidiendo con el de Matemáticas, este acercamiento se debió a la potenciación de los momentos de afiliación surgido entre compañeros y no porque se planificase actividades grupales previamente.

Si nos centramos ahora en las tareas y actividades que se estaban realizando cuando emergían esos sectores de satisfacción con este profesor de Ciencias Sociales, hallamos que, coincidiendo con las clases de Música, la utilización de recursos audiovisuales fue lo que desencadenó esta inclinación positiva hacia lo que se realizaba en el aula. Concretamente, en la segunda sesión se hizo una proyección de diapositivas para explicar el tema de la *civilización griega*.

Pero no se estaba recurriendo a ninguna proyección en las sesiones en que tocó el timbre, avisando que había finalizado la clase, y los alumnos, sin inmutarse, continuaban, por propia voluntad, en la misma dinámica. En esos instantes, la clase estaba entregada a debatir dos temas, amplios en su planteamiento, que había propuesto el profesor. El uno era sobre el *poder ejecutivo en Grecia*, pero haciendo continuas referencias con la situación política actual y, el otro, sobre el contraste entre la *España del 2000 y Atenas en el s. V a.C.* Vemos, en ambos casos, que la necesidad de partir de las propias experiencias y vivencias de los alumnos se hacen claves para que se produzca esta actividad.

Llegados a este punto, consecuentemente con la información que estamos planteando, podríamos afirmar que los alumnos llevan razón al avisar que ellos se sienten satisfechos cuando la interacción con sus compañeros y con el profesor es de calidad. En los casos en que hemos detectado esa visible satisfacción a través de muestras de agrado y entusiasmo, ha permanecido constante esta singularidad. No obstante, habría que añadir a este dato que el uso de audiovisuales, la utilización de instrumentos de evaluación no tradicionales y el partir de lo que a los estudiantes les interesa y motiva, son factores que también contribuyen a que los estudiantes se muestren tan satisfechos.

Convendría que reparáramos también, a partir de las argumentaciones que estamos planteando que, el contenido curricular, esto es, la asignatura que se está impartiendo, no genera demasiada homogeneidad en estos aspectos. Obsérvese que estas singularidades comunes han aparecido en materias muy diferentes: Música, Ciencias Sociales y Matemáticas. A su vez, aunque de Música solo observamos a un docente, en las otras dos materias sí tenemos referentes con los que comparar. Y el resultado no es precisamente el de la coincidencia. Todo ello vuelve a recordarnos algo que ya advertimos en páginas anteriores. Los profesores de los Institutos deberían trabajar más por Equipos Educativos que por Departamentos. Reflexionando sobre lo que hacen otros compañeros con el mismo grupo de alumnos, nos podemos enriquecer más que si solo adoptamos la perspectiva de nuestra propia área.

2. LA DIFICULTAD EN LAS TAREAS: UN OBSTÁCULO PARA RESPONDER A LA DIVERSIDAD

Si la satisfacción del alumnado es un rasgo ambiental que debemos perseguir si queremos alcanzar los propósitos de la educación inclusiva y con ello el responder a la diversidad, el que esos mismos alumnos y alumnas encuentren dificultades en lo que van haciendo emerge, por el contrario, como uno de los peores acompañantes para alcanzar ese ideal.

El problema mayor de esta premisa emerge al haber comprobado, desde las observaciones realizadas, que los estudiantes de la ESO, con mucha frecuencia, se equivocan, no comprenden lo que se está explicando, se muestran inseguros o no saben responder a las preguntas que sobre el contenido está emitiendo el profesorado. Este hallazgo lo constatamos al contabilizar un número alto de segmentos con esta orientación que calificamos desde diferentes puntos de vista. Concretamente, tal como muestra el *cuadro 4,* percibíamos esta dificultad a través de los frecuentes sectores de *dificultad manifiesta, ausencia de respuestas, participación limitada* e *inseguridad*. El significado exacto atribuido a cada uno de estos sectores está explicado en ese mismo cuadro citado. La lectura de todo ello viene a decir más de lo mismo: en las clases de la ESO que hemos analizado, el alumnado no comprende, no sabe o no acierta a realizar las tareas y actividades que se le proponen.

Tipo de comportamientos en el aula que hacen deducir la DIFICULTAD del alumnado para realizar el trabajo de clase.	Dificultad manifiesta: Los alumnos verbalizan que les resulta difícil la tarea; el profesor comunica a sus alumnos que percibe dificultad en ellos para la comprensión del aprendizaje; las producciones y/o intervenciones de los alumnos son erróneas.
	Ausencia de respuestas: Ningún alumno responde a los planteamientos, peticiones o preguntas del profesor en relación al contenido que se trabaja.
	Participación limitada: Son pocos los alumnos que se implican y/o responden de la manera adecuada a las tareas propuestas.
	Inseguridad: Los alumnos resuelven las tareas deteniéndose y/o buscando la aprobación.

Cuadro 4. Significado de las categorías que demuestran la existencia de dificultad.

Esta dificultad, a su vez, no es exclusiva de ciertas áreas. Y éste fue otro de los hallazgos que localizamos. Sólo en Música de 3º A y en Ciencias Sociales de 3º B pudiéramos hablar de un bajo índice de este rasgo. En el resto de las clases –Matemáticas, Lengua, otro grupo de Ciencias Sociales, Naturales e Inglés– la dificultad predominó sobre todos los restantes elementos ambientales.

Al cuestionar este rasgo ambiental con el profesorado, vimos que se confirmaba esta característica ambiental que nosotros habíamos percibido. En el *cuadro 5* hemos reunido diversas opiniones, de los profesores de los tres IES en que realizamos el estudio, que vienen a ejemplificar esta cuestión que estamos planteando. La lista es larga y no está toda. O lo que es lo mismo, los profesores hacían alusión a esta realidad de manera constante.

Sin embargo, convendría que nos detuviéramos en analizar algunas afirmaciones seleccionadas. Concretamente, podríamos detenernos en la que comenta que *exámenes del año 86 los veo ahora para niños de la misma edad y es como si fuesen de otro planeta*. También en la que plantea que *yo, en mi época, con 10 años, sabes que no podíamos tener 3 faltas de ortografía ya, no pasabas, bueno, pues yo le hice el otro día un ejercicio a 4º, te contaré yo... bueno... y tildes... porque aquello es como yo le digo, aquello es como "la corriente eléctrica", "el número atómico", "el átomo", "la molécula"...*

> **La opinión del Profesorado**

1. Te preguntan cosas que deberían saber, que no tienen lógica. No retienen nada porque no tienen interés por hacerlo. No sé si es que en EGB no se ha trabajado suficientemente la memoria, o a lo mejor son las nuevas tendencias de la LOGSE.

2. Exámenes del año 86 los veo ahora para niños de la misma edad y es como si fuesen de otro planeta.

3. La mayoría de los alumnos siguen siendo buenos como personas. No vienen malos alumnos, sino alumnos sin ideas, en blanco, viviendo felices en un sistema educativo que pasa y pasa.

4. Si yo pongo el mismo examen durante todo el año, la mitad seguiría suspendiéndolo. Ahí falla algo. ¿Que yo no soy el mejor profesor del mundo? Vale, pero cualquier alumno sacaría algo.

5. Y el nivel cultural de esta generación, ¡agüita cuando salgan!

6. Los alumnos donde quiera que van dentro de 10 años el nivel cultural que va a tener el país con esta gente de clase... ¡Hombre!, Si se notará... Las faltas de ortografía... No saben leer, pero es que, es que, no sé cómo llegan, no saben leer, no saben expresarse.

7. Yo, en mi época, con 10 años, sabes que no podíamos tener 3 faltas de ortografía ya, no pasabas, bueno, pues yo le hice el otro día un ejercicio a 4º, te contaré yo... Bueno y tildes, porque aquello es como yo le digo, aquello es como "la corriente electríca", "el numéro atomíco", "el atómo", "la molecúla"...

8. El alumnado que llega a la ESO no tiene nivel. Hay tres o cuatro niveles diferentes. Han pasado y no tienen el mínimo. No saber multiplicar ni dividir no es lo importante porque hay calculadoras. Pero razonar cuándo hay que dividir o multiplicar sí es importante.

9. El otro día expliqué una cosa de inglés. Luego saqué a la pizarra de uno en uno a los alumnos para practicarlo. Sólo uno lo hizo bien. Les dije que sobre eso se haría un examen a libro abierto y así y todo suspendí a casi todo el mundo.

10. En 3º A hay alumnos con las matemáticas pendientes; es una materia que hace falta. Las consecuencias son que baja el nivel de la clase y que están a años luz con respecto a los alumnos de hace 4 años.

11. Ahora son menos los que son buenos.

12. El alumnado está muy mal en hábitos de trabajo y de estudio. No tienen hábitos de consulta. Quieren que se lo den todo hecho. Están inseguros, te preguntan todo. Están muy dependientes del profesor. En una asignatura como la mía, si cambia un signo y un número ya no saben cómo hacer. Esto tanto en 3º como en 4º.

Cuadro 5. La opinión del profesorado con respecto al nivel de conocimientos del alumnado.

La idea que subyace en estas argumentaciones, si bien confirma la dificultad que encontramos en las aulas, demuestra, por otro lado, que algunos profesores han olvidado que en las aulas de la ESO actuales, se escolariza toda la adolescencia. Dicho en otros términos, que hemos pasado –afortunadamente– de una educación selectiva y excluyente a un sistema de educación comprensivo, estrategia que garantiza la igualdad de oportunidades de un sector numeroso de estudiantes que, bajo la organización escolar anterior, quedaba sin escolarizar desde los catorce años.

Existen unas estadísticas que los profesores de los actuales Institutos de Educación Secundaria no deberían dejar entre renglones. Concretamente, en referencia a Canarias, Negrín (1982) anunciaba que en el curso 1978-79, frente a los casi 260.000 alumnos matriculados en EGB, sólo accedían al Bachillerato unos 40.000 y unos 13.000 a FP. Si traducimos a porcentajes estas cifras, tendríamos que de los alumnos procedentes de la EGB, solo el 15,3% se matriculaba en los Institutos de BUP y el 5 % en FP. Ante esto nos preguntamos ¿qué hacía el restante 80%? La respuesta es rápida. Dejar de estudiar desde los 14 años.

Estas cifras vienen a confirmar que, durante mucho tiempo, la calidad del aprendizaje en los Institutos se alcanzaba con facilidad, gracias a un selectivo e importante proceso de exclusión. Y esto ya ha acabado. Es verdad que ahora, como se recoge en las afirmaciones del *cuadro 6,* "son menos los que son buenos". Pero es que antes, "los malos", que eran la gran mayoría, debido, con bastantes probabilidades, a sus resultados escolares y a su situación familiar, eran excluidos del circuito académico dejando de ser considerados como problema desde el punto de vista educativo. En consecuencia, los profesores quedaban dando clase a un seleccionado 15,3% de jóvenes, porcentaje que varió poco hasta que se implantó la LOGSE. Y esto no tiene mucho mérito. Por otro lado, es evidente, que no tendría nada que ver el nivel académico y motivacional de ese minoritario grupo, con el que asiste actualmente a las aulas de la ESO, que, no olvidemos, es del 100% con respecto al que cursó los estudios básicos o primarios.

En ningún momento estamos justificando, a partir de estas estadísticas, que la dificultad hallada en los estudiantes de Secundaria sea algo normal ante lo que debamos cruzarnos los brazos, ya que tiene su origen en un cambio educativo de carácter organizativo y administrativo. Si la dificultad para aprender está asomando con tanta intensidad, urge que nos replanteemos un proceso que está muy unido al éxito en el aprendizaje. Nos estamos refiriendo a nuestra propia enseñanza. Enseñar y aprender son dos acciones que siempre van juntas. No nos debería dejar indiferentes el que, hasta la fecha, esta problemática, en la mayoría de los casos, esté intentando solucionarse centrándonos en un solo sector de esta doble realidad, esto es, en el aprendizaje y, con ello, en el alumno, dejando a un lado al profesor y su forma de enseñar. De una vez por todas, debemos dejar de utilizar las mismas estrategias y técnicas didácticas que ofrecíamos a un 15% de estudiantes seleccionados, por otras más incluyentes, capaces de llegar a la intensa diversidad que –lógicamente– define al 100% de los jóvenes de hoy.

Volviendo al *cuadro 6*, observamos, sin embargo, que algunos profesores no se han hecho todavía estos replanteamientos. Es el caso del que expresaba que *el otro día expliqué una cosa de inglés. Luego saqué a la pizarra de uno en uno a los alumnos para practicarlo. Sólo uno lo hizo bien. Les dije que sobre eso se haría un examen a libro abierto y así y todo suspendí a casi todo el mundo.* ¿Cómo puede un profesor pasar de una explicación a un ejercicio, en el que la no comprensión alcanza a casi la totalidad del alumnado, y luego a un examen a libro abierto, que es –por ilógico que parezca– de los más difíciles de realizar? ¿Cómo se puede responsabilizar al alumno de la no comprensión de un contenido, dejando libre de toda reflexión la propia metodología, cuando solo un único estudiante ha sido capaz de asimilar lo explicado? ¿Cómo sigue pensando este profesor, después de llevar veinte años dando clase –dato proporcionado por él mismo– que el aprendizaje es una cuestión del alumno totalmente desligada de la enseñanza que él imparte?

Dejando a un lado estas interrogantes, sería importante que nos detuviéramos, también, en la opinión de los estudiantes con respecto al nivel de dificultad hallado que estamos analizando. Pero al hacerlo nos encontramos con algo un tanto paradójico. Al cuestionarles las preguntas que se reflejan en la *tabla 1,* hallamos los extraños porcentajes que figuran al lado. Su interpretación nos permite afirmar que para la gran mayoría de los estudiantes de la ESO analizados, los deberes no son difíciles, se pueden realizar sin la ayuda de nadie y están al alcance de todos y no solo de los más inteligentes. En definitiva, que la mayoría de estos adolescentes tienen la conciencia y la percepción de que las cosas son fáciles. Para ellos, todo se puede hacer y nada es difícil. ¿Qué está ocurriendo? Vuelve a surgir otra interrogante de difícil contestación.

ITEM DIFICULTAD-IMC		1º ESO	2º ESO	3º ESO	4º ESO
En nuestra clase los deberes son muy difíciles.	NO	86,4%	69,6%	80,6%	95,0%
	SI	13,6%	30,4%	19,4%	5,0%
La mayoría de los alumnos pueden hacer los deberes sin ayuda.	SI	72,7%	78,3%	72,1%	75,0%
	NO	27,3%	21,7%	27,9%	25,0%
Sólo los alumnos inteligentes pueden hacer su trabajo.	NO	86,4%	87,0%	87,1%	90,0%
	SI	13,6%	13,0%	12,9%	10,0%

Tabla 1. Porcentajes de respuestas del cuestionario IMC (por cursos) de la categoría "dificultad".

Moviéndonos en el terreno de las especulaciones, es posible que los estudiantes estuvieran asociando la dificultad, a las calificaciones obtenidas a final de curso. Dado que en el momento en que se realizó esta investigación, la evaluación en Secundaria se regía por la promoción automática, probablemente los estudiantes estuvieran interpretando que, si no repetían, era porque todo iba bien para ellos y que, al final, todo resultaba más fácil de lo que parecía. De hecho, en los cursos en donde hallamos mayores evidencias objetivas de esta dificultad, los alumnos obtuvieron un porcentaje mayor de aprobados. Es verdad que este optimismo escolar puede, en algunos momentos, crear falsas expectativas cuando se llega a sistemas educativos superiores y, en consecuencia, selectivos.

Pero por otro lado, convendría tener en cuenta, asimismo, los diversos estudios que sostienen que las creencias que asuman los alumnos sobre su autoeficacia se relacionan con el desarrollo académico, por lo que estaríamos entonces ante una fórmula para mejorar los ambientes de aprendizaje y, a la vez, los resultados escolares. Es decir, el profesorado podría utilizar como recurso motivador inicial esa percepción de autoeficacia y seguridad que posee el alumnado frente a la posibilidad de realizar correctamente las tareas de clase. Eso sí, siempre que en el aula se mantuvieran unas estrategias adecuadas desde el punto de vista de la enseñanza. Si aquellos que presentan dificultades para aprender y, en lugar de repetir, promocionan al nuevo curso pero con un profesorado tradicionalista, que se sumerge en las técnicas expositivas, que solo favorece el trabajo individual y no acata ni un solo principio de la educación inclusiva, es lógico que acumulen un fracaso cada vez mayor.

Subyace detrás de estas argumentaciones la idea de que el sistema de promoción automático es adecuado y puede generar un buen ambiente en el aula siempre y cuando se vea acompañado de una metodología innovadora, acorde a esa línea progresista de evaluación que suprime la repetición continua de curso. No podemos ser innovadores en nuestras prácticas evaluativas y, por el contrario, tradicionales en nuestra forma de dar las clases. Desde las actuales reformas educativas se ha tomado la decisión de suprimir esa promoción automática porque los alumnos no aprendían mucho. Esto es cierto. Pero esta situación de fracaso no ha desencadenado en ningún momento el replanteamiento metodológico del profesorado, esto es, la ausencia de éxito en el aprendizaje se ha resuelto responsabilizando al sistema de evaluación como único agente contextual causante de ello. En consecuencia, se ha resuelto la situación igualando, por abajo, estos dos elementos curriculares. Es decir, ante la realidad observable que evidencia que nuestra metodología no es la adecuada ante un sistema de promoción automática, en lugar de esforzarnos en mejorar la forma de dar la clase, volvemos hacia atrás en los enfoques evaluativos que se hayan adoptado.

2.1. Buscando causas que expliquen la dificultad del alumnado

Llegados a este punto, consideramos importante que nos cuestionemos ahora qué se estaba haciendo en las aulas que pueda explicar la dificultad tan frecuente del alumnado a la hora de enfrentarse al contenido.

Por lo pronto percibimos que, en las más de ochenta horas de clase que analizamos, el profesorado se apoyó en una escasa variedad de materiales didácticos. Emerge aquí una de los primeros inconvenientes para que la enseñanza llegue a la amplia heterogeneidad de estudiantes.

En un trabajo anterior (Marchena, 2003), a partir del registro de clases que obtuvimos, aislamos, de manera concreta, los recursos didácticos que cada profesor había utilizado en sus aulas. En el *cuadro 6* se resumen los hallazgos obtenidos al respecto. Desde esa descripción se aprecia que, por un lado, los recursos tecnológicos son utilizados con una baja frecuencia, a pesar que, como decíamos anteriormente, esta posibilidad favorece la participación y la satisfacción en el aula de los estudiantes.

Desde una perspectiva cuantitativa, del total de recursos aislados –concretamente 78– tan sólo 15 se basan en esta línea, lo que nos puede llevar a afirmar que –desde los casos analizados– sólo el 19,2% de los materiales didácticos utilizados se basan en las Nuevas Tecnologías. Y, como ya fuimos explicando en puntos anteriores, los profesores que hicieron uso de ellos –la de Música y el de Ciencias Sociales de 3º B– fueron, precisamente, los que se caracterizaron por tener una mejor interacción con sus estudiantes, así como unos altos índices de satisfacción.

Vemos también, por otro lado, continuando con el análisis de los recursos utilizados, que el libro de texto es la única fuente documental constante en todo el profesorado, no existiendo –excepto en una clase de Ciencias Naturales y otra de Ciencias Sociales– ninguna otra fuente para obtener información. En las excepciones que anotamos se recurrió a unas fotocopias que el mismo profesorado entregaba. En este instante convendría recordar lo que tantos autores expresan al respecto: con un solo libro de texto, único para toda la clase, sin otros recursos a disposición de los estudiantes, es imposible enseñar teniendo en cuenta las diferencias del alumnado. Utilizar el ordenador, rescatar información de revistas y periódicos, llevar a clase otros libros con los que trabajar, extraer información directa del entorno a través de diversos trabajos de campo, diseñar problemas extraídos de las propias vivencias de los alumnos, etc., podrían ser ejemplos alternativos al uso exclusivo de ese libro de texto.

Aún en los casos en que no pudiéramos utilizar más que este básico material impreso, los profesores podríamos enriquecer nuestras clases desplegando un material manipulativo que completase la información tan abstracta que suele plasmarse en un texto escrito. Esto ayudaría a que muchos alumnos alcanzarán el aprendizaje deseado, si tenemos en cuenta la diversidad cognitiva existente entre ellos. Pero nos gustaría insistir en que estamos defendiendo el completar la información que viene a través del lenguaje escrito, con unos recursos más concretos y por ello, preferentemente manipulativos y no, como hizo el profesor de Matemáticas de 1º B. Este docente, concretamente, sustituyó la información del libro de texto por un extenso esquema clasificador hecho por él mismo en la pizarra –eso sí, con tizas de colores–

NIVEL	ÁREAS	RECURSOS DIDÁCTICOS
Ciencias de la Naturaleza	3º D	Retroproyector y transparencias; libro de texto; cuaderno del alumno; pizarra; hojas DIN-A3; material específico (hierro, magnesio, plomo líquido); fotocopias.
Música	3º A	Vídeo; película de vídeo ("Mozart" y "Pedro y el Lobo-Prokofiev"); cassette; cintas musicales; CD; fotocopias; cuaderno del alumno; pizarra; material específico (piano, xilófono, partituras, instrumentos de percusión).
Lengua y Literatura Castellana	2º B	Libro de texto; cuaderno del alumno; pizarra.
	4º B	Libro de texto; cuaderno del alumno; pizarra.
Inglés	3º A	Libro de texto; cuaderno del alumno; pizarra; cassette y cinta.
Ciencias Sociales, Geografía e Historia	3º D	Libro de texto; cuaderno del alumno; pizarra.
	3º B	Libro de texto; cuaderno del alumno; pizarra; proyector de diapositivas y diapositivas.
Matemáticas	4º B	Libro de texto; cuaderno del alumno; pizarra; fotocopia.
	1º B	Libro de texto; cuaderno del alumno; pizarra; tizas de colores; material específico (compás).
	2º B	Libro de texto; cuaderno del alumno; pizarra; material específico (pequeñas figuras geométricas de papel y palillos, compás, cuerdas); pastilla de jabón; cuchilla; tapa de una caja; diccionario.
	3º A	Libro de texto; cuaderno del alumno; pizarra; fotocopia; material específico (calculadora).
	3º D	Libro de texto; cuaderno del alumno; pizarra; material específico (calculadora).
	4º B	Libro de texto; cuaderno del alumno; pizarra; material específico (calculadora).
	3º B	Libro de texto; cuaderno del alumno; pizarra; fotocopia.

Cuadro 6. Recursos Didácticos utilizados en las aulas analizadas (Marchena, 2003: 202).

para que los alumnos lo copiaran. Posteriormente, una vez que los estudiantes concluyeron esta tarea, fue aclarando de manera expositiva lo que había plasmado.

Ante esta realidad, nos preguntamos si no hubiese sido más viable haber desarrollado este tema con el abundante material manipulativo que todos sabemos que existe o se puede elaborar en torno a los tipos de cuadriláteros. Organizando previamente la clase en pequeños grupos heterogéneos y repartiendo esos recursos que estamos refiriendo, los propios estudiantes podrían haber llegado a elaborar una síntesis muy completa de los tipos de cuadriláteros existentes y sus características, todo ello después de sumar la aportación parcial que cada grupo hubiese elaborado a partir de la manipulación y análisis de esas determinadas formas matemáticas.

Siguiendo en la misma línea, también hubiese sido más adecuado que se explicase el tema del *Islam* –contenido que desarrolló el profesor de Ciencias Sociales de 4º B– con una amplia variedad de documentos, panfletos turísticos, noticias o información de internet, que con bastante facilidad se puede obtener en relación con este tema, sobre todo, si tenemos en cuenta la proximidad geográfica y cultural existente entre Canarias y los pueblos musulmanes. A pesar de estas facilidades, nuestro profesor abordó esta unidad didáctica haciendo que leyera una alumna, en voz alta, una fotocopia entregada por él, a lo que le siguió la petición de elaborar individualmente las actividades del libro.

Estos ejemplos que estamos citando nos avisan, en un segundo lugar, de que no fue sola la pobreza de material utilizado lo que podría haber contribuido a generar dificultad en el aula. En las clases observadas, la mayoría de los profesores tampoco están diseñando tareas diferentes para que los alumnos aborden un contenido.

Siguiendo con el ejemplo anterior del *Islam*, son todos los chicos y chicas lo que tienen que leer la fotocopia y hacer, cada uno por su cuenta, las actividades del libro. Al hacerlo así, no se está teniendo en cuenta que el nivel de lectura comprensiva no alcanza unos parámetros muy altos en bastantes de los estudiantes. A pesar de ello, este profesor ha recurrido a la lectura como única tarea que conduce al aprendizaje. Tal como venimos defendiendo a lo largo de este libro, el haber estructurado la clase en pequeños grupo heterogéneos con la finalidad de elaborar, cada grupo o miembro de éste, una tarea diferente en torno al tema (localizar información, traer fuentes documentales, diseñar una entrevista, ejecutarla, elaborar unas transparencias, exponerlas...) hubiese sido más propicio. A la vez, se hubiese conseguido una mayor motivación y participación de todos los estudiantes. Se hubiese asumido, asimismo, las posibilidades tan diferentes que cada uno presenta. Actuando con este enfoque, es como se consigue diseñar tareas diferentes para aprender un mismo contenido, premisa nuclear de cara a que los estudiantes tengan pocas dificultades en el trabajo diario.

Una singularidad que también percibimos y que, posiblemente, esté contribuyendo a que los alumnos tengan dificultades, residiría en la escasez de actividades que se diseñan para que se desarrolle y afiance un determinado aprendizaje.

Desde el ámbito didáctico, las actividades suelen clasificarse bajo muchas perspectivas. Pero una de ellas –la que ahora nos interesa– las ordena según el orden o secuencia en que deben ser presentadas. El *cuadro 7* explica este criterio. Como vemos, existirían actividades *iniciales* o *introductorias*, de *desarrollo* o *análisis* y de *síntesis*.

Desde la tesitura que defendemos, aunque todas tendrían una gran importancia y existe una cierta relatividad en su clasificación, son las de *desarrollo* o *análisis* las que adquirirían un mayor valor. A través de ellas el alumnado, profundizando en los diversos aspectos de la materia desde varios puntos de vista, puede ir comprendiendo poco a poco la totalidad del aprendizaje.

Pongamos un ejemplo. Un profesor se propone enseñar una regla ortográfica. Las primeras actividades podrían venir dadas por hacer una evaluación inicial, de manera colectiva, desde donde se van enunciando palabras que contienen esa regla a la vez que los propios chicos y chicas van escribiéndolas. La producción obtenida le servirá al docente para hacer un diagnóstico previo sobre el nivel de adquisición que al respecto tienen los alumnos. Sería éste un ejemplo de actividad *inicial* o *introductoria*. Las de *desarrollo* o *análisis* se basarían, por poner un caso, en hacer frases, completar palabras, localizarlas en un texto escrito, en un periódico o revista, en buscarlas en el diccionario, hacer etiquetas o acetatos con cada una ellas, etc. Por último, como tarea de *síntesis*, el profesor podría recurrir a un dictado en el que concentraría todos los ejemplos de palabras con las que se hubiese trabajado anteriormente.

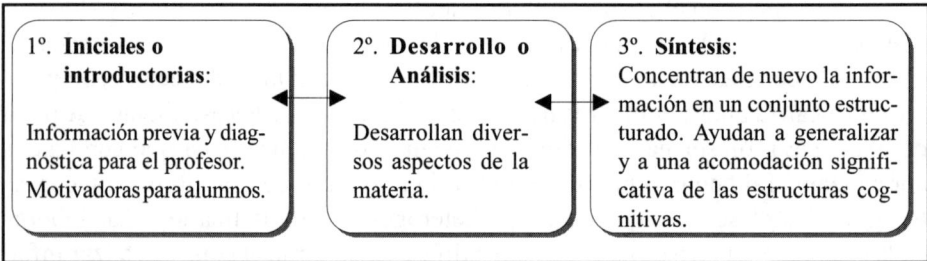

Cuadro 7. Tipos de actividades en función de la secuencia de aparición.

El planteamiento en el que nos estamos apoyando criticaría al profesor que, siguiendo con el ejemplo de la regla ortográfica, presentase la norma en cuestión para pasar casi de inmediato a realizar un dictado. Con este proceder, el profesor no da las suficientes oportunidades para que sus muchos alumnos y alumnas asimilen la información. Aprender es hacer, es experimentar, es sufrir la acción. Y las actividades de desarrollo son las que conjugan, precisamente, estos verbos. A su vez, son las que ofrecen la posibilidad de desplegar tareas muy diversas para un mismo contenido, principio didáctico al que estamos constantemente recurriendo.

Desde la ejemplificación anterior, si tenemos en cuenta las actividades de *desarrollo* que mencionábamos, estaríamos ofreciendo la posibilidad de que los alumnos leyeran, escribieran, recortaran, hicieran diseños gráficos, buscaran en el diccionario... Con esta fórmula, serían pocos los estudiantes que, debido a sus características, se quedasen sin poder participar en el trabajo de clase.

Podríamos argumentar asimismo que, cuando un profesor ofrece un abanico amplio de actividades de *desarrollo* crea también el escenario perfecto para organizar tareas en grupo desde las que el grupo de iguales pueda ejercer funciones tutoriales, tal como explicamos con más detalle en el capítulo V. De la misma forma, va a necesitar paralelamente un amplio repertorio de recursos didácticos. Con solo el libro de texto es difícil diseñar muchas actividades de este tipo. Recordemos que, sobre este requisito, también hemos insistido anteriormente a la vez que hemos advertido de su importancia si queremos dar clase respondiendo a la diversidad de los estudiantes.

En este punto del discurso cabe preguntarnos si, en las prácticas que recogimos, anotamos a algún profesor que actuase ofreciendo un despliegue adecuado de actividades de desarrollo. Y es aquí en donde volvemos a referenciar a la profesora de Música de 3º A. Habría que advertir que, desde el punto de vista cuantitativo, los índices de dificultad en este aula fueron los más bajos que registramos.

En una de sus sesiones comprobamos que, efectivamente, se acercaba bastante a la orientación que estamos defendiendo. Concretamente, era el día en que trataba de trabajar el tema de *"Instrumentos de percusión"*. Comenzó dando apuntes de cuáles eran esos instrumentos haciendo uso de una estrategia expositiva demostrativa, esto es, conforme los citaba y explicaba iba mostrándolos de manera real cogiéndolos del armario de clase. Pero, a la vez, no dejaba de intercalar preguntas a los alumnos:

– *Tenemos también láminas de metal... ¿a ver quién dice eso?*
– *¡Metalófono! –dice con rapidez otro alumno–.*
– *¡Muy bien, muy bien! –le responde la profesora a la vez que lo escribe en la pizarra–. Y luego tenemos uno muy bonito...*

Bajo esta dinámica, además de intercalar refuerzos sociales a todo el que intervenía, hacía permanentes alusiones al entorno cercano de los chicos y chicas:

– *También tenemos las maracas...*
– *¿Cómo?*
– *¡Las maracas de Machín! Cuando estás loco "estás como unas maracas" (...) Éste es muy bonito, imita el paso de los caballos... éste lo tenemos en clase... También los platillos, eso es mucho de la Banda de*

Agaete... También el "temple block" de cuando sale el chino mandarín y hace así...

Profesora hace un gesto con su cabeza imitando la figura que ha nombrado.

Concluida esta fase, la profesora predispuso a los alumnos para ver un vídeo en donde se explicaba nuevamente, de manera gráfica, todos y cada uno de los instrumentos que se acababan de explicar. Conforme se visualizaba, tanto la docente como el alumnado, hacían intervenciones espontáneas o aclaratorias a lo que se iba mostrando:

Está sonando una melodía de fondo en el vídeo. Profesora pregunta:
– ¿Qué autor es?
– Bach –responde una alumna– ¡Pero seño, es que se ve! (realmente apareció el título y el autor de la melodía en imagen).
Continúa la atención a las imágenes. Profesora está diciendo:
– Ahí vienen las "campanas tubulares". Éste es muy bonito.
– ¿Seño, hay pianos que la tienen?
Profesora le dice sí y continúa atenta ella también a las imágenes. Ahora añade este comentario a otro instrumento que se está mostrando:
– Es muy del Brasil ese instrumento. Sale mucho en Carnavales... y esos son para los efectos especiales de la TV...
Hay un silencio total. Profesora anuncia que el que viene se llama de una forma determinada que cita, pero al instante ella misma avisa:
– ¡Ah no! Eso son castañuelas. Me equivoqué.
Se muestra ahora unos platillos. Una alumna interviene espontáneamente:
– ¡Eso lo hacía yo con dos calderos!
– ¡Claro que sí! ¡Ese es el más primitivo! –le confirma la profesora–.

Finalizada la proyección, la profesora explicó en la pizarra cómo se disponían espacialmente estos instrumentos en una orquesta. Posteriormente, propuso, como trabajo de casa, que recortaran de unas fotocopias que ella entregó, el dibujo de los diferentes instrumentos. El material resultante debía luego pegarse en una lámina, en donde se reflejaba el plano de una orquesta, debiéndose añadir, asimismo, el nombre de todos ellos.

Finalizando ya la clase, repartió un instrumento de percusión a cada alumno y, después de un breve ensayo, accionó el CD dejándose oír la melodía canaria de "Campanas de Vegueta". A una señal dada, iba dando entrada al sonido de percusión del que hablaba la letra de esta canción. Los alumnos se incorporaban musicalmente a esta petición en grupos alternos siguiendo, muy atentos, la batuta que marcaba la profesora. Con esta actividad concluía esta sesión.

Con este ejemplo práctico estamos viendo cómo es viable ofrecer una extensa oferta de tareas y actividades para explicar un único contenido. Esta profesora hubiese actuado inadecuadamente ofreciendo escasas actividades de desarrollo si, después de la explicación, hubiese solicitado que sus alumnos escribieran en una lámina muda el nombre de los diferentes instrumentos. Bajo esta secuencia hubiese pasado directamente de una actividad *inicial* a una de *síntesis*. Sin embargo, en el caso que hemos visto, hemos ido viendo un patrón instructivo que ha permitido que los alumnos aprendan las características y los tipos de instrumentos de percusión, cogiendo apuntes, viendo un vídeo, respondiendo a preguntas, recortando, rotulando, pegando y, lo más importante, aplicando lo aprendido mediante la manipulación y uso del objeto estudiado. Aunque, es verdad que, puestos a completar lo ofrecido, quizá hubiese mejorado esta secuencia si la actividad que marcó para casa, se hubiese realizado en el aula de manera grupal.

Otro aspecto importante a deducir de estas prácticas, y que debemos resaltar, es que realizar una mayor cantidad de actividades de desarrollo, no es sinónimo de hacer siempre el mismo tipo de actividades. En ocasiones, nos explicaban algunos profesores que un contenido determinado había sido practicado en sus aulas durante mucho tiempo y que, aún así, los alumnos no lo habían aprendido. Ante estas evidencias deberíamos reflexionar si esas prácticas de aprendizaje para desarrollar el conocimiento se estaban basando en realizar el mismo tipo de tareas y actividades durante todo el tiempo, llámese por ejemplo, resolviendo muchos problemas de manera individual o copiando muchas veces el mismo contenido. Hay tareas para trabajar la memoria, tareas de rutina, tareas para desarrollar la comprensión, tareas para recoger opiniones o tareas de descubrimiento. Aprender conlleva ejercitarlas todas y no hacer siempre más de lo mismo.

Retomando de nuevo las características del aula de Música, comprobamos también que era ésta una clase en donde se trabajaba con abundante material, tanto específico –piano, flautas, platillos, xilófono...– como audiovisual –vídeo, CD–. Curiosamente, el libro de texto no asomó en ninguna de las sesiones observadas. Subrayamos también de esta profesora que, a la vista de las dinámicas que ofrecía en el aula, no solo pedía la consecución de unas habilidades cognitivas –en el ejemplo anterior, saber clasificar y situar los instrumentos de percusión– sino la práctica de unas destrezas y habilidades manipulativas.

Es verdad, que estas singularidades –sobre todo la última que hemos referido– resultan más viable si tenemos en cuenta las características de este contenido curricular, la música. Pero ante el cúmulo de rasgos que fueron observados en estas clases, orientados todos ellos hacia los principios de la educación inclusiva, convendría que todos los profesores reflexionáramos para saber hasta qué punto sería viable trabajar con esta tendencia aún impartiendo Lengua, Matemáticas o Inglés. En la gran mayoría de las clases de estas y otras materias que observamos, apenas se ponían en práctica las suficientes actividades de desarrollo que cualquier aprendizaje conlleva. Asimismo, cabría interrogarnos y empezar a averiguar si todas las clases de Música que se imparten en Secundaria están acogiéndose a este enfoque ambiental y didáctico. Las características metodológicas de nuestro trabajo no nos permitieron ahondar en este contraste pero, desde estas líneas, invitamos a que los claustros indaguen sobre esta importante cuestión.

2.2. Cuando los alumnos desconectan de las tareas

Todos sabemos que, mientras estamos impartiendo una clase, los estudiantes suelen intercalar segmentos de desconexión, o lo que es lo mismo, dejan de centrarse en las tareas que en ese momento les estamos requiriendo. Si eso sucede en cortos instantes de tiempo, las consecuencias no son transcendentes pero si, por el contrario, se convierte en práctica habitual, generalizada a muchos alumnos y alumnas, estamos ante otro obstáculo para que se produzca el aprendizaje y en el mejor escenario para que aparezcan las dificultades. Por otro lado, estos comportamientos van a definir intensamente el ambiente de una clase. Por todo ello, estamos ante un factor que el profesorado debe esforzarse por controlar y orientar hacia su mejora.

Desde las observaciones que hicimos pudimos descubrir que esta desconexión no siempre adopta las mismas formas. O lo que es lo mismo, que cuando un chico o chica deja de centrarse en las tareas que le propone el profesorado, opta entre un variado panel de respuestas. Tal como se muestra en la *figura 1*, tras la observación que realizamos en nuestras aulas vimos que suelen hacerlo bajo las tres tendencias que hemos denominado *desorganización*, *rol independiente* o *desgana*.

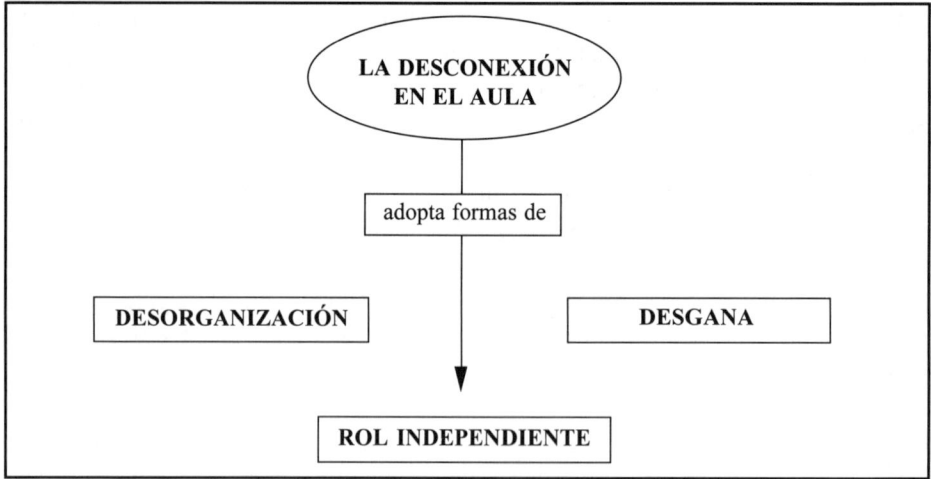

Figura 1. Formas de manifestarse la desconexión en el aula.

El significado que asociamos a cada uno de estos términos fue el siguiente:
a) *Desorganización*: los estudiantes hacen lo que quieren, van a lo suyo, surge barullo en la clase, se pierde el orden que precisa la tarea ejecutada o se habla en voz muy alta mientras el profesor explica.
b) *Rol Independiente*: los estudiantes, de manera independiente a lo que hacen los demás, se entregan a la realización de tareas que no tienen relación con la clase.
c) *Desgana*: los alumnos no hacen nada, quedan pasivos, expresan que están cansados o que no tienen ganas de hacer las cosas.

Bajo cualquiera de estas formas de desconexión, creemos que es importante resaltar el siguiente hecho. Esta tendencia ambiental basada en la ausencia de atención hacia las tareas requeridas, fue un rasgo del que ningún profesor estuvo exento. Aún a aquellos docentes que hemos puesto como ejemplos en la creación de un ambiente de calidad, se les anotaron estos sectores comportamentales en su alumnado. El que un grupo de veinte a veinticinco adolescentes vivencie este tipo de situaciones es, por tanto, algo frecuente y, hasta cierto punto, lógico. Si recordamos de nuevo aquellos rasgos que aisló Doyle (1986) para definir el ambiente de un aula así como el significado asociado que le proporcionó –multidimensionalidad, inmediatez, simultaneidad, impredictibilidad, etc.– nos es fácil apoyar esta justificación. Un aula es un escenario bastante complejo en el que es casi imposible que un grupo numeroso de estudiantes con su profesor al frente no desemboque, en algún instante, en este tipo de instantes.

No obstante, a pesar de esta afirmación, es verdad que hubo una gradación cuantitativa de estos comportamientos en las clases analizadas. Algunos de ellos –por ejemplo, los dos profesores de Inglés– aunaron unos porcentajes muy altos de estas situaciones. Por el contrario, cuando impartía la clase la profesora de Lengua de 2º B o el de Matemáticas de 3º B, apenas se contabilizaron momentos de estas características. De cualquier modo, no podemos hacer generalizaciones relacionando este rasgo con la asignatura que se estaba enseñando. Pero no solo se debe esta limitación a las características de los casos estudiados. El hallar clases de Matemáticas en una situación muy contrastada bajo esta perspectiva –una con baja y otra con alta frecuencia de desorganización– está contribuyendo igualmente a decantarnos por la imposibilidad de llegar a esas afirmaciones.

Lo que sí es cierto es que el surgimiento de estos comportamientos no posee una única fuente de responsabilidad, o por lo menos, no son los alumnos los únicos causantes de esas situaciones de desconexión en el aula. Observemos la *tabla 2*. Si reparamos, por ejemplo, en las clases de 3º D, percibimos que la desorganización era intensa en las clases de Inglés pero no en Ciencias Naturales o Matemáticas. Algo similar se desprende de los registros de 3º A. Ninguno de los profesores obtuvo unos porcentajes similares. Dicho de otra forma, no son los grupos de alumnos los que se comportan invariablemente de la misma forma, sino que en función del profesor que imparta la materia tenderán más o menos a la desorganización y a generar mayor o menor número de barullo en el aula.

PORCENTAJES DE DESCONEXIÓN EN EL AULA			
3º D		3º A	
Inglés	46,38%	Inglés	27,04%
Matemáticas	9,23%	Matemáticas	19,14%
Ciencias Naturales	8,70%	Música	10,65%

Tabla 2. Porcentajes de desconexión por asignaturas en 3º D y 3º A.

Este tipo de evidencias vuelve a recordarnos, por un lado, que es muy importante que el profesor, desde su clase, posea una clara normativa con la que hacer frente a este tipo de actuaciones, tal como ya explicamos en el capítulo I. Si no existen unas normas, la convivencia y la disciplina en el aula no van a emerger con fluidez y se va a hacer muy difícil que los estudiantes retomen los niveles de atención que requiere cada tarea.

Pero, por otro lado, las anotaciones que registramos bajo esta perspectiva nos subrayan una vez más que muchos problemas de comportamiento en el aula no son sino cuestiones didácticas no resueltas correctamente. Los profesores que han acaparado un mayor índice de estos instantes –concretamente los de Inglés de 3º A y 3º D y el de Ciencias Sociales de 4º B– desplegaban unas dinámicas ambientales y unas tareas que nos hacen reafirmar este planteamiento.

Por lo pronto, los tres mantuvieron una interacción con sus estudiantes intensamente marcada hacia la oposición. Fueron profesores a los que fue fácil y frecuente anotarles segmentos de antagonismo y tensión encubierta, que imprimían velocidad al ritmo de enseñanza-aprendizaje, que omitían las intervenciones de los alumnos, que favorecían más a unos que a otros y que, incluso en ocasiones, les exteriorizaban mensajes de descrédito. Asimismo, en sus prácticas no emergían momentos de humor compartido, no se establecía una relación personalizada, la flexibilidad era escasa, la valoración a las producciones de los alumnos surgía en muy contadas ocasiones y en ningún momento se llegaba a diversificar tareas en función de las capacidades de los estudiantes.

Desde el punto de vista de la interacción entre iguales que surgía en el aula, estas clases tan marcadas por la desorganización, reunieron también escasos instantes de cohesión en el aula, circunstancia no repetida en presencia de otros profesores con esos mismos grupos de estudiantes.

Si nos detenemos en las tareas y actividades que diseñaban esos docentes, llama la atención cómo todas ellas eran planificadas desde el trabajo individual y las estrategias expositivas. Concretamente, el profesor de inglés de 3º D organizaba toda la hora de su clase en torno a la copia de un prolongado listado de ejercicios que se plasmaba en la pizarra y que luego tenía que ser resuelto de manera individual. Si lo que realmente importase a ese profesor fuera la ejercitación de un contenido, esos ejercicios podían perfectamente ser entregados en fotocopia o pedir que fueran resueltos directamente sin necesidad de copiarlos. Nos daba la sensación de que el profesor, de manera equivocada, trataba de organizar este tipo de actividades para así conseguir la disminución de los comportamientos inadecuados en el aula. Es verdad que cuando a un grupo le mandamos que copie unos ejercicios, el silencio suele desprenderse con facilidad. Hablar y charlar con el compañero es el mejor camino para confundirse en esta tarea. Es más, no se hace necesario consultar nada porque la tarea es bastante cerrada y poco permeable a posibles aportaciones.

Con bastantes probabilidades, estos argumentos estarían guiando la elección de las prácticas de este docente. Nuestro profesor de inglés parecía poner en marcha en marcha un principio didáctico que recuerda Gimeno (1989): las tareas de clase son organizadores de toda la conducta del alumno. Pero el problema de esta deducción halla su laguna en diversas cuestiones que en los referentes teóricos abordamos con más detalle.

Por lo pronto, tendría que haber pensado este profesor de Inglés que el trabajo individual genera un índice mayor de dificultad ya que al estudiante se le está impidiendo que consulte con sus iguales, fuente importante de aprendizaje en un aula. Olvida una vez más los estudios de Doyle (1986) que demuestran que la implicación de los alumnos es siempre mayor cuando se trabaja en pequeño grupo guiado por el profesor que cuando se hace un trabajo individual. Esta modalidad, el trabajo individual, genera también menor implicación si lo comparamos con explicaciones en donde participa toda la clase. Y si esta modalidad de tarea individual se prolonga durante toda una sesión, la implicación baja a unos parámetros importantes. Además, se comprueba que aparecen mayores distracciones y comportamientos inadecuados y de mala conducta, cuando permanece cada alumno en su sitio realizando la tarea que cuando están todos participando colectivamente en la actividad.

Si a esto le añadimos el criterio de secuencia temporal y recordamos que está demostrado que el trabajo individual comienza en silencio pero pronto aparecen distracciones y comentarios entre alumnos —sobre todo después de un recreo— volvemos a encontrar argumentos que califican de inapropiada la decisión de ese profesor de Inglés de 3º D, sobre todo si tenemos en cuenta que sus clases se impartían de 13,00 a 14,00 del mediodía.

Llegados a este punto del discurso es factible percibir que hemos estado refiriendo la desconexión hacia las tareas de clase de manera general, sin especificar, tal como explicaba la *figura 1* de páginas anteriores, qué comportamientos adoptaba el alumnado en esta desconexión, el armar follón, el entregarse a otras tareas ajenas a clase o el permanecer "como un mueble".

Estas dos últimas líneas de comportamiento, definidas fundamentalmente por la pasividad o pasotismo del alumnado, creemos que son merecedoras de un comentario independiente. Por lo pronto, las vimos materializadas a través de una gama diferente de evidencias. En el *cuadro 8* hemos expuesto algunas de ellas.

Por lo que desde ahí se plantea, vemos que el ponerse unos auriculares con música, entretenerse con un móvil, dormirse, comer, jugar con una bolita de papel, escribir una poesía, hacer ejercicios de otra asignatura, dibujar, dejar la cabeza echada sobre el pupitre, quedarse sin hacer nada mirando a los demás o cruzarse de brazos, son comportamientos que –aunque no con mucha frecuencia– suelen asomarse en casi todas las clases.

Estos casos nos llamaron poderosamente la atención, pero no tanto por lo que hacía el alumno o alumna, sino más bien por la ausencia de intervención o respuesta del profesorado. Es cierto que en esos instantes el estudiante está actuando de una manera inadecuada y que su comportamiento es reprochable. Pero, por otro lado, no cabe la menor duda que el profesor también está respondiendo de manera inapropiada con su silencio.

Es posible que estas actuaciones de los chicos y chicas estén siendo ignoradas porque no son provocadoras de interrupciones o alborotos. Si un alumno se queda mirando durante toda la sesión al infinito, con su mochila cerrada encima de la mesa, no está interfiriendo ninguna dinámica de clase. Sin embargo, y aquí está el problema, deberíamos percibir estos instantes como muestras palpables de que los estudiantes que lo originan no están considerando las experiencias educativas de esos momentos como algo que les rete o esté respondiendo a sus necesidades, principio clave que siempre subraya la educación inclusiva. Está claro que cuando pasamos de forma tan visible de las cosas es que no nos interesan, no estamos motivados o, quizá como causa de todo ello, no estamos entendiendo nada de lo que se está haciendo y explicando en clase.

Una vez más, los profesores tendríamos que percibir estas situaciones, no como aislados problemas de disciplina de los estudiantes, sino posiblemente como un comportamiento interactivo entre los que se está planificando en el aula y la comunicación que establece el profesor con su alumnado. Dos chicos o chicas que se ponen en el aula a oír música o a escribir una poesía, es una luz roja que nos avisa de que las tareas no están siendo para todos y que, de manera rápida, debemos dirigirnos hacia ellos para proponerles una intervención, acorde a sus características, que les haga experimentar el éxito. O, sencillamente, nos debe llamar a que nos situemos al lado de ellos y expliquemos la información de ese momento con cercanía física. Esta proximidad, a veces, suele arrancar las ganas de atender de muchos estudiantes. O, también, nos podría invitar a que diseñemos actividades grupales y que sean sus propios iguales, desde la composición de grupos heterogéneos de trabajo, los que disipen estos comportamientos.

QUÉ HACEN ALGUNOS ALUMNOS CUANDO DESCONECTAN DE LAS TAREAS DE CLASE
Alexis, el alumno que había suspendido once asignaturas, está en su sitio y no tiene tan siquiera el libro abierto. (Inglés 3º D).
Hay tres alumnos que no hacen nada. (Matemáticas 3º D).
Profesor insiste en que comiencen ya a realizar las actividades. Alumnos lo hacen, excepto el que fue a por el material que continúa sólo y se dedica a observar a sus compañeros. (Ciencias Naturales, 3º D).
Benito sigue sin hacer nada; se dedica a observar desde su sitio a los compañeros. (Matemáticas, 1º B).
Mientras, dos alumnos cierran los ojos (como si tuvieran sueño) Nadie les dice nada. (Matemáticas, 2º B).
Un alumno de la última fila no tiene libro de texto, aunque tampoco se pone con nadie que lo tenga, se pasa todo el tiempo de brazos cruzados. (Inglés, 3º A).
Ramón está en su sitio sin hacer nada; tiene su mochila cerrada encima de la mesa y se ha puesto el casete con los auriculares. (Matemáticas, 3º A).
Dos alumnas se dedican a comer en el tiempo de la sesión. (Matemáticas, 3º A).
El compañero que hablaba con él, está jugando con una bolita de papel, pero está sentado y en silencio. Nadie le dice nada. (Música, 3º A).
El alumno de atrás continúa con su tarea (de hacer los deberes de otras clases). Profesora parece que no se da cuenta. (Música, 3º A).
El (alumno) de atrás sigue sin mostrar actitudes visibles de atención; ni siquiera tiene el libro encima de la mesa. (Ciencias Sociales, 3º B).
Una alumna de atrás (la que permaneció durante las explicaciones con la cabeza echada) se ha puesto un casete con auriculares. Profesor no le dice nada. (Ciencias Sociales, 4º B).
Hay una chica en la última fila que está escribiendo una poesía en su cuaderno y permanece callada. Profesor continúa con su explicación. (Ciencias Sociales, 4º B).
Una chica de atrás está echada sobre su cabeza encima del pupitre dibujando cosas ajenas a las tareas de clase. (Matemáticas, 4º B).
Dos alumnas (de los grupos de la última fila) juegan con su móvil en lo que el profesor pasa por los grupos. Profesor no se da cuenta y las alumnas siguen jugando hasta la finalización de la clase. (Matemáticas, 4º B).

Cuadro 8. Evidencias de Rol Independiente.

De cualquier forma, a partir de todos estos casos que estamos comentando –tanto los de desorganización como los de "pasotismo"– deberíamos deducir, recurriendo una vez más al posicionamiento que hemos adoptado a lo largo de toda esta publicación, que las características de las tareas, junto con el tipo interacción que se mantenga entre los protagonistas de un aula, pueden ser fuertes condicionantes del surgimiento de la desconexión o la desorganización en el aula. Por todo ello, sería aconsejable que, cuando percibamos estas evidencias en nuestras aulas, nos hagamos un replanteamiento de las prácticas que estamos poniendo en marcha. Con bastantes probabilidades hallaremos diversos aspectos susceptibles de mejorar.

2.3. El formalismo ¿la alternativa a la desorganización?

En algunas de las aulas analizadas, concretamente las tres de primer ciclo que eran impartidas por maestros, hallamos unos rasgos ambientales que, en principio, nos resultaron un tanto diferentes.

Contrariamente a lo que sucedía en las aulas en donde predominaba la desconexión en los términos que acabamos de explicar, eran éstas unas clases en las que, de repente, pasaban los minutos y no ocurría, aparentemente, nada que anotar o registrar por parte del observador. Los alumnos y alumnas, en esos instantes, hacían largas anotaciones en silencio o escuchaban, sin emitir ninguna interferencia, lo que el profesor explicaba. En el *cuadro 9* hemos fragmentado algunos de esos instantes.

Estos segmentos, en un principio, descolocaban un tanto las anotaciones de las clases observadas. Nos preguntábamos ¿qué está ocurriendo aquí? ¿qué hacen los alumnos? ¿sólo escuchan? ¿sólo escriben? ¿cómo puede prolongarse una situación como ésta durante tanto tiempo, teniendo en cuenta que en el aula hay más de veinte personas tratando de aprender?

Una vez que nos adentramos en analizar las anotaciones que habíamos recogido en las aulas, decidimos que esos segmentos eran tributarios, tan solo, de una denominación. Era evidente que en esos intervalos, lo que sí estaba claro es que el alumnado realizaba sus tareas ajustándose a las normas impuestas que, en esos casos, conllevaban el silencio y la ausencia de comunicación entre ellos. El término de *formalismo*, al final, fue el que nos pareció más adecuado para referirlo. Esto es, habíamos discriminado unos momentos en que los alumnos se ajustaban, con increíble éxito, a las normas que conllevaban la realización de la tarea.

Conseguir este ambiente en un Instituto, no cabe la menor duda, que tiene su mérito. Podríamos hablar de un profesor que está gestionando su clase con una pericia increíble. No todos los docentes somos capaces de solventar ese complejo escenario que es el aula con este dominio. Las acciones y estrategias que se necesitan utilizar para solventar los muchos problemas de orden que en un aula emergen a diario, no siempre son fáciles de manejar.

> **EL FORMALISMO EN EL AULA**
>
> 1. Continúa el silencio y el profesor girado hacia la pizarra escribiendo. En este momento dice el profesor sin dejar de anotar:
>   – Les recomiendo que usen colores o boli rojo, azul y lápiz.
>   Nadie hace comentarios. (Matemáticas, 1º B).
>
> 2. Nadie habla. Todos escriben individualmente. (Matemáticas, 1º B).
>
> 3. (*Profesor*) se dirige a pizarra y comienza a plasmar la figura en cuestión. Verbaliza en voz alta lo que hace. Todos los alumnos copian en silencio. (Matemáticas, 2º B).
>
> 4. Profesora continúa la exposición. (...) Ésta se da por concluida. Nadie, ni profesora ni alumnos, han hecho preguntas pero todos han estado en silencio. (Lengua, 2º B).

Cuadro 9. Evidencias de Formalismo.

Las tareas que se realicen suelen contribuir a que se pueda conseguir estas situaciones ambientales. Bajo esta premisa, al focalizar nuestra atención en lo que se estaba haciendo en esas aulas, descubrimos, sin embargo, que no era nada diferente a lo que hacían otros profesores. Concretamente, uno de los docentes que más prolongaba estas situaciones era el de Matemáticas de 1º B. En sus clases, lo que más abundaba era la elaboración individual de las actividades del libro o el copiar largos contenidos de la pizarra. Pero, curiosamente, esta dinámica era casi idéntica en las clases de Inglés de 3º D, aula que, si recordamos lo que dijimos en anteriores páginas, absorbió un intenso porcentaje de desorganización.

Ante este hecho, y fijándonos en los profesores que aunaron mayores porcentajes de este *formalismo* –Matemáticas 1º B y Lengua y Matemáticas de 2º B– tampoco hemos localizado perfiles similares en la manera de interaccionar con los estudiantes.

Sin embargo, existe una tendencia homogénea en estas clases. En estas tres aulas, los estudiantes no alcanzaban índices altos de satisfacción y la dificultad era elevada. O lo que es lo mismo, aprenden poco y no disfrutan de sus clases. En consecuencia, estamos ante un rasgo ambiental que, contrariamente a lo que piensan algunos profesores, no lo podemos considerar adecuado para generar un contexto favorecedor de aprendizaje.

Cuando los alumnos están en esta situación de prolongado formalismo, la comunicación entre profesor y alumno se ha roto totalmente, la interacción entre iguales y las consecuencias positivas que se derivan de ella se están anulando. Sin apoyar su desaparición absoluta, ya que existen situaciones en el aula que lo hacen adecuado, sí planteamos que emerge como obstáculo importante en nuestro ideal de aula que responde a las diferencias, sobre todo si se apodera de prolongados instantes de una sesión de clase.

Por otro lado, se está aplicando una homogeneidad de comprensión y atención hacia lo que se hace en ese momento que no corresponde con la constante diversidad que caracteriza a un aula. Es imposible que, mientras un grupo de adolescente escucha de manera pasiva y en silencio a un profesor durante más de veinte o treinta minutos seguidos, estén éstos integrando con éxito, y a la misma vez, todo lo que se está transmitiendo. Los conflictos cognitivos tienen que resolverse, y para hacerlo, hay que preguntar, hablar, contrastar. Y todo ello se produce a un ritmo diferente. Idéntica situación se origina al tratar de resolverse un ejercicio del libro de manera individual y en silencio. Nos preguntamos, en ese silencio que invade el espacio, a dónde van las muchas dudas que van brotando en cada uno de los estudiantes.

Mantener, en consecuencia, largos instantes de formalismo en el aula no es sinónimo de aprendizaje. No es deseable, por tanto, este rasgo ambiental que, curiosamente, a veces es absurdamente envidiado por algunos profesores y, en ocasiones, motivo de orgullo para otros. Y si contestamos al interrogante que plantea el descriptor de este apartado –*el formalismo ¿la alternativa a la desorganización?*– la respuesta es obviamente negativa. Es más, por lo que pudimos comprobar desde las prácticas de algunos profesores –el de Ciencias Sociales y el de Matemáticas de 3º B– es viable que en un aula apenas surjan esos prolongados instantes de formalismo pero, a su vez, tampoco se vivencien segmentos de algarabía, barullo o desorganización. Conseguir esta situación ambiental sí es, por el contrario, en dónde podemos emplazar nuestro ideal.

BLOQUE II

REFERENTES TEÓRICOS

CAPÍTULO IV

LA DIVERSIDAD DEL ALUMNADO Y LA EDUCACIÓN INCLUSIVA

---

1. QUÉ DEBEMOS ENTENDER POR DIVERSIDAD

Si la esencia de esta publicación gira en torno a proporcionar líneas de actuación práctica que permitan crear un ambiente en el aula que responda a la diversidad, es obvio que debamos asentar, desde el punto de vista teórico, lo que entendemos por esa *diversidad*.

Por lo pronto habría que plantear que resulta difícil definir de manera concreta este concepto ya que –como vamos a explicar en este apartado– existen, por un lado, términos que interfieren su alcance léxico y, por otro, ambigüedades contextuales y sociales que debilitan y malinterpretan su significado y, sobre todo, su viabilidad. Sáez (1997) llegó a afirmar que hay palabras, términos y conceptos que tienen la textura de los pantanos y el que se refiere a la diversidad puede ser uno de ellos. Gimeno (1999a) llega a referirlo como *"polifonía semántica"* o *"poliedro de muchas caras"*.

A partir de una revisión teórica de los muchos discursos que intentan conceptualizarlo, podríamos sintetizar diferencialmente tres significados muy próximos entre sí –*diversidad, diferencia* y *desigualdad*– lo que nos ayudará a entender mejor el primero de ellos, que es el que nos interesa. En la *figura 1* hemos representado de manera resumida esta equivalencia léxica.

En lo que respecta a la *diversidad*, si tuviéramos que subrayar la palabra clave o nuclear de esta definición, no dudaríamos en destacar la expresión "hecho objetivo". Cualquier profesor, al entrar en su clase –o ante cualquier grupo humano– puede percibir con facilidad que sus alumnos no tienen el mismo color de pelo, ni el mismo comportamiento, ni los mismos gustos, ni la misma familia, ni la misma mirada, ni un largo etcétera. Existirían cientos de criterios que conforme fuéramos adoptándolos se desplegaría un abanico de muchos colores entre nuestro alumnado. Al profesorado le podrá gustar o no esos rasgos de sus alumnos, pero está claro que lo que percibirá es la naturaleza y la vida misma. Desde estas páginas, esta realidad diversa la vamos a considerar permanentemente como un valor. Como diría Griffo (1999) la naturaleza vive y se reproduce exactamente sobre la riqueza de las diversidades. López Melero (2001) rescató una cita de Maturana (1994) muy apropiada para reflejar esta circunstancia: *Ser mujer, ser gitana, ser Síndrome de Down, ser negra, ser paralítico o ser sencillamente niña o niño es un valor. La naturaleza es diversa y no hay cosa más genuina en el ser humano que la diversidad. No hay dos amapolas iguales. No existe historia de la humanidad si no existen niños y niñas. La historia de la humanidad es la historia de la diversidad.*

Figura 1. Límites léxicos de los términos "diversidad-diferencia-desigualdad".

Puestos a buscar similitudes lingüísticas, la diversidad podría ser sinónimo de "heterogeneidad". De hecho, Mir (1997) propuso en su momento la desaparición de éste término –diversidad– por el que acabamos de mencionar. Este autor defiende que el concepto de *heterogeneidad* puede reforzar la idea de que las diferencias son patrimonio de todos y que no deben constituir una inquietud. Según este planteamiento, al entrar en el aula, lo que percibiríamos es una valiosa heterogeneidad entre los estudiantes.

Ante esta realidad el docente debiera considerar que somos todos los que estamos contribuyendo a configurar esa diversidad, ya que, conforme voy cambiando los criterios clasificadores, los grupos resultantes van también modificándose. En consecuencia, no existen los estudiantes "diversos" y los demás. Bajo este enfoque, un mismo alumno o alumna podrá estar en varios grupos a la vez. Si llega un estudiante nuevo procedente de otro país, es cierto que pertenece al grupo de los extranjeros o inmigrantes. Pero si cambio este criterio clasificador –procedencia geográfica– es posible que también esté entre los compañeros más rápidos en comprender las matemáticas, y a la vez entre los más tímidos y también entre los más guapos, pero a lo mejor entre los que motóricamente peor se desenvuelven.

Pero retomemos de nuevo la *figura 1*. Existe otro concepto –*diferencia*– que no coincidiría exactamente con el mismo significado de *diversidad*. Si, al igual que antes, subrayásemos las palabras que mejor refieren este término, lo haríamos en torno a la de "apreciación subjetiva". Entre una mujer morena y otra rubia –realidad objetiva– ¿quién es la diferente? Responder a esta interrogante conlleva adelantar de inmediato el vocablo de "depende". Efectivamente, si estamos en Suecia, la diferente sería la morena. La respuesta sería contraria si el que contesta lo hace desde España. En los dos casos, se está reflejando el pensamiento de las personas de un país o de otro, aquello a lo que están acostumbrados en cada sociedad. Se sigue un criterio de frecuencia estadística –variable de un contexto a otro y en consecuencia subjetivo– para llegar a la conclusión de quién es la mujer diferente.

Tenemos que reconocer que son muchas las situaciones en las que resolvemos el "etiquetaje" bajo esta fórmula. Consideramos "diferente" a todo aquello que es poco frecuente. Como vemos, estamos ante algo totalmente subjetivo en donde las construcciones cognitivas personales, bajo la influencia social, deciden la asunción de un término. Esto nos hace recordar el estudio que rescató García Pastor (1995) en donde se llegaba a la conclusión de que las clasificaciones que se realizan de las personas son construcciones sociales, con lo que se demuestra la relatividad de éstas.

Pero si solo nos quedáramos en ese punto –la percepción de la diferencia– no tendríamos demasiados problemas. Este fenómeno se complica cuando a lo que hemos denominado "diferente" le anexamos una valoración, positiva en ocasiones y negativa muchas otras. Al surgir esto último, comienza la discriminación o rechazo de lo que juzgamos diferente, con todas las consecuencias que eso puede acarrear.

Las consecuencias de infravalorar a una mujer morena o rubia solo tendrá repercusiones a la hora de emparejar. Dependiendo de la sociedad, probablemente unas lo hagan antes que otras. Pero la simplicidad de este ejemplo no se puede trasladar a un aula o un instituto. En una institución escolar conviven demasiados factores de gran transcendencia para el futuro desarrollo de los estudiantes que allí acuden.

Cuando un profesor considera que su alumno extranjero, o el que lleva el pelo azul con un imperdible en la oreja, es diferente ¿lo está valorando o solo por ese hecho lo considera menos? ¿Y aquél que es ciego y se comunica con el sistema braille? Como vemos, el problema no estaría en percibir la *diferencia*, convicción muy unida al pensamiento y difícil de erradicar. La complejidad surge cuando acompaño esta percepción de rechazo e inferioridad. Además, tal como planteamos en párrafos anteriores, esos alumnos que yo etiqueto como diferentes, pueden serlo solo bajo un criterio –su sistema de comunicación, la forma de peinarse– pero no ocurrirá así si asumo otros como la sociabilidad, sus habilidades musicales, sus destrezas, etc. Al proceder así, uno de esos estudiantes puede perfectamente estar incluido en cualquier mayoría estadística poseedora de determinado rasgo muy común a todos. Desde esa perspectiva, dejaría de ser "diferente". Tendríamos aquí otra argumentación más para apoyar la relatividad o subjetividad de este concepto.

Es en este punto en donde emerge necesariamente la necesidad de aclarar lo que implica el último concepto que muestra la *figura 1*. Si las diferencias que percibimos traen como consecuencia que establezcamos una jerarquía –alumnos mejores, alumnos peores– se configura el significado de la *desigualdad*. Donde hay "jerarquía" –palabra clave de esta definición– no hay diversidad sino desigualdad. Cuando esto ocurre, determinadas personas gozan de unos privilegios y derechos que no poseen otras. Es evidente que es éste el término que debemos desterrar del aula. El ideal al que debiéramos aspirar se sitúa en la igualdad, pero obviamente, sin que esto suponga una anulación de la diversidad.

Desde diferentes ámbitos sociales se han originado estériles e inacabables discusiones sobre si ciertas costumbres culturales que se manifiestan en la escuela deben ser erradicadas o por el contrario respetarse por ser la expresión de la diversidad de un pueblo. Aunque la solución a estas polémicas suele ser larga, es aquí en donde hay que aplicar lo que implica la conceptualización de la diversidad y la desigualdad.

El que una mujer lleve un *burka* cubriendo toda su cara se puede considerar como una desigualdad. Al ponérselo, esa persona está en inferioridad de condiciones para interactuar en su medio ambiente, ya que se le están obstaculizando todas sus vías sensoriales, foco principal para el desarrollo de la inteligencia. Se le están negando, por tanto, miles de derechos. Esto no es la diversidad. Como diría Gimeno (1999a) debemos estar muy atentos a que, bajo el paraguas de la diversificación, no se esté encubriendo el mantenimiento o la provocación de la desigualdad.

Pero si lo que decide ponerse una chica para ir a clase –voluntariamente, mas nunca obligada– es un pañuelo atado hacia atrás como marca la moda joven desde algunos sectores europeos y americanos, la expresión diversidad puede ser la que denomine este acto. Pero este caso comienza a complicarse si la adolescente es musulmana y acude a clase con un pañuelo amarrado hacia delante ¿Es esta situación similar a la anterior? Ante la difícil disyuntiva de si estamos ante un gesto de diversidad o desigualdad, Botton, Puigvert y Taleb (2004) explican, con el mismo enfoque que estamos defendiendo, que habría que distinguir si el velo que cubre su cabeza es elegido, personal y nacido desde la libertad de la mujer o, por el contrario, es un velo político e impuesto que solo persigue silenciar y excluir a la mujer del espacio social. El primer caso sería representativo del derecho a la diferencia que nos asiste a todos y, el segundo, el ejemplo más típico de desigualdad.

Abogamos desde estas páginas por una defensa absoluta de la diversidad humana por ser éste el rasgo que mejor define e impregna a todas las personas. Diversidad entre individuos y diversidad incluso desde nosotros mismos a lo largo de nuestra vida. En la medida que se vaya adentrando esta concepción nuestra inevitable visión de las diferencias no tendrá por qué verse acompañada de rechazo o infravaloración. Sin embargo, que este propósito a alcanzar no permeabilice segmentos de desigualdad y en consecuencia de injusticias. Aquí se situaría, de manera resumida, lo que deberíamos entender cuando referimos el concepto de diversidad.

2. VIABILIDAD DEL DISCURSO O LOS LÍMITES DE UN SUEÑO PEDAGÓGICO

Al comienzo de este capítulo establecimos que sobre el concepto de *diversidad* se producen en ocasiones ambigüedades contextuales y sociales que debilitan su viabilidad. Este enunciado intenta plantear la necesidad de que en el contexto sobre el que queramos poner en práctica y fortalecer este discurso debe estar presente ciertas coherencias ideológicas, o de lo contrario disminuirán los principios que de este concepto se desprenden.

Valorar la heterogeneidad de los estudiantes arrastra consigo la importancia de resaltar, entre otros valores, el respeto, la tolerancia, la solidaridad o el pensamiento democrático. Pero no sólo desde la escuela, sino desde ámbitos muy diversos. En consecuencia, el término diversidad está impregnado de un carácter ideológico que debería trascender a varios espacios sociales. Avanzaremos más rápidamente hacia los principios que se desprendan de la diversidad en la medida en que cabalgan a la par los discursos educativos, antropológicos, sociológicos y políticos.

Situarnos en este punto es referir la aparición de dificultades. García Pastor (2000a) muestra esta problemática y se interroga cómo es posible desarrollar la cultura de la diversidad que es la cultura de la cooperación, del respeto, de la solidaridad... desde un sistema neoliberal que es competitivo, insolidario, sectario y discriminador.

Con el mismo enfoque, expresa Sáez (1997) que aunque existen sociedades que declaran que están a favor de la igualdad y de la justicia, los gestores del mercado, impulsores de la rentabilidad y la eficacia, promueven multitud de desigualdades, una distribución injusta de los recursos, altas cotas de pobreza, nuevas formas de discriminación, poniéndose en cuestión sistemas e instituciones, así como valores, principios y supuestos.

De manera más concreta, Ibáñez (2001a) menciona cómo la distribución espacial existente en torno a los centros escolares y la doble red pública y privada de la enseñanza, contribuyen a obstaculizar el discurso de la diversidad y la igualdad educativa. Esta realidad proporciona una dirección homogeneizadora y selectiva a las prácticas educativas, ya que se pliega a una lógica económica que genera la exclusión de algunos sectores sociales. Para este autor, el modelo neoliberal potencia y considera deseable la desigualdad económica y política, por lo que actúa sobre la educación impulsando su privatización y jerarquizando los centros públicos según su situación de partida.

Del Carmen (2000) refiere bajo la misma óptica que existe una serie de valores muy arraigados en nuestra sociedad que dificultan la aceptación real desde un punto de vista positivo de la diversidad. Por un lado, con frecuencia actuamos con el convencimiento de que nuestra cultura, tanto a nivel global como local, es mejor que la de los demás. Existe también un culto a la norma. Nos preocupamos por conocer cuáles son las pautas más habituales y comunes en todos los aspectos de nuestra vida. Con frecuencia se valora a las personas no por lo que son, sino por su grado de aproximación a los patrones considerados ideales. La cultura de la norma fomenta, por tanto, la homogeneidad y en consecuencia la diferencia aparece como no deseable. De la misma manera, concebimos que la satisfacción en la vida está directamente relacionada con el nivel social conseguido y los bienes materiales de que se dispone. Bajo este punto de partida, el discurso de la diversidad se mueve en unos marcos sociales contradictorios.

Pero no sólo son los discursos sociales y políticos que hemos mencionado los que advierten que nos estamos alejando del concepto de diversidad. Desde el ámbito antropológico, se asume que los grupos y las personas se diferencian por sus características biológicas y psíquicas, culturales y contextuales. Desde este campo, la diversidad es estudiada aludiéndose a la inmensa variedad de modos en que los hombres y las mujeres han tratado de vivir sus vidas. Sin embargo, tal como lo manifiesta Geertz (1996), la antropología se está enfrentando actualmente a algo nuevo. Parece ser que se está asistiendo a la posibilidad de que la variedad se esté difuminando convirtiéndose en lo que este autor califica como *cada vez más pálido y reducido espectro* (Geertz, 1996: 68). Este proceso de difuminación de los contrastes culturales pudiera acarrear un futuro etnocentrismo muy extendido. No cabe duda que los procesos económicos derivados de la globalización estarían contribuyendo a ello. Somos ya muchos lo que al viajar por nuevas ciudades descubrimos que el comercio que está en la esquina de nuestra calle, es una réplica exacta del que en ese momento hemos hallado en Bruselas, París o Roma.

No cabe la menor duda que este panorama contextual expande limitaciones importantes en el momento en que un profesor de Secundaria decide, desde su aula, poner en práctica el discurso de la diversidad, tanto desde su propia enseñanza como cuando trata que los alumnos lo incorporen, a su bagaje de aprendizajes, como uno de los más valiosos. Esto trae como consecuencia que –por ejemplo– sea difícil integrar a una chica con obesidad que permanezca mucho tiempo aislada en la clase. El profesor puede hartarse de dar mensajes que desemboquen en la valoración de las diferencias físicas entre las personas, pero éstos se pueden romper en segundos cuando sus alumnos salen y observan –entre otras cosas– la simple valla de publicidad de enfrente, que esté anunciando un producto de alimentación *ligh*. Con parecida visión se pronunciaba unos de los profesores del Instituto donde estuvimos: *el alumnado es reflejo de la sociedad que vivimos; no valoran lo que están recibiendo; el profesorado echa la culpa a la sociedad aunque es verdad que también tiene que renovarse el profesor, pero es difícil hacerlo a la velocidad que exige la sociedad (...).*

A esta visión que muestra las limitaciones que la sociedad impone a la escuela, solemos denominarla *perspectiva crítica*. A ella se han adscrito muchos autores. Todos ellos han insistido en que es preciso admitir que sin reformar otros ámbitos de la sociedad (político, económico, sociológico...) es difícil introducir cambios educativos como el que solicita –entre otros– el concepto de diversidad en su aplicación y desarrollo.

Pero a pesar de todas estas argumentaciones, susceptibles de romper algunos sueños pedagógicos, no deberíamos cerrar las puertas a los flujos innovadores que podría arrastrar el concepto de diversidad en las prácticas de aula. Las consideraciones anteriores son fruto de la sociología, y esta ciencia, tal como nos lo explica García Pastor (1995), sólo puede ofrecernos perspectivas y no herramientas de acción. Por tanto, sin desconsiderar lo que esta ciencia nos aporta, sólo nos queda avanzar en aquel sector más operativo –la escuela– albergando la esperanza de que, poco a poco, se modifiquen algunas prácticas sociales, siendo ésta casi la única fórmula de compromiso que nos quedaría. La educación se nos convierte así en una práctica emancipadora. Como diría Apple (1986), no nos queda más elección que la de comprometernos como educadores.

3. IMPLICACIONES EDUCATIVAS

Trasladar las líneas de pensamiento anterior a estrategias educativas acordes a lo que hemos explicado, supone asumir didáctica y organizativamente todo un proceso de cambio.

Inicialmente el profesor debe considerar que no existen "alumnos diversos" y "alumnos normales" y que, por tanto, la diversidad no es algo aparte, yuxtapuesto a la realidad del aula. En la medida en que el profesorado considere este atributo como algo añadido a determinados alumnos, va a percibir que educar con la diversidad es hacer algo adicional. Y no es así. Cuando un profesor declara que *con eso de la diversidad yo no estoy por la labor* o *tú has visto mi clase, dime tú cuándo atiendo yo a la diversidad; yo no tengo tiempo,* es que no está entendiendo lo que supone este concepto en toda su amplitud. Conforme observamos bien las clases y las características de los estudiantes es más lógico llegar a expresiones como la que lanzó un profesor de Geografía: *es que hay diversidad a todos los niveles no sólo a nivel de conocimientos... ¡jo! ...es que si vas a mirar lo diverso que son los chicos ¡es abrumador!.*

Efectivamente, la diversidad puede llegar a ser casi infinita y, por supuesto, no está constituida exclusivamente por los alumnos con discapacidad, ni por los inmigrantes, ni por los que van a los Programas de Garantía Social. Como diría Martínez (2002), cuando esto sucede es que la diversidad se ha convertido en un cajón de sastre de nuevas y viejas etiquetas. Este término es un calificativo de todos y no de unos grupos minoritarios, en consecuencia, tener en cuenta este rasgo, es dar clase asumiendo una de las pocas características que permanecen estables en cualquier grupo humano.

Es importante también que se perciban las inevitables diferencias de los alumnos sin que se traduzcan en etiquetas permanentes. En función de las argumentaciones antes mostradas, este tipo de etiquetaje es equivocado. Realmente, no solo poseemos una etiqueta, sino muchas. Es injusto que determinados alumnos sean denominados por uno solo de sus rasgos (el *torpe*, el *follonero*, el *mueble*...). Estos calificativos absorben y anulan sus otras singularidades y la posibilidad de cambiar a los ojos del profesorado. Los docentes deberíamos ver a nuestros alumnos y alumnas desde las muchas perspectivas existentes y no solo desde la que sale más perjudicado de cara a su participación en el aula.

El mayor riesgo a la hora de instalar esos calificativos inamovibles en los estudiantes es el establecimiento de categorías jerárquicas. Y aquí tenemos otras de las fisuras que pueden generarse por la inadecuada interpretación del concepto que defendemos. Habría que percibir las diferencias sin establecer jerarquías y rechazos, sino como simples construcciones cognitivas derivadas de la visión de la diversidad. Los protagonistas de una clase son todos los estudiantes y no sólo los que van bien. Mostrar diferencias es algo que no debe desembocar en el establecimiento de categorías de primera y de segunda entre los asistentes al aula. No nos parece muy acertado definir las características de un grupo expresando palabras como éstas: *de los que yo tengo en Inglés –un total de diecisiete– hay trece con algún problema de aprendizaje, es decir, que solo tengo cuatro alumnos*. Este mensaje, planteado por un docente de inglés, es el reflejo evidente de cómo se puede llegar a implantar las desigualdades en un aula a partir de las diferencias que muestran los estudiantes de cara al aprendizaje. Se está interpretando que sólo es tributario de la condición de alumno aquél que va bien.

En la medida en que permanezca esta forma de pensar y tendamos a establecer con tanta frecuencia categorías niveladas entre los estudiantes, nos resultará muy difícil asumir que todos los profesores –fundamentalmente en la etapa obligatoria– debemos implicarnos en dar respuesta a nuestros alumnos independientemente de sus características. Desde algunos colectivos de la enseñanza se percibe a los estudiantes con dificultades para aprender como un grupo –los "aquejados de la diversidad"– con los que no hay necesidad de contraer responsabilidades, algo que se escapa de las manos si no eres el orientador o el profesor de apoyo. El mismo profesor que antes referíamos resumía muy bien esta equivocada concepción: *yo estoy aquí para enseñar inglés, para eso estudié filología, si quieren que resuelva los problemas de los alumnos que me quiten horas de trabajo y así me dedico a ser psicóloga y psiquiatra...* Los servicios de apoyo de un centro deben cumplir correctamente sus funciones de orientación y ayuda a los profesores tutores, pero en ningún momento deben sustituirlos. El acto de educar no debe ser selectivo, de lo contrario pierde su principal funcionalidad.

Habría que advertir, no obstante, que la pervivencia de ese enfoque excluyente, contrario a todos los principios de la escuela inclusiva, no era generalizable a todo el profesorado. Para muchos de ellos, lo que se pudiera hacer para responder a la diversidad del alumnado era un tema preocupante y debatido en múltiples reuniones. Sin embargo, cuando se buscaban soluciones para satisfacer la preocupación anterior constatamos una importante profusión y planificación de medidas organizativas basadas en la creación de grupos paralelos y un recurrir a profesionales adicionales especialistas: *con los menos avanzados se deberían formar grupos... para mí sí, entonces sí, porque les agiliza a ellos y punto; sería más efectivo y se lograría un rendimiento muchísimo mayor.* Esta propuesta, expresada por una profesora de Matemáticas, abundaba. Plantearse soluciones desde la dinámica del aula escaseaba entre las alternativas propuestas. Aunque también nos llamó la atención que, desde los documentos escritos que analizamos –sobre todo desde el llamado Plan *de Atención a la Diversidad (PAD)*[1]– se hacía ver que se estaban poniendo en marcha este tipo de estrategias, cosa que, como más adelante explicaremos, no lo llegamos a observar en el aula.

---

[1] Planificación anual que de manera obligatoria todos los centros deben cumplimentar a instancias de la Consejería de Educación Cultura y Deportes de la Comunidad Autónoma de Canarias. Este documento debe ser remitido a la Administración con la finalidad de que ésta apruebe lo que los Centros proyectan en torno a la atención a la diversidad y, en consecuencia, se les dote de los recursos económicos, materiales y humanos necesarios.

Esta perspectiva educativa que estamos defendiendo es la que subyace a las críticas que se vierten sobre las decisiones normativas y legislativas de determinadas reformas de enseñanza. Arropar a través de una legislación que a los estudiantes, desde los quince años, pueda invitársele a constituir grupos independientes y paralelos de enseñanza, es favorecer la errónea concepción que estamos analizando. Nos preguntamos si no sería más correcto, antes de excluir a determinados grupos a esa edad tan temprana, crear normativas que obliguen a los profesores a reflexionar, mejorar y reconsiderar sus prácticas escolares. Los problemas de aprendizaje de un alumno nunca son causa directa de sus características individuales. Es la interacción con el contexto lo que fragua las posibles dificultades y necesidades. En consecuencia, si los problemas tienen una procedencia conjunta –el individuo con el contexto– cómo es posible que solo se genere una normativa que movilice medidas de cambio en un solo sentido, esto es, sobre el estudiantado. Dada la importancia de estos cuestionamientos, los volveremos a retomar en apartados posteriores.

Si consideramos que excluyendo de manera temprana a los alumnos que van mal, conseguiremos "limpiar" el aula de esa incómoda diversidad, estaremos adoptando una visión inadecuada. La heterogeneidad de los estudiantes –y de todos nosotros– no desaparece nunca. Seguirán presenciándose en el aula múltiples diferencias generadas por incontables factores que estarán incidiendo permanentemente en el aprendizaje.

Sería conveniente que, en lugar de percibir las diferencias de los alumnos como obstáculos de nuestra enseñanza, nos convenciéramos de que, precisamente sobre esas diferencias, podemos generar insospechados recursos para nuestras clases. Todos los estudiantes tienen lo que Stainback y Stainback (1999) referían como los "puntos fuertes" y "puntos débiles". La cuestión es que los profesores y profesoras descubramos todos ellos y no solo subrayemos aquellos "débiles" que, no solo nuestros alumnos, sino todos nosotros poseemos. En la medida que realcemos lo positivo que todos tenemos y lo ofrezcamos al grupo en el que estamos, nos sentiremos mejor, se fortalecerá nuestro autoconcepto y, sobre todo, percibiremos que somos útiles para algo o alguien, pensamiento que muchos alumnos han perdido a base de continuos mensajes descalificadores.

4. LAS CAUSAS DEL RECHAZO: "MIENTRAS HACES TODO ESO EL RESTO MONTA FOLLÓN, SE LEVANTA Y TE PONEN DE LOS NERVIOS"

Cuando Hargreaves (1996) planteaba que hay que tomar muy en serio las perspectivas y percepciones de los profesores, llevaba mucha razón. En el trabajo de investigación que hicimos recogimos un extendido rechazo a la palabra "responder a la diversidad". Sin embargo, esta separación de las tareas e implicaciones educativas que hemos ido marcando en el punto anterior por parte del profesorado de los Institutos, creemos que tienen una justificación importante sobre la que hay que detenerse.

Hemos afirmado que hay que entender bien el concepto de diversidad, que es algo consustancial a todo grupo humano, que no es un término sinónimo de inmigrante, discapacitado o alumno con problema de aprendizaje. Hemos indicado asimismo que las diferencias no debieran generar jerarquías y que, por tanto, todos los alumnos escolarizados en este tramo educativo, son responsabilidad de la totalidad del claustro. Los grupos paralelos no constituirían tampoco la mejor respuesta educativa a la heterogeneidad de los estudiantes, entre otras cosas porque la diversidad nunca desaparece. Pero ahora nos cuestionamos lo siguiente. Toda esta lógica argumental ¿por qué cuesta tanto que permeabilice entre los docentes?

Por lo que pudimos indagar, los profesores –aunque con algunas excepciones– están a favor de la filosofía desprendida del principio de diversidad y de los postulados de la escuela comprensiva. Sin embargo han asumido la idea equivocada de que para responder a las diferencias de los alumnos se debe trabajar bajo una estrategia individual, de uno en uno, bajo la creencia de que el fallo está solo en ese alumno y que, por tanto, las medidas que haya que tomar serán aquellas que hagan desaparecer esos rasgos que le impiden progresar. Si determinados alumnos no están entendiendo un problema de matemáticas es porque ellos tendrán especiales dificultades para hacerlo, en consecuencia habrá que buscarle unos ejercicios especiales. Si otros tantos se dispersan en el aula es porque poseen problemas de atención y, por consiguiente sería adecuado desarrollar una batería de ejercicios que fomentara esta destreza. Y si hay unos que están desmotivados es porque no practican las estrategias adecuadas o porque la familia no le apoya.

La consecuencia de todos los planteamientos anteriores es que el profesor intente, llevados por la responsabilidad que les caracteriza, simultanear una respuesta educativa independiente a cada uno. ¿Cuál es el resultado? La impotencia y la impresión –real y auténtica– de que no pueden hacerlo: *a mi eso de la atención a la diversidad que me estabas diciendo, de forma que yo esté con uno y con el otro, no; eso se puede hacer muy pocas veces, yo por lo menos lo puedo hacer muy pocas veces, en un momento determinado.* La profesora que expresaba esta sensación llevaba mucha razón. También la tenía esta otra cuando nos decía que *los alumnos se aburren, es que si tú te dedicas a la gente que vamos, no sabe, que no aprende –que es mayoría– si te dedicas a eso, ¿qué pasa con los 5 o 6... que van más rápido? ...Y es que no, no puedes, es que no tienes tiempo material, porque si atendemos a la diversidad... eso lo puedes hacer pero puntualmente, a ver si me entiendes, en un momento determinado; yo lo veo difícil.*

Pero las diferencias de los estudiantes no deben ser abordadas bajo esa fórmula. Lo que los profesores deberían proponerse es que si sus alumnos no aprenden tendríamos que plantearnos, ante todo, que con bastantes probabilidades esos problemas de matemáticas no entendidos puedan tener su origen en el contexto en donde se están desarrollando, lo mismo que la falta de atención o la desmotivación de los otros. Esto llevaría como consecuencia que cuando hablemos de responder a la diversidad estemos realmente planteando la necesidad de mejorar, de manera amplia y general, las prácticas de aula y las medidas organizativas de los centros y no tanto el que los docentes se pongan como un "superman" fragmentado en mil brazos dando respuestas individuales a sus estudiantes.

Decía García Pastor (1997, 1999, 2001) que la diversidad debe asumirse con una perspectiva social y no individualista. Ainscown (1995, 1999) añade a esta afirmación que no podemos interpretar los problemas sin hacer referencia a los contextos en donde éstos se han producido, enfoque que denomina *perspectiva curricular*. La consecuencia de estos postulados teóricos sería que el docente buscara, para todos, mejores estrategias para explicar sus problemas, que renovara sus estrategias de motivación o que, entre otras cosas, optimizara su interacción con los estudiantes.

En consecuencia, estamos defendiendo que responder a las diferencias de los alumnos es, fundamentalmente, reestructurar la enseñanza. Al actuar así, las dificultades de los estudiantes necesariamente disminuyen y se hace menos necesaria la atención en grupos diferenciados. Recurrir a las agrupaciones paralelas es un recurso poco adecuado cuando existen tantos aspectos susceptibles de mejora. Ésta fue una de las razones por las que la *Ley de Calidad* fue tan intensamente criticada en sus argumentos. No diseñó ni reguló ninguna medida para que el profesorado mejorara su enseñanza, tan solo propuso que se separasen los alumnos para que "fueran mejor atendidos", por lo que se asumió que lo que precisan es debido a sus características y no que el contexto en el que estaban escolarizados era deficitario en algunas de sus dimensiones.

Si el profesorado no asume esta perspectiva y sigue anclado en el enfoque de intentar dar respuestas individuales, precisará, con toda la razón, un personal adicional que le ayude a hacerlo. Considerará que atender a la diversidad es algo cansado y agotador y, aunque defienda que en las aulas estén todos los estudiantes independientemente de sus características, pronto se verá impotente en su esfuerzo y anhelará la formación de grupos paralelos. Cuando así se haga, continuará con las mismas prácticas educativas sin ser consciente que, por diversas razones, se estarán generando desde ellas diversas dificultades en esos nuevos grupos que le han asignado.

En ningún momento debe interpretarse esta perspectiva como sinónimo de que los profesores de Secundaria son los únicos responsables de las dificultades de aprendizaje de sus alumnos. Es la interacción de las capacidades de los estudiantes con el contexto educativo lo que generará los posibles obstáculos para aprender. Ambos aspectos bajo la interacción e influidos por el contexto social en el que se desenvuelven, son los que desencadenan los conflictos y problemas en el aula de cara al conocimiento. La influencia social y familiar es real y la hemos comentado advirtiendo las limitaciones que permanecen incrustadas en ella e impiden el avance. Esta óptica fue, además, ampliamente señalada y criticada –con toda la razón– por parte del profesorado. Pero el contexto académico y su necesidad de mejora, fue referido de puntillas y por un sector docente minoritario.

Sin embargo, en la medida en que ese contexto mejore, se beneficiará todo el alumnado, tenga o no problemas para comprender los contenidos académicos. Esto, a la vez, nos llevaría a superar, tal como explica Forteza (1999), uno de los mitos que arrastra el profesorado de Secundaria en las aulas. Nos estamos refiriendo a la idea de que el aprendizaje es una cuestión del alumno que se puede desligar de la enseñanza que le proporciona el profesorado. Esta creencia podría obstaculizar la premisa anterior. Ambos procesos deben considerarse siempre conectados.

Para avanzar en esta línea y reconsiderar si desde nuestras prácticas de aula existen aspectos susceptibles de mejora, se hace necesario que los profesores reflexionen sobre sus intervenciones pues, de lo contrario, no sabríamos qué estrategias y técnicas tendríamos que conservar y cuáles cambiar. Es sobre este principio –la reflexión– desde donde debiera plantearse su perfeccionamiento. Sería importante que la ausencia de formación que hasta la fecha se observa en torno a estos temas se impregnase de esta tendencia. Muchos profesores se acercaban en sus opiniones a este planteamiento. Fueron varios los que nos advirtieron que para responder a la diversidad precisaban una formación que no tenían: *"el problema de la diversidad es la falta de preparación nuestra para afrontarlo"* o *"yo actúo por intuición, sin saber si realmente es lo que debo hacer"*. Pero a estas afirmaciones añadían que *"...cuando tú haces un... pues no sé... un Congreso, o haces un encuentro, vienen personas muy especializadas y que a parte llevan mucho tiempo sin pisar un Centro... Y cuando llegas allí te viene y te dice: 'no, es porque el alumno...' y te está hablando de un alumno que lo conoció hace diez años y te está hablando de otro alumno, con otra problemática (...), tú muchas veces lo que pides es: mira, tú llevas 3 años o 4 años con 3º de la ESO, dime pues..., los materiales que has utilizado, la experiencia que tienes, qué es lo que no harías, qué lo que sí harías..."*.

Realmente se percibe que reclaman una formación, pero es evidente que no la solicitan de manera teórica, alejada de la realidad diaria que ellos vivencian y limitándose a adquirir nuevos conocimientos sobre contenidos curriculares o nuevas técnicas de enseñanza. Si lo hiciéramos así asumiríamos una perspectiva ideológica *técnica*, es decir, la enseñanza es una ciencia aplicada y el docente un técnico. Pérez Gómez (1993) sostiene que la actividad profesional en esta línea es más bien instrumental, dirigida a la solución de problemas mediante la aplicación rigurosa de teorías y técnicas científicas. Es en definitiva, la formación que el propio profesorado rehuye por considerarla teórica, alejada de su universo práctico.

Reclamar una formación no teórica es acercarnos a la que se basa en el desarrollo de la reflexión como estrategia que nos mejora las prácticas de aula, línea defendida desde hace tiempo por diversos autores, ya que este modelo contribuye en gran medida a trabajar en el aula bajo el principio de la diversidad.

Sin embargo, desde diversas voces se reconoce que el intento de reprofesionalizar al profesorado como docente reflexivo e investigador por medio de una formación psicopedagógica, no ha funcionado en el profesorado de los Institutos. La reacción de la mayoría de ellos ha sido la de replegarse sobre sí mismo, oponiéndose a la pérdida de destrezas profesionales, al recorte del control de su trabajo y a la intensificación de la carga que esto supone. Esta respuesta fue ya descrita y prevista por Hargreaves (1996) como reacción lógica de todo profesor ante las innovaciones a las que están sometidos. La denominó proceso de *intensificación*.

Conscientes de esta realidad, pensamos que ofrecer una publicación como la presente, que basa sus hallazgos y resultados en un análisis detallado y pormenorizado de la realidad de diversas aulas, podrá favorecer esa reflexión y aliviarse, en consecuencia, la intensificación docente. Consideramos que estamos poniendo encima de la mesa un recurso válido para que el desarrollo profesional del profesorado se base en una información práctica sobre la que se puede fácilmente reflexionar y utilizarse, en consecuencia, como instrumento para protagonizar la propia formación.

5. AVANZANDO HACIA LA EDUCACIÓN INCLUSIVA

En la medida en que el profesorado de los Institutos fuera poniendo en práctica los planteamientos derivados del concepto de diversidad que estamos refiriendo, se abrirían los claustros de Secundaria a un movimiento educativo que en los últimos años, a nivel internacional, va cada vez adentrándose con más fuerza. Nos estamos refiriendo a la llamada *educación inclusiva*.

Su asociación con el concepto de diversidad bajo el enfoque antes expuesto, fue explicado por primera vez en España por García Pastor (1995, 1996, 2000, 2001). Mientras Gimeno (1999a) sostenía que el paradigma que mejor se acomoda a las condiciones de una realidad como la que conlleva este concepto es el de la complejidad, esta autora abría un camino por el que desde varios sectores ya se estaba avanzando. Expresaba que *hablar de inclusión en relación con la diversidad supone, desde nuestro punto de vista, la posibilidad de avanzar dentro de un discurso más amplio* (García Pastor 2001: 119). Coincidía con esta afirmación Ainscow (1999) sugiriendo que *un colegio con una orientación inclusiva define la 'diferencia' como parte integrante de la experiencia humana.*

De manera concreta, la educación inclusiva –tal como lo explica Salend (1998)– fue inicialmente un movimiento de familias, educadores y miembros de la comunidad que buscaban crear escuelas y otras instituciones sociales basadas en la aceptación, la pertenencia y la comunidad y que, en consecuencia, los estudiantes con discapacidad –los más afectados por un mal planteamiento de las escuelas tradicionales– fueran respetados y aprendieran sobre la base de sus diferencias individuales.

Es por tanto la crítica a las fórmulas que se seguían para integrar a los estudiantes con necesidades educativas especiales donde podemos situar los antecedentes de este movimiento educativo. Fue trascendente al respecto, el posicionamiento crítico que desde Estados Unidos originó el llamado movimiento REI (*Regular Education Iniciative*). Sus propulsores, tal como nos explica Salend (1998), consideraban que separar la educación en dos sistemas –Educación General y Educación Especial– para enseñar a los estudiantes con necesidades especiales, solo estaba consiguiendo etiquetarlos y estigmatizarlos, a la vez que se fragmentaba y se empobrecía la comunicación entre los profesionales de ambos sectores. Por todo ello, los defensores de esta corriente sostenían que el fallo de los alumnos está relacionado con los problemas contextuales de la escuela y no tanto con los propios del estudiante. García Pastor (1996) nos explicaba que fue este movimiento el que defendió por primera vez la prevalencia de un único sistema educativo para todos, llegando a proponerse la abolición de la Educación Especial.

Recientemente Arnaiz (2003) ha realizado un trabajo en donde el lector interesado puede profundizar con más detalles en lo que este movimiento supuso desde sus orígenes hasta la actualidad. Desde este capítulo nosotros vamos a tratar tan solo de dejar clara la esencia y el fundamento básico en el que se instaura la educación inclusiva. No obstante, en el desarrollo de todas y cada una de las páginas que conforman esta publicación se puede advertir con facilidad la aplicación práctica de cada uno de los principios de esta corriente educativa.

A pesar de que la educación inclusiva surgió, tal como acabamos de advertir, desde el ámbito de la Educación Especial no debemos circunscribirlo, en ningún momento a este único ámbito educativo. Esto nos lo advierte Ainscow (2001c). Según este autor, sigue vigente la tendencia a pensar en la política de inclusión o en la educación inclusiva como algo que afecta únicamente a los alumnos con discapacidades y a otros a los que se clasifica como "con necesidades educativas especiales". Se cree, por tanto, que la inclusión se refiere solo al paso de alumnos de las escuelas especiales a los contextos de la educación general, con la consecuencia de que, una vez en ellos, esos son los "incluidos".

La educación inclusiva se conoce también como "*educación para todos*" y persigue, fundamentalmente, educar sin excluir a ningún estudiante. Como dirían Stainback y Stainback (1999), el objetivo de estas escuelas consiste en garantizar que todos los alumnos –los discapacitados físicos y psíquicos graves y profundos, los que plantean serios problemas de disciplina, los corrientes, los superdotados, y quienes están en situación de riesgo– sean aceptados en pie de igualdad, reconocidos por lo que cada uno tiene que ofrecer a la comunidad educativa y se les ofrezcan las ayudas necesarias para que su aprendizaje sea satisfactorio.

Incorporar este camino, según Pearpoint y Forest (1999), es implicarse en un tema vital, es incorporar una forma de vida mejor que no haremos solo de 9 a 5h, es vivir juntos, es acoger al extraño, es lo opuesto a la segregación, es favorecer a todos y no solo a los etiquetados y es acoger de corazón y no solo tolerar la diversidad.

Al describir la educación inclusiva bajo estos calificativos, no faltan autores que tienden a definirla como una actitud o sistema de valores y creencias, de tal manera que una vez que se adopta por una escuela quedan condicionadas las decisiones y acciones de aquellos que asumen esta forma de pensar.

Pero para materializar este cúmulo de ideales educativos, es evidente que se precisa de todo un nuevo enfoque y de diversos cambios en los planteamientos del profesor, de los centros y el currículo. Como exponían Udvari-Solner y Thousand, (1996) *transformar las islas de esperanza que supone la educación inclusiva en tierras de oportunidad, no será fácil ya que como Einstein puso de manifiesto no podemos esperar resolver los problemas que hemos creado con el mismo nivel de pensamiento que utilizamos cuando los creamos. Semejante transformación requerirá creatividad, colaboración y continuos interrogantes* (p. 191).

Por todas estas razones, coincidimos con las consideraciones expuestas por Ainscow (1999, 2001a, 20001b, 20001c) cuando refiere que la educación inclusiva es un sinónimo de la mejora de la escolaridad. Queda conceptualizada como algo que tiene que ver, a la larga, con todos los alumnos y alumnas y con todos los centros escolares, y que afecta al sistema educativo en su conjunto. Algo así como avanzar hacia una buena educación para todos, siempre que en este término –"todos y todas"– no tuviera cabida ningún tipo de exclusión.

Vemos que el planteamiento básico que subyace en esta idea de educación se sumerge de pleno en esa perspectiva curricular de Ainscow (1995) que antes explicamos. Esto es, los problemas y el fracaso escolar de muchos estudiantes pasa, necesariamente, por replantear el contexto para averiguar en qué está fallando para dar clase a unos estudiantes diferentes y no tanto por culpabilizar y responsabilizar a los alumnos de sus singularidades. Como diría Vlachou (1999) la inclusión tendría que explorar las razones por las que el aparato educativo no ha logrado crear oportunidades para todos.

Al avanzar con este estandarte didáctico, es evidente que nos sumergimos en un proceso de cambio. Modificar la mentalidad, las actitudes, las prácticas educativas, la organización de los centros... no se hace de un día para otro. Reafirmando esta idea, explica García Pastor (1998b) que la dirección que debe tomar ese proceso de cambio en las escuelas inclusivas no debe concebirse como algo concreto capaz de realizarse en un solo momento: *se habla del cambio como si se tuviera que dar en algún momento concreto que nunca llega, como si se tratara de un solo cambio; cuando de lo que se trata es de no quedarse parados, de estar cambiando continuamente* (p. 352). Esta autora es partidaria de la expresión inglesa *moving schools*. El cambio es por tanto un proceso y no un suceso y la dirección que debería asumir conllevaría la aceptación de la diversidad, conjugar diferentes estilos y ritmos de aprendizaje de una forma positiva y utilizar recursos muy diferentes según las diferentes necesidades de cada uno, entre los que se debe incluir también el tiempo y el espacio.

Si en este punto del discurso retomamos esa perspectiva crítica que recuerda la dificultad del progreso escolar si no se producen cambios en la sociedad, resulta apropiado retomar de nuevo a Ainscow (2001a). Este autor, insistiendo en las repercusiones sociales que conllevaría el desarrollo de un sistema educativo inclusivo, advierte la importancia de que éste forme parte de un proceso político, de un procedimiento más amplio que tenga como propósito fundamental el crear una sociedad más justa. Por ello, *no es nada sorprendente que se tienda a encontrar formas de educación más inclusivas en sociedades también más inclusivas*. Se subraya, en consecuencia, la premisa básica de la perspectiva crítica.

Pero en este caso, desde el ámbito social –mas no el educativo– parece que ha se dado un paso adelante, al menos desde las intenciones legislativas, bajo las orientaciones que desprende la escuela inclusiva. A partir de la defensa de la diversidad como rasgo propio del ser humano y con la consideración que es la sociedad la que genera las mayores dificultades a determinadas personas, se ha publicado la llamada *Ley 51/2003, de 2 de diciembre, de igualdad de oportunidades, no discriminación y accesibilidad universal de las personas con discapacidad.* Entre los principios que la inspiran figura el "diseño para todos", esto es, no podrán diseñarse viviendas, bienes, productos, objetos o espacios especializados para grupos de personas con discapacidad, y otros tantos para grupos "normales". Un centro comercial no puede tener una vistosa y elegante puerta de entrada para los "normales" y otra estrecha, trasera y oscura provista de rampa para los que acceden en silla de ruedas. Aspiramos a que sea la misma para todos y todas. La rampa es cómoda de subir con silla de ruedas pero también cuando se es niño, adolescente, madre, padre o persona mayor.

Si aplicamos esta perspectiva a la dimensión escolar, en un instituto, cuando todavía está sumergido el alumnado en una etapa obligatoria, no deberíamos crear grupos paralelos, y con mayores desigualdades, y grupos "ejemplares" y vistosos con los que presuma la institución escolar. ¿No es mejor que la "puerta de entrada" sea la misma para todos? ¿De qué sirve presumir de la grande si hay otra fea escondida? Eso sí, tanto en los centros comerciales como en el ámbito escolar, tendremos que esforzarnos para conseguir una puerta en la que quepan todos. La que tenemos ahora no sirve, hay que modificarle muchas cosas.

Nos hemos propuesto que, conforme el lector se adentre en el contenido de esta publicación, vaya encontrando puntos de reflexión que le ayudarán a replantear cómo puede establecer en su aula un ambiente en el que "quepan" todos y todas. No se le indica cómo debe tratar a un alumno con hiperactividad, a otro que está desmotivado o a aquel que va más rápido que los demás. Eso sería alimentarle esa incómoda sensación que mantiene casi todo el profesorado comprometido: *mientras haces eso el resto monta follón, se levanta y te ponen de los nervios.*

CAPÍTULO V

EL AMBIENTE EN EL AULA Y EL ENFOQUE DE LA EDUCACIÓN INCLUSIVA

1. LA IMPRECISIÓN DEL CONCEPTO Y LA SUPEDITACIÓN A DIVERSOS FACTORES

Una vez que hemos contemplado con detalle los muchos significados y exigencias que se desprenden del concepto de diversidad, añadiremos a los referentes teóricos en que se asienta esta publicación, un análisis detallado de lo que supone el *ambiente de un aula*.

Este concepto, si bien ha llenado las páginas de muchas investigaciones educativas, precisa de diversas puntualizaciones. Por lo pronto, una de las primeras singularidades que encontramos es la multiplicidad de vocablos que lo refieren. Incluso, varios autores españoles (Villar, 1992; Villa, 1992; Toledo, 1999) lo abordan utilizando de manera disyuntiva tanto el término "clima" como "ambiente". No obstante, desde esta publicación nosotros hablaremos, fundamentalmente, de este último término.

Suele asociarse a su significado una importante imprecisión. Decía Villa (1992) que cuando se examinan diferentes estudios sobre el ambiente y los variados resultados obtenidos, se tiene la impresión que uno está ante un verdadero carnaval, en el que cada cual se ha puesto el disfraz que le sienta mejor para describirlo. El ambiente parece ser considerado como un "concepto chicle" que se estira o se encoge convenientemente. Sería, por tanto, un término tan vago como impreciso.

Una de las posibles causas de esta indefinición podría estar en el hecho de que el ambiente constituye un tópico que ha sido abordado desde muy diversas corrientes teóricas. Villa (1992) las clasifica en las que proceden, en primer lugar de la *psicología ecológica*. En segundo lugar estarían las que se gestan desde la *ecología social*. Otro grupo teórico importante que habría profundizado en este tema provendría del *enfoque conductista,* que ha centrado su análisis en las relaciones funcionales entre ambiente y conducta. Por último estaría el enfoque *cognitivo-perceptivo* que es el que más se desarrolla dentro del ámbito psicológico.

Tobin y Fraser (1998) añaden a estas perspectivas teóricas las que se han desarrollado bajo una concepción del aprendizaje constructivista-social. Desde esta perspectiva el ambiente de aprendizaje es construido por individuos en una situación dada y con unos conocimientos socialmente mediatizados. Aunque los individuos tienen sus propias experiencias y preferencias en los ambientes, estas construcciones están influidas por las interacciones con otros y por las características de la cultura donde ese aprendizaje está situado. Podríamos decir que, desde nuestro trabajo, nos identificaríamos fundamentalmente con esta perspectiva.

A la vista de las singularidades que estamos asociando a este tema, es obvio que sea un tanto dificultoso definir con mucha concreción lo que estamos entendiendo por el *ambiente de un aula*. Desde hace tiempo vienen produciéndose diversas explicaciones al respecto que no siempre ayudan a aclarar su auténtico significado. Las primeras de todas surgieron hace ya casi setenta años a través de autores como Lewin's (1936) y Murray (1938).

No obstante, creemos conveniente precisar que, desde el ámbito educativo, además del *ambiente del aula* podemos hablar también del *ambiente del centro.* No cabe duda que ambos conceptos pueden mantener cierta relación pero, sin embargo, mantienen también importantes diferencias. Según Fisher y Fraser (1990), el ambiente de aula implicaría relaciones entre los profesores y sus alumnos, o entre alumnos, siendo además valorado –con mayor frecuencia– en base a las opiniones de los profesores y/o de los alumnos. Sin embargo, el institucional conllevaría relaciones de los profesores con otros compañeros docentes, jefe de estudio y director y su valoración se realizaría en base a las percepciones de los docentes. Según Fraser (1998), a pesar de los lógicos enlaces de unos y otro y su desarrollo simultáneo, los campos de ambos –el del aula y el del centro– han permanecido independientes. Y esta tendencia debiera desaparecer.

En el trabajo de investigación que nosotros realizamos se abordó, como ya venimos comentando, tan solo el de aula. Pero al intentar localizar similitudes entre los ambientes de las clases que pertenecían a un mismo centro, no hallamos demasiadas coincidencias. Querría esto decir que, desde los casos que nosotros analizamos, existen en un mismo Centro aulas en donde se producen ambientes muy lejanos a los ideales de una escuela inclusiva pero también, y en paralelo, otras que podríamos poner como modelo a imitar. El pertenecer a un mismo Instituto no implicaría, por tanto, que observáramos los mismos rasgos ambientales en las diferentes aulas. Podría contribuir este dato a justificar el porqué siguen abordándose los dos tipos de ambiente como realidades independientes.

Persiguiendo la necesidad de conceptualizar el ambiente de un aula, una de las primeras singularidades que podemos asociar a este término es la subordinación que presenta a todo el acontecer que se asoma a una clase. El ambiente de un aula es un constructo que está supeditado a las muchas cosas que allí suceden. O lo que es lo mismo, estamos ante un factor dependiente de los muchos acontecimientos y dimensiones que se localizan en un aula.

Si nos centramos en esos acontecimientos y dimensiones podríamos referirnos a un amplio número de ellos. Doyle (1986), en una de sus publicaciones más clásicas, profundiza en esta realidad y explica que en todas las clases existen una serie de rasgos que evidencian ese amplio espectro de acontecimientos. Estos rasgos, que hemos plasmado en la *figura 1*, determinarían en gran medida la naturaleza del ambiente de un aula.

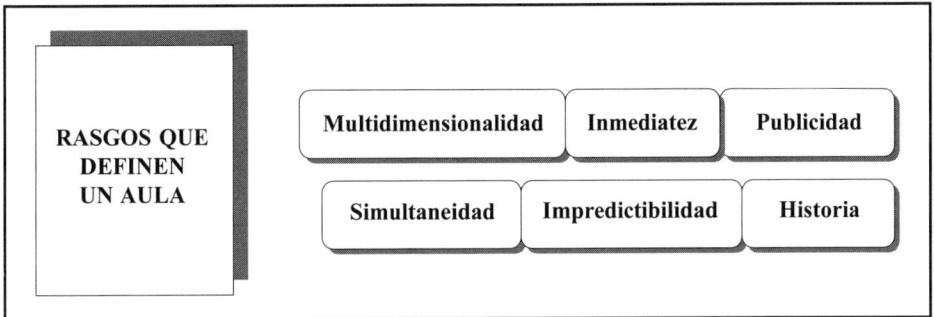

Figura 1. Rasgos que definen un aula (Doyle, 1986).

Profundizando en la explicación de esta figura, cada uno de esos rasgos tendrían el siguiente significado:
   a) *Multidimensionalidad*: En un aula suceden muchas cosas. Lógicamente si la diversidad está presente, cuando el profesor desarrolla las tareas de enseñanza cada alumno llevará a cabo la actividad de una manera diferente, formulará preguntas distintas e interactuará con los compañeros con diversos patrones de comportamiento. Por otro lado, el profesor seleccionará el material, evaluará a los alumnos, cumplirá un horario, etc. En definitiva, *un aula es un lugar abarrotado en el que hay mucha gente con diferentes preferencias y capacidades para usar un material y un suministro restringido de recursos para llevar a cabo un rango extenso de objetivos sociales y personales* (Doyle, 1986: 394).
   b) *Simultaneidad*: En un aula suceden muchas cosas al mismo tiempo. La complejidad de la práctica escolar se acentúa por el hecho de que, efectivamente, todas las cosas que suceden en la clase suelen presentarse a la vez. Es cuando el profesor está demostrando expositivamente un problema en la pizarra, cuando dos compañeros deciden interactuar en voz

baja, el otro saca el cassette y se pone los auriculares y un tercero plantea una cuestión. El profesor, por tanto, tratará de pedir silencio por un lado, solicitará al músico que guarde su aparato y responderá de la manera más clara a la pregunta del alumno. Si además decide que su grupo clase trabaje de manera cooperativa para responder mejor a la diversidad, *el número de acontecimientos se incrementa y por tanto el profesor debe controlar y regular las diferentes actividades siempre al mismo tiempo* (Doyle, 1986: 394).

c) *Inmediatez*: Las cosas suceden de manera muy rápida. Cualquiera de los acontecimientos que hemos descrito se suceden unos detrás de otros y con un ritmo muy frecuente. Doyle (1986) cita un estudio de Sieber (1979) en el que se describe cómo un profesor levanta la voz ochenta y siete veces al día para valorar la conducta de sus alumnos. Es evidente que, como afirma nuestro autor, esto provocará que haya poco tiempo libre para reflexionar antes de actuar.

d) *Impredictibilidad*: Continuamente suceden cosas inesperadas y no planificadas previamente. Todo profesor sabe que el desarrollo de su diseño instruccional debe conllevar flexibilidad a causa, precisamente, de este rasgo ambiental del aula. Planificar una práctica de laboratorio, por ejemplo, puede incorporar inesperadamente la rotura de un tubo de ensayo, el resultado inadecuado de los alumnos de la última fila porque se han distraído, la interrupción de la práctica porque dos chicos se han peleado y la necesidad, por tanto, de repetir lo mismo al día siguiente. Decía Doyle (1986) que es muy difícil anticiparse a cómo va a continuar la actividad en un día con un grupo de estudiantes.

e) *Publicidad*: Todo lo que hacen profesor y alumnos es público para el resto de los participantes. Nuestro autor cita una frase de Lortie (1975: 70) que explica con una metáfora clara esta idea: *los profesores suelen actuar en una especie de pecera, cada chico o chica con frecuencia puede ver cómo son las demás personas tratadas en esa pecera*. Una discusión entre dos compañeros puede contagiar un ambiente tenso a todo el grupo. Y un profesor que censura la mayoría de las intervenciones orales de sus alumnos, provocará que el resto enmudezca porque han aprendido rápidamente que "en boca cerrada no entran moscas". Aunque el efecto "pecera" puede tener también efectos positivos, ya que los interrogantes que plantea un chico pueden servir para que otro compañero resuelva sus dudas.

f) *Historia*: Lo que sucede en un aula es en buena medida tributario de lo que ha sucedido en las clases anteriores. Las normas creadas a lo largo del curso, por ejemplo, pueden haberse establecido por acontecimientos acaecidos en el mes de septiembre. Una conducta inadecuada que es castigada por el profesor al inicio de las clases, si aparece dos meses después en otro compañero, deberá ser amonestada de la misma manera o los alumnos percibirán un clima de injusticia.

Continuando con las argumentaciones que apoyan la dependencia del ambiente a los muchos factores que coexisten en el aula, podríamos hablar también de una serie de dimensiones que, junto a esos rasgos que acabamos de definir, lograrían condicionarlo. Anderson (1989) hizo referencia a ellos enumerando los siguientes:

a) *Los objetivos académicos de enseñanza*, ya que en función de lo que se persiga se generará unas relaciones determinadas entre los participantes del aula.

b) *Roles instructivos del profesor*, esto es, según perciban –y actúen– los profesores en el aula se crearán unas peticiones diferentes en la dialéctica alumno-profesor.

c) *Roles de los alumnos como promotores de sus propios aprendizajes*: Si el alumno se limita a ser un receptor pasivo el ambiente puede llevar a situaciones contrarias a si construyen sus propios conocimiento.

d) *Naturaleza de las tareas académicas*: Lo que el profesor proponga a sus estudiantes generará unas relaciones entre los protagonistas muy potentes en la creación de ese ambiente. No es lo mismo que el alumnado se entregue a realizar una investigación de manera colaborativa, a que lea individualmente del libro el aprendizaje que debe interiorizar.

e) *Interacción social* que se produce en el aula. Es evidente que una comunidad que se base en los principios de cooperación que la escuela inclusiva propugna, encontrará un ambiente de aula muy contrastado con aquellos otros que fundamentan sus relaciones sociales sobre la base del individualismo y la competitividad.

Doyle (1986), además de definir los rasgos que antes explicamos, también se detuvo a proporcionar argumentos explicativos en torno a la subordinación del ambiente a otros factores. Según sus planteamientos –resumidos en la *figura 2*– éste estaría supeditado a la función de *gestión*, entendiendo por este concepto las acciones y estrategias que utilizan los profesores para solventar los problemas de orden en la clase. Organizar el espacio, proporcionar normas, llamar la atención, amonestar a los estudiantes, serían posibles elementos de esta gestión en el aula. En función de cómo se desarrollen estas acciones se iría determinando el ambiente y, a la vez, posibilitándose el escenario adecuado para realizar unas tareas y actividades concretas.

Llegados a este punto, desde todas estas interpretaciones que tratan de explicar cómo el ambiente de un aula está condicionado a los muchos factores presentes en los procesos de enseñanza y aprendizaje, debemos resaltar una cuestión importante. Si los profesores, llevados por nuestra conciencia crítica, deseamos

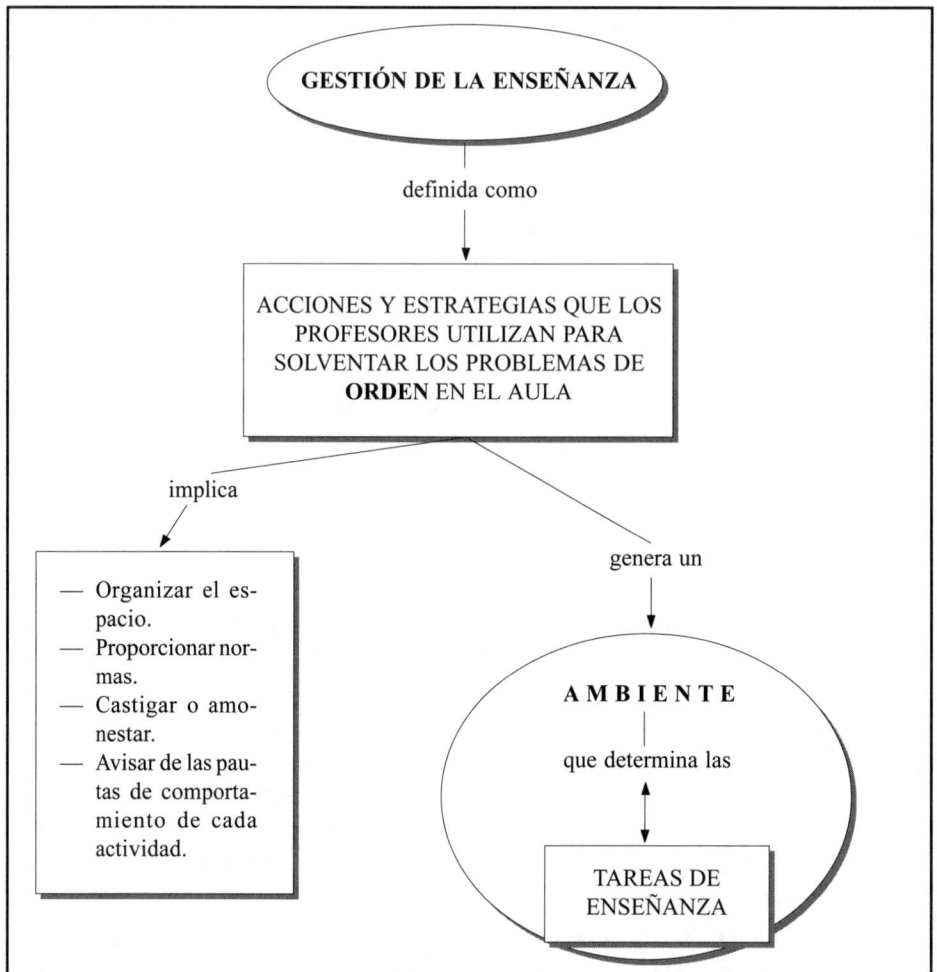

Figura 2. Relación del ambiente de un aula con la gestión de la enseñanza. (Doyle, 1986).

mejorar este elemento de nuestras aulas, tendremos que atender a múltiples aspectos didácticos. Esto nos conduce también a la advertencia de que si el lector que se asoma a estas páginas lo hace con el propósito de encontrar unas estrategias concretas que le lleven a mejorar el ambiente de su aula de cara a la diversidad del alumnado, debería cerrar este libro. Esas respuestas no existen.

Decía al respecto Tikunoff (1979) –autor representativo del llamado *paradigma ecológico*– que el aula está enclavada en una compleja estructura de variables interdependientes, que se influyen mutuamente. Las denomina variables situacionales, experienciales y comunicativas. Cada una de ellas hacen referencia a todos esos factores que mencionaba Anderson (1989) o Doyle (1986) y los consiguientes elementos que hemos establecidos como configuradores del ambiente.

Por tanto, detenernos en la supeditación que mantiene el ambiente de un aula a todas esas variables es recordar que el aula es un sistema vivo, un espacio de comunicación y de intercambio cultural constante que va formando un intenso trenzado en donde todo depende de lo que está al lado. O lo que es lo mismo, el aula es un como un ecosistema en donde, si modificamos un aspecto, se producirán en cadena múltiples cambios, algunos de ellos, incluso, no previsibles.

2. HACIA UN SIGNIFICADO ASOCIADO Y UNOS ELEMENTOS CONFIGURADORES

Este panorama tan amplio e interdependiente de lo que implica el ambiente dentro del ecosistema de un aula, debemos, no obstante, concretarlo un poco si deseamos someterlo a un proceso de análisis y estudio, tal como ya adelantábamos en el primer capítulo de este libro. Por esta razón, desde la investigación que estamos presentando en esta publicación, conscientes de que estamos haciendo una opción entre las muchas acepciones que posee este término, anexaremos su significado a una *construcción originada por las relaciones sociales que entablan los protagonistas de una clase así como por la forma de pensar de cada uno de ellos, por sus creencias o por sus valores, esto es, por la cultura existente en el aula.*

Esta opción, insistiendo nuevamente en lo que ya afirmamos en el capítulo I, quiere decir que estamos incluyendo dos categorías dentro del concepto de ambiente; una sería la categoría *social* y otra la *cultural*. Bajo esta perspectiva, estaríamos conteniendo en el ambiente esos tres elementos fundamentales, que si reflexionamos un poco, impregnan la esencia de esas dimensiones que Anderson (1989) definió como factores condicionantes de este concepto: la *interacción del profesorado y el alumnado,* la *interacción entre iguales* y la *disponibilidad hacia las tareas de clase.*

La *interacción del profesorado* con su *alumnado*, se referiría a las formas en que los profesores se relacionan con los estudiantes de la clase. Este elemento se incluiría de lleno en la categoría social.

La *interacción entre iguales*, agruparía los comportamientos relacionales que pueden surgir a partir de los contactos que entablan los alumnos y alumnas entre sí. Al igual que el anterior, pertenecería a la categoría social.

La *disponibilidad hacia las tareas,* recogería las actitudes y comportamientos de los estudiantes hacia las tareas que va proponiendo el profesor. Este elemento ya sería más la consecuencia de la cultura existente en el docente así como la que subyace a los alumnos y alumnas. Quedaría adosado, por tanto, a la categoría cultural. Dependiendo de las ideas y creencias que tengan los profesores sobre lo que implica el proceso de enseñar y aprender, se irán proponiendo y seleccionando unas tareas. A su vez, los chicos y chicas, influidos también por su forma de pensar, por las creencias que actualmente impregnan al adolescente y por la misma naturaleza de las tareas, irán reaccionando de manera entusiasta o, por el contrario, generando desorganización en el aula, posturas todas ellas que conformarían el ambiente del aula.

En las páginas siguientes iremos abordando con mayor profundidad estas cuestiones así como su relación con los ideales de una educación inclusiva, esto es, una educación que enseña con la diversidad.

2.1. La interacción profesorado-alumnado

Es éste uno de los elementos más importantes a la hora de generar ese ambiente de aula que estamos abordando. Coherentes con esta prioridad, es por lo que se subraya la relevancia del docente en la creación del clima del aula.

Por lo pronto, habría que tener presente que, según se averiguó en un amplio trabajo de Ferguson y Fraser (1998), en Secundaria se suele deteriorar esta interacción si lo comparamos con la que se mantiene en la etapa de Primaria.

En función de las características que asuma se verán modificados diversos factores que resultan básicos en los procesos de enseñanza y aprendizaje y en otros tantos ámbitos de la educación. Wubbels y Brekelmans (1998) mantienen que la forma en que el profesor interactúa con los estudiantes no es solo un predictor de éxito de los estudiantes –factor nuclear en una educación que responde a la diversidad– sino también está relacionado con otros factores como es la satisfacción profesional del profesor o su propio estrés. Es también clave para prevenir problemas de disciplina e incluso para fomentar el desarrollo profesional.

Cuando se produce, se observa con facilidad que se está originando un comportamiento comunicativo. Sin embargo, sería conveniente que consideráramos esa comunicación bajo un concepto amplio. Wubbels y Brekelmans (1998) insisten en este hecho. La razón es la siguiente. Desde algunos sectores se define la comunicación sólo si el mismo significado se percibe por el emisor y el receptor. Si lo aplicamos a un aula, percibimos en seguida que esto no siempre se produce. El profesor puede estar transmitiendo un mensaje y muchos de sus alumnos pueden estar entendiendo algo diferente, pero no por la ausencia de atención, sino por el tipo de reestructuración cognitiva que realizan al acoplar la nueva información con lo que ellos sepan. Diríamos que ha existido comunicación, pero evidentemente el emisor y el receptor no han captado el mismo significado. Existiría otra modalidad para definir la comunicación que consistiría en considerar que el comportamiento es comunicativo siempre que el emisor conscientemente pretende influir en la otra persona. Nuevamente, ateniéndonos a la realidad de una clase, serían varias las situaciones que podemos llamar comunicativas y que no se acogerían a esta conceptualización. Lo entenderemos mejor al plantear una tercera definición que sí podríamos considerar amplia.

Wubbels y Brekelmans (1998) sostienen que la definición que mejor se ajusta al aula sería aquella que concibe que la comunicación se produce cuando alguien desarrolla un comportamiento en presencia de otra persona. Si esto es así, fueran las que fueran las intenciones de ese alguien, la otra persona, desde la comunicación que necesariamente se está produciendo, puede inferir cualquier significado. Estos autores ponen el siguiente ejemplo: *si el profesor ignora las preguntas de los estudiantes porque no las ha escuchado, los estudiantes entonces inferirán que el profesor está demasiado ocupado, que el profesor cree que los estudiantes son demasiado torpes para entender o que el profesor considera que las preguntas son impertinentes. El mensaje que los estudiantes toman de la omisión del profesor es diferente de la intención del profesor porque no hay un sistema compartido en el que todos estén de acuerdo o que permita a todos los estudiantes comprender o captar cuál es el significado* (p. 566).

Al asumir de esta manera la aproximación comunicativa que se puede producir en el aula, al interaccionar el profesor y el alumno, estamos justificando la transcendencia que mantiene este factor en el ambiente del aula. Siguiendo con el ejemplo anterior, el profesor debe ser consciente de que estas situaciones se pueden producir muchas veces en el aula y que son los alumnos con un bajo autoconcepto los que con más rapidez deducirían de esos momentos que el profesor no ha respondido porque piensa que su pregunta, al igual que todo lo que es de él, no sirve para nada.

Argumentaciones de estas características justificarían que en un aula en la que deseamos responder a la diversidad debemos reflexionar permanentemente sobre la forma en que se está produciendo esa interacción entre profesor-alumno. Son muchos los comportamiento que podemos manifestar, aún sin ser conscientes de ellos, que estarán generando en cualquiera de nuestros alumnos, pseudointerpretaciones que no favorecerían para nada su aprendizaje.

Las muchas variables que pueden intervenir en esta interacción, dado ese concepto amplio de comunicación que le estamos aplicando, ha llevado a diversos autores a definir un amplio abanico de posibilidades diferentes en torno a la relación de profesores y alumnos. Sobre este enfoque nos centramos en el siguiente punto.

2.1.1. *Diferentes estilos de interacción profesorado-alumnado*

Conforme un docente va incorporando determinadas fórmulas para relacionarse con su alumnado, se va configurando un perfil o estilo de interacción que lo caracteriza. Con este enfoque, Brekelmans (1989) clasificó un amplio abanico de estilos de interacción utilizando como instrumento de análisis las percepciones que los alumnos tenían de sus profesores. Más adelante Wubbels, Créton, Levy y Hooymayers (1993), con la misma orientación, diseñaron el llamado *Modelo de*

Conducta Interpersonal del Profesor. En este modelo los mensajes relacionados con el comportamiento docente son ordenados en función de dos dimensiones que serían la *proximidad* y la *influencia*. Estas dimensiones serían necesarias y suficientes para describir todos los mensajes en relación a la conducta de los docentes. La dimensión *proximidad* designa el grado de cooperación, intimidad y calor interpersonal entre quienes se comunican. La dimensión *influencia* refleja quién dirige y controla la comunicación, así como su frecuencia. Estas dos dimensiones son representadas en un eje de coordenadas dividido en ocho sectores iguales y según su posición en este eje, los sectores resultantes describen ocho aspectos diferentes de la conducta docente.

Sintetizando ambos estudios, podríamos hablar, por tanto, de ocho estilos o perfiles de profesorado a la hora de interaccionar con su alumnado. Los vemos de manera gráfica en la *figura 3*. La descripción de cada uno de ellos cobra valor e importancia en la medida que tratamos de localizar cuál sería el que más se ajustaría a los principios de una escuela inclusiva. El desarrollo descriptivo que singularizaría cada perfil sería el siguiente:

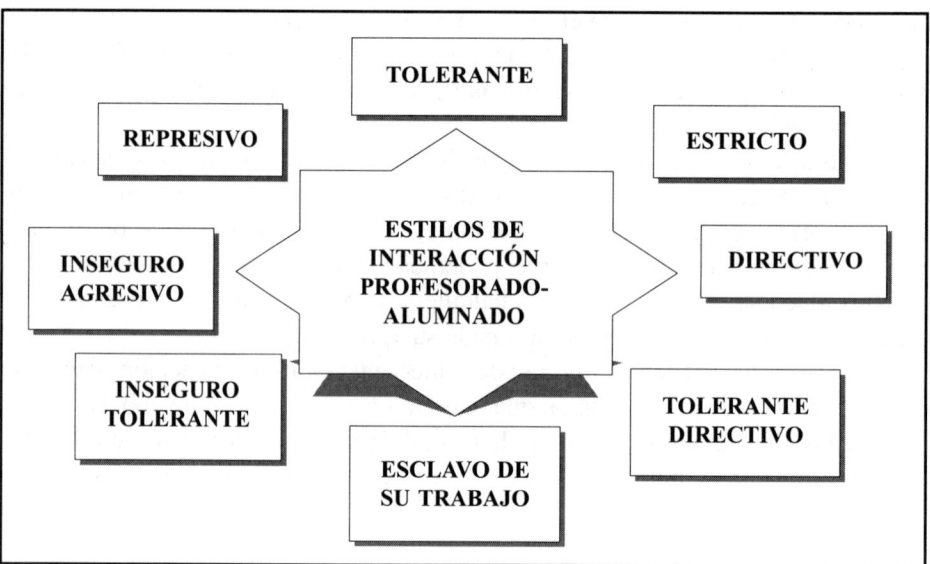

Figura 3. Estilos de interacción profesorado-alumnado a partir de las teorías de Brekelmans (1989) y Wubbels, Créton, Levy y Hooymayers (1993).

1) *Estilo estricto*: El ambiente de aprendizaje generado por este profesor puede ser descrito como muy estructurado y orientado a la realización de tareas. Para este tipo de docentes no es importante establecer relaciones de amistad con los alumnos. Se persigue mantener un estricto control de

la clase. Se requiere a los alumnos altos niveles de rendimiento académico, exigiéndoles que constantemente les presten atención. Insiste en el cumplimiento de las normas y procedimientos de clase. Los alumnos se ven obligados a seguir las explicaciones del profesor, aunque no sea su deseo.

2) *Estilo directivo*: Las clases están muy estructuradas y la atmósfera que en ellas se respira es agradable, pero también orientada a la realización de tareas. Las normas y los procedimientos seguidos en clase están claramente establecidos y de vez en cuando el profesor las recuerda. Los alumnos prestan atención y la cantidad de tiempo que el profesor dedica a corregir la conducta de los alumnos es menor que en el caso anterior. A menudo el profesor establece charlas con cierto entusiasmo y los alumnos escuchan atentamente. Se preocupa por las necesidades educativas de los alumnos y pone énfasis en establecer relaciones estrechas con algunos de ellos.

3) *Estilo tolerante/directivo*: En las clases con este profesor coexiste una fuerte estructuración de la lección junto con la concesión de responsabilidad a los alumnos. Las clases de estos docentes tienen características parecidas al ambiente de clase generado en las aulas del profesor tipo *directivo*. La diferencia estribaría en la intensidad de su conducta cooperativa, ya que el profesor *tolerante/directivo* mantiene más relaciones cordiales con los alumnos que el tipo de profesor anterior. Asimismo, para él es menos importante el cumplimiento de normas y procedimientos de clase, y el ambiente es más de apoyo que el caso anterior. Es característico que los alumnos se impliquen en el desarrollo de la clase, pues disfrutan de ellas y las encuentran divertida. El establecimiento del orden aparece como una rutina y el profesor no necesita corregir constantemente la conducta del alumno o exigir el cumplimiento de normas.

4) *Estilo tolerante*: Aunque es difícil que nos situemos en el perfil de interacción ideal, podríamos situar aquí el actuar de un profesor que acoge los principios de un aula inclusiva. O mejor dicho, estaríamos aquí ante el modelo de profesor al que más rasgos le podemos localizar si tomamos como referencia la educación inclusiva. La característica principal de este docente es la simpatía. Genera en sus aulas un ambiente de apoyo, lo que conlleva que los alumnos asistan regularmente y con agrado a las clases. Pero el signo más distintivo de este docente frente a los restantes es el grado de libertad que este tipo de profesor ofrece a los alumnos. Su simpatía le da la posibilidad de influir en los procedimientos y en el contenido de las lecciones. A los alumnos les gusta la forma en que el profesor es capaz de adaptarse a sus intereses y necesidades, al mismo tiempo que asegura el aprendizaje del contenido de la asignatura. Los

alumnos de estas clases son responsables de su propio trabajo, pudiendo trabajar a su propio ritmo, adaptándose así a sus capacidades y necesidades de aprendizaje. El profesor aparece preocupado por los alumnos. La conducta tolerante de éste a veces provoca una atmósfera ligeramente desordenada, pero ello no implica que los alumnos no aprendan.

5) *Estilo inseguro/tolerante*: El comportamiento del profesor es muy cooperativo pero sin dotes de mando. En las aulas se genera un cierto desorden aunque tolerado. La orientación a la tarea es muy baja y el ambiente está muy desestructurado. El profesor se preocupa mucho por sus alumnos, no le importa explicar una y otra vez aunque sea consciente que los alumnos no les prestan atención. Los alumnos de estas clases llegan a dedicarse a cualquier tipo de actividad aunque ello suponga no respetar el contenido de la materia. Son aulas en las que los únicos alumnos que suelen permanecer atentos a las explicaciones del profesor son los que están sentados en las primeras filas, el resto de la clase está distraído o haciendo otras cosas. El profesor normalmente está tan ocupado explicando el contenido de la asignatura hablando rápidamente y mirando a la pizarra, que en raras ocasiones mira a los alumnos, no dándose cuenta de la distracción de éstos. Los alumnos no provocan la irritación del profesor, ya que éste ignora la mayoría de las veces el desorden existente en el aula. En los casos en que el profesor intenta detener el alboroto ocasionado, le falta énfasis en sus intentos. Parece como si existiera un acuerdo tácito en que el profesor y los alumnos pueden hacer lo que quieran sin molestarse mutuamente.

6) *Estilo inseguro/agresivo*: Se vive en las clases un desorden agresivo. Los participantes del aula –profesor y alumnado– se ven como oponentes y dedican todas sus energías a entrar en conflicto mutuamente. Nadie puede concentrarse en el contenido de la asignatura. Los alumnos se levantan constantemente, se quitan las cosas unos a otros, se ríen a carcajadas y gritan mientras que el profesor intenta explicar algo. Estas conductas tienen como objetivo provocar al profesor, siendo las reacciones de éste generalmente violentas, arbitrarias y amenazantes. El profesor suele castigar arbitrariamente a cualquier alumno, quedando la mayoría de las veces sin castigo el verdadero culpable del desorden. Tanto el profesor como los alumnos crean conjuntamente un ambiente de clase donde el aprendizaje es la última cosa tenida en cuenta. El docente sólo se preocupa de mantener el orden y no parece estar muy preocupado por hacer la clase atractiva. Considera que primero debe existir un buen comportamiento y una vez logrado esto se podrá enseñar.

7) *Estilo represivo*: Los alumnos se comportan de modo muy dócil, aunque ello no suele significar que se impliquen en las actividades de cla-

se, normalmente siguen las instrucciones dictadas por el profesor por temor a éste. Las normas de funcionamiento de clase están muy claras, existiendo un fuerte control por parte del profesor. Estos profesores pueden reaccionar con enfado ante el más mínimo error o mala conducta de los alumnos, se comportan con sarcasmo y tratan a los alumnos como si fueran seres inferiores. El ambiente de clase es tenso y desagradable. En la clase se prima el rendimiento académico y se fomenta la competición entre los alumnos. Éstos trabajan fundamentalmente de forma individual. Se presta poca ayuda si no entienden algo. En las clases se da un silencio sepulcral.

8) *Estilo esclavo de su trabajo*: Se percibe un ambiente que sufre variaciones ya que algunas veces se parece al tipo de docente agresivo y otras al tolerante. El profesor lucha con éxito ante el desorden generado en clase. Los alumnos le prestan atención siempre y cuando exista un intento activo por parte del profesor por mantenerla. Si se consigue crear un aula ordenada, el ambiente está orientado hacia el aprendizaje de la materia. Este tipo de profesores no es considerado por los alumnos ni simpático, ni antipático. Existe poco entusiasmo y apoyo por parte del profesor, pero también son clases poco competitivas. Sin embargo el profesor dedica gran parte de sus energías al control de la conducta de sus alumnos para de esta forma prevenir los alborotos. Es el típico profesor que parece estar agotado.

A partir de esta clasificación de estilos de interacción según *de las teorías de Brekelmans (1989) y Wubbels, Créton, Levy y Hooymayers (1993)*, es importante que nos detengamos en algunas precisiones. Tal como suele ocurrir cuando aplicamos etiquetas, a pesar de este despliegue clasificador, nunca encontraremos a un docente actuando permanentemente bajo el mismo estilo. Y esto lo comentamos ya en el capítulo I de manera práctica. A lo largo del día, las circunstancias y las propias características de los estudiantes harán que fluyan pendularmente diversos perfiles. Sin embargo, sí debemos ser conscientes de en qué momento se está produciendo el mejor instante de interacción con la intención de que estos momentos se hagan cada vez más frecuentes. Extraer trazas de ese actuar haría que mejoraran nuestras clases.

Bajo esta orientación, todavía un poco genérica, podríamos especificar aún más las condiciones de la interacción defendida por la educación inclusiva si recurrimos a otros estudios que arrojan una mayor concreción a estos aspectos.

2.1.2. Estableciendo las condiciones de una interacción inclusiva y de calidad

Si nuestro deseo es el educar con la diversidad, por lo pronto, siguiendo de nuevo a Wubbels y Brekelmans (1998), sería muy importante que los profesores, en su comunicación con los estudiantes, nos esforzáramos por establecer relaciones caracterizadas por la amigabilidad, por una disposición a la ayuda, así como por unos comportamientos de entendimiento.

Deberíamos igualmente controlar el comportamiento no verbal. Garantizar el contacto visual a todos los estudiantes sería algo clave en este sentido. Realmente, cuando un profesor o profesora se sienta a su mesa y no se levanta en toda la sesión de clase, habrán sido muchos los alumnos con los que no ha podido conectar a través de la mirada, situación que, con facilidad, habrá generado ciertos problemas de atención en algunos de ello y otras tantas interpretaciones personales –probablemente equivocadas– sobre lo que esto significa. Este hecho, con frecuencia, puede desembocar a los estudiantes en la idea de que si el profesor sólo mira a los de la primera fila es porque los de atrás no merecen su atención. Ante ello, respuestas de pasotismo o conductas inapropiadas que persiguen el protagonismo sobre el grupo de iguales y el profesor, pueden surgir con facilidad.

Sería importante que utilizáramos estrategias diversas –cuestionarios, intercambios orales– que persigan reunir el feed-back necesario acerca de nuestras relaciones con los alumnos. La información recogida mejoraría la interacción. Hay que tener en cuenta que no podemos confiar únicamente en nuestras percepciones ya que suelen ser diferentes a las que mantiene el alumnado. Esta medida nos pondría al corriente de esas libres interpretaciones que de nuestro comportamiento realizan muchos alumnos. Aquellas experiencias indeseables que podamos recoger, siempre podrán enfocarse como un medio de mejora para conseguir avances.

Una de las últimas recomendaciones de Wubbels y Brekelmans (1998), hace referencia a algo que desde esta publicación consideramos muy importante si perseguimos mantener una interacción que responda a la diversidad. Para estos autores, los docentes deberían analizar cómo atribuyen la responsabilidad de los éxitos y fracasos de los estudiantes. Al hacerlo así podemos hacernos conscientes de que en muchas ocasiones nos valemos de los patrones que desencadenan las profecías del autocumplimiento. Es decir, nos convencemos tanto que determinados alumnos no van a aprender que, al final, después incluso de etiquetarlos, cuando realmente ocurre, solo vemos que se cumplió lo que pensábamos y en ningún momento nos planteamos si surgiría algo inadecuado desde nuestro proceso de enseñanza.

Otra autora que también establece condiciones en torno a la relación de los protagonistas del aula es Tomlison (2001). Al abordar las características de esta interacción en un aula que responde a las necesidades de los alumnos, establece que la enseñanza depende de un triángulo que está formado por el profesor, el contenido y los estudiantes. Si el profesor domina soberbiamente los contenidos pero carece de seguridad en sí mismo y no profesa una dedicación auténtica hacia sus alumnos, surge en el aula desánimo, desmotivación, distanciamiento u hostilidad. Aunque los tres lados del triángulo son importantes, en un "aula saludable"

—palabras literales de la autora— el profesor juega un papel fundamental por lo que debe estar seguro de sí mismo para aceptar, entre otras cosas, el hecho de que es él quien controla el clima de clase. Basándose en esta idea Tomlison (2001) describe —centrándose en el profesor— algunas características de la experiencia docente cuando ésta se produce en ambientes de clase saludables. De entre ellas, destacamos las siguientes:

— El profesor aprecia a cada alumno como el individuo que es.
— Tiene en cuenta las diferentes facetas de sus alumnos.
— Continúa aumentando sus conocimientos de la materia.
— Procura que el alumno aprenda con alegría.
— Ayuda a los alumnos a dar su propio sentido a las ideas.
— Comparte la enseñanza con los alumnos.
— El profesor aspira claramente a lograr la independencia del estudiante.
— El profesor utiliza el humor y la energía positiva.
— La disciplina se ejerce de un modo más bien encubierto.

Con este listado pretende la autora proporcionar puntos de partida para la reflexión y no una guía exhaustiva a seguir. Sería lo que nos acercaría a mantener el equilibrio dinámico en el triángulo del aprendizaje y así crear una verdadera comunidad de aprendizaje.

Ainscow (2001b), por otro lado, menciona también la relevancia de las relaciones entre profesor y alumno para aspirar a una mejora de la calidad educativa y con ello conseguir un aula inclusiva. Desde la óptica de su investigacion, después de observar diversas prácticas docentes de la red de escuelas con las que investiga —red *IQEA*— enumera una lista de condiciones para la mejora del trabajo en el aula entre las que resalta la importancia de mantener unas relaciones auténticas entre el profesor y los alumnos. Para este autor, según ha quedado reflejado de la experiencia investigadora, las relaciones auténticas entre docentes y alumnos se promueven cuando los profesores:

— Demuestran una consideración positiva hacia todos los alumnos.
— Desarrollan sus relaciones en la clase de manera que demuestran coherencia y justicia y crean confianza.
— Comprenden y muestran que la comunicación con los alumnos supone tanto escuchar como hablar.
— Hacen de sus clase unos lugares en los que el alumno puede experimentar sin temor conductas que suponen elegir y asumir riesgos y una responsabilidad personal.

Giné *et al* (1999) realizaron una investigación que pudiera aportar luz a cómo deben ser estas interacciones si queremos una mejora de las prácticas educativas y en consecuencia una educación que convive con la diversidad. Recurrieron para realizar el trabajo al análisis de las percepciones de los alumnos, singularidad que suele contribuir a que se cumpla la finalidad anterior. Los estudiantes cuestionados pertenecían a cuatro Institutos de la ESO. Se le aplicaron instrumentos de corte cualitativo tales como conversaciones y entrevistas semiestructuradas y se recogió el posicionamiento de éstos en varios aspectos claves de la enseñanza. Afirmaron estos autores –entre otras cosas– que en esta etapa educativa se acentúa la complejidad entre el profesorado y el alumnado, hallazgo que confirma el estudio que advertimos en las primeras páginas de este capítulo (Ferguson y Fraser, 1998). En esta relación, el alumnado destaca dos componentes principales: la ayuda y la distancia adecuada y una cualidad: el tono relacional marcado por el buen humor.

La ayuda la perciben los alumnos como componente principal tanto en referencia a la ayuda personal como académica. Se constata que el grupo de alumnos que se siente más falto de ésta es el que más valora esta capacidad del profesor. Ésta va estrechamente ligada a la distancia óptima entre profesorado y alumnado. Esta distancia la sitúan los alumnos de este trabajo en un punto intermedio entre el profesor autoritario, que no baja de su altar, y el que aparece como débil, que no dispone de la autoridad del adulto y tolera los impulsos más infantiles. Ambas situaciones, aparentemente contradictorias, tienen en común que el profesor sea valorado negativamente por los alumnos.

Los alumnos de esta investigación utilizan el término de "enrollarse bien" cuando quieren hacer referencia a la relación del profesorado que es el resultado de una combinación compleja de capacidades de ayudar, escuchar, tener fortaleza y autoridad. "Enrollarse bien" es comunicarse con los alumnos recogiendo sus necesidades, comunicar bien los conocimientos y recibir bien las respuestas de los alumnos, con firmeza y flexibilidad.

Todas estas respuestas del alumnado nos permiten deducir y subrayar la trascendencia de establecer una distancia relacional cercana –sin llegar a extremos– entre los protagonistas del aula y la importancia que le da el alumnado a los momentos en que su profesor le está ayudando, bien sea académica o personalmente.

2.2. La interacción entre iguales

Nos adentramos ahora en el segundo elemento configurador del ambiente de un aula. Nos estamos refiriendo a las redes de interacción que suelen mantener los estudiantes entre ellos mismos. Dependiendo de cómo sean éstas, es obvio pensar que el ambiente de un aula se verá muy modificado. No se anotan los mismos eventos, ni se alcanzan los mismos objetivos si nos encontramos en una clase definida por su alta competitividad y sus frecuentes episodios de fricción entre compañeros. Se altera asimismo el ambiente cuando los estudiantes no mantienen apenas comunicación porque las prácticas didácticas que selecciona el profesorado no contribuyen a ello. Por el contrario, dar clase en un aula donde hay cohesión y compañerismo es percibir un panorama de un color más agradable a la hora de enseñar.

Desde los principios de la educación inclusiva se considera que esa interacción del estudiantado es el mejor recurso que posee un profesor para su enseñanza y se insiste en la importancia que tiene que en las aulas se genere un sentido de comunidad y apoyo mutuo que favorezca el éxito de todos. La justificación fundamental de esta premisa vendría dada por el hecho de que la diversidad ofrecida por cada uno de los alumnos contribuye a que se consigan objetivos que, de manera individual, son de difícil consecución.

Con este enfoque, tal como explican Stainback, Stainback y Jackson (1999), cobra sentido que descubramos las diferencias de destreza y capacidad que cada uno posee con la intención de ponerlas al servicio de los demás. Estos autores llegan a proponer la conveniencia de que los alumnos reflexionen y exterioricen cuestiones como éstas: *a)* en qué cosas soy realmente bueno, *b)* cuáles son las tres cosas en las que tengo problemas, *c)* de qué forma puedo ayudar a otro, *d)* en qué cosas necesito ayuda y qué tipo de ayuda me gustaría. Estas reflexiones llevan implícitas un lema que las justifican: *nadie es más listo que todos juntos.*

Al dar respuesta a esas cuestiones conseguimos igualmente que los alumnos y el mismo profesorado perciban que todas las personas tienen destrezas y habilidades pero que a la vez todos necesitamos ayuda en ciertos terrenos. Una estudiante puede ser una excelente lectora pero a lo mejor necesita ayuda para que la acepten en los momentos del recreo. Otro puede ir mal en matemáticas pero destacar por su memoria y por su capacidad para organizar actividades. El liderazgo social que poseen otros se puede convertir en una excelente ayuda ante determinadas tareas, como por ejemplo, rescatar información conectando con colectivos ajenos al aula.

Estas prácticas no tendrían nada que ver con establecer cuadros de honor o premios o distinciones a los más tranquilos, los más trabajadores o los más rápidos. Con estas estrategias solo conseguimos resaltar un aspecto de esa persona y, a su vez, generar la competitividad ante los demás. Todos nosotros nos definimos por nuestras muchas cualidades. En algunas destacamos y en otras precisamos la ayuda de los demás. La diversidad es a la vez inter e intraindividual. Lo importante es descubrir ese abanico y construir en el aula una comunidad de apoyo mutuo. Como siempre ha afirmado el profesor Garrido (2001: 19): *todos los hombres son necesarios en el conjunto social, para todos hay funciones útiles que cumplir, todos forman el mosaico perfecto de la sociedad, nadie sobra, nadie es imprescindible, pero tampoco nadie es eliminable.*

Cuando desarrollamos estos principios ideológicos podemos afirmar que estamos construyendo nuestra enseñanza sobre las diferencias de los alumnos y alumnas. Pero para actuar así tenemos que dar prioridad a los objetivos que refieren la importancia de la aceptación, el establecimiento de amistades y las relaciones de apoyo y no solo dar prioridad a las habilidades cognitivas. Explican Stainback, Stainback y Moravec (1999) que cuando un alumno es aceptado, bienvenido y está seguro en su entorno con los compañeros, se está consiguiendo un requisito imprescindible para el éxito del aprendizaje. Establecer amistades sería, asimismo, el desencadenante de numerosas ocasiones de aprendizaje significativo, dada la potencia del grupo de iguales para transmitir conocimientos entre sí.

Muchos profesores, ante estas argumentaciones, estarán pensando lo lejos que están los alumnos de Secundaria de conseguir estos propósitos. Pero olvidan que esta situación ideal no surge ni se aprende nunca de manera espontánea, como tampoco se aprende de esa forma automática una raíz cuadrada o la historia de la literatura. Los docentes deben planificar y gestionar actividades auténticamente grupales y cooperativas para que la interacción entre iguales desemboque en esas comunidades de apoyo mutuo y se pueda hablar así de una enseñanza en la que los compañeros desempeñan una labor importante.

Ante la importancia del planteamiento que se esta estableciendo, nos detendremos en analizar los posibles criterios de agrupación que se le presentan a un docente en el aula a la hora de poner en marcha sus actividades.

2.2.1. *Estructuras de participación en el aula*

Sumergidos en la dinámica de un aula el profesorado puede plantear las diferentes actividades a partir de diversas estrategias en las que la interacción de los alumnos adoptaría formas múltiples. Esto es, al docente se le despliegan varias alternativas para organizar la interacción de los alumnos mientras están aprendiendo.

Esta interacción crea una estructura a la que vamos a denominar *estructura de participación*. Para Doyle (1986) estas estructuras de participación, junto a las características del trabajo académico del profesorado y el alumnado, las pautas que se den en el aula y los roles con que cada uno vaya respondiendo, crean un contexto capaz de darle direccionalidad a las actividades que se desarrollen en el aula. Para este autor, las actividades de clase contienen "vectores" que una vez que se ponen en marcha llevan a los participantes a seguir su dirección. Esos vectores son como programas de acción, energías que se orientan hacia una dirección determinada y que cada actividad lleva inserta en sí misma.

Por tanto, según organice el profesor la interacción de los alumnos, al ponerse en marcha las actividades se seguirá un programa determinado de acción. Éste variará según se estén practicando las diversas posibilidades existentes bajo este criterio. Desde estas líneas –tal como aparece en la figura 5– analizaremos el rastro direccional que se desprende, primero, desde los *agrupamientos individuales* que, aunque constituyen la antítesis de lo que estamos defendiendo, consideramos relevante que reflexionemos sobre algunas cuestiones al respecto. Posteriormente nos centraremos en las *tutorías entre iguales* y los *grupos cooperativos*. Gestionar correctamente estos enfoques grupales será clave para que se desarrollen en el aula objetivos relacionados con la preocupación y respeto por los demás, el trabajo en colaboración y el aprecio hacia las personas sin discriminar características personales o culturales. No cabe duda que existirán muchas otras técnicas que favorecerán el cumplimiento de estos propósitos. El lector interesado localizará con facilidad muchas de ellas entre una abundante bibliografía. Pero desde estas páginas, como ya hemos comentado, vamos a detenernos en las que visualizamos desde esta *figura 5*.

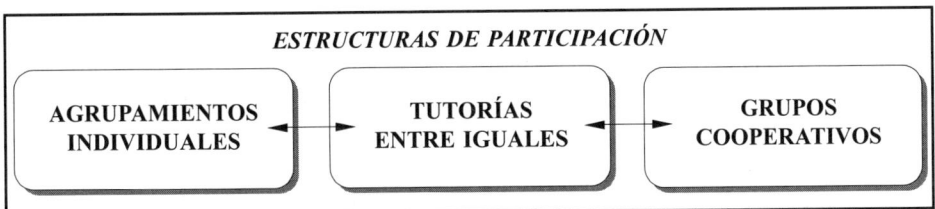

Figura 5. Estructuras de participación referidas.

a) *Los agrupamientos individuales*. Bajo esta estructura de participación podríamos referirnos a dos situaciones diferentes. Por un lado, cuando el profesor trabaja con un alumno prestándole todo tipo de ayuda, estructurando la situación y sistematizando la intervención. Y por otro, el momento en que cada alumno realiza su propia actividad, sin que ésta tenga que estar relacionada con las de los otros alumnos. Sola y López (1998) denominan a la primera *agrupamiento individual dirigido* y a la segunda *agrupamiento individual independiente*.

Estos mismos autores, exponen lo que serían las ventajas e inconvenientes de esta actuación individual del alumno refiriéndose más al *agrupamiento individual dirigido*, modelo no tan frecuenta en un aula de Secundaria y, por el contrario, usual en las aulas de apoyo.

En las aulas ordinarias, suele ser más habitual el *agrupamiento individual independiente*. En esta última modalidad de agrupación, percibimos a un profesor que normalmente ha impuesto un mismo ritmo de actividad para todos y los alumnos trabajan de forma independiente, sin comunicarse entre ellos, realizando al mismo tiempo la tarea, pero con independencia. La clase de relaciones que se da en este grupo es de carácter formal, predominantemente frío. Contrastaría fuertemente con la naturaleza de la relación fuera de la clase, en los períodos de recreo. En esos momentos, el alumnado se expresa intensamente de manera fluida y colaborativa con sus compañeros. En el aula, sin embargo, la colaboración y la comunicación no están presentes o se prohíben de forma explícita.

La aglomeración de argumentos que enfrentan esta estructura de participación con los principios de la escuela inclusiva es obvia y evidente. Desarrollar las prácticas instruccionales bajo esta modalidad se asienta en el falso principio de que el trabajo escolar debe ser desplegado y ejecutado sólo individualmente. Rué (2000) refería sobre esta cuestión las siguientes reflexiones: *¿Qué produce un mayor progreso individual? ¿Un ejercicio realizado en solitario, en una situación de relativo aislamiento con respecto a los demás, o bien un trabajo que debe coordinarse con el de los demás? Llegar a acuerdos sobre algo, contrastar lo realizado con otras personas, contrastar los propios propósitos con los de los demás, observar otros modelos de pensar, hacer y resolver son situaciones de aprendizaje social que multiplican las oportunidades de aprendizaje de las personas inmersas en ellos.* (Rué, 2000: 14).

b) *Tutoría entre iguales.* Conocida también como *instrucción entre dos iguales*, se define como una práctica educativa que compromete a los estudiantes a ser agentes educativos para otros estudiantes. Es una forma de aprendizaje que la educación inclusiva defiende ampliamente.

Los maestros más antiguos pueden atestiguar que no es una práctica de enseñanza nueva. Cuando se cabalga en los orígenes de la escuela pública, surgen en el recuerdo unas aulas masificadas tremendamente heterogéneas con un solo profesor, que no tiene más remedio que confiar en sus propios alumnos para que ejerzan de instructores de sus compañeros. Similar situación sería también vivida por las todavía existentes escuelas unitarias de zonas rurales.

En palabras de Udvari-Solner y Thousand (1996), los niños, de forma natural y continua, tienden a enseñarse unos a otros de una manera informal y casi de juego. Los sistemas de enseñanza por compañeros se basan en este mismo hecho y ofrecen un sistema muy efectivo de fomentar el compromiso entre los propios estudiantes, de reforzar la relación entre ellos y al mismo tiempo construir una relación que permite una enseñanza más eficaz.

Las posibles variaciones que admite esta misma estructura de participación es muy variada: *Se puede hacer con compañeros de la misma edad, de edades distintas y también se puede establecer dentro de una misma clase, entre varias clases distintas e incluso con todo el colegio* (Udvari-Solner y Thousand, 1996: 188).

Pérez (2000) describe las experiencias organizativas llevadas a cabo en un Instituto de Secundaria para posibilitar la respuesta a la diversidad e incluye la *tutoría entre iguales* como una más de ellas. Concretamente la aplicaron para trabajar en el laboratorio con los grupos de 3º de la ESO, que eran muy numerosos y algunos de ellos muy desmotivados. El profesorado temía que no supiesen utilizar el material o que lo rompiesen. Un grupo de alumnos y alumnas elegidos democráticamente preparaban en horario no lectivo la práctica y luego este grupo se encargaba de repetirla y explicarla tutorizando a un grupo de 4-5 alumnos. La valoración posterior de la experiencia fue muy positiva. Durán y Mestres, (1998) también describen cómo en un IES se puso en marcha un programa de tutorización entre iguales a través de la oferta de optativas del Centro.

Son muchos los autores que refieren la evidencia de ventajas educativas y sociales de esta estrategia. No olvidemos que incluyen además un desarrollo de habilidades interpersonales, una mejora de la autoestima y una estupenda fórmula de aprendizaje tanto para el que hace de tutor como el que hace de aprendiz. Good y Brophy (1987) expresan la superioridad de esta estrategia a través de tres argumentos que cualquier profesor que ha puesto en marcha esta estructura de participación podría con facilidad observar:

— Los niños usan unos ejemplos y una terminología mucho más apropiada para su edad, por lo que resulta más cercano el aprendizaje significativo.
— Como ellos han recibido de manera muy reciente la enseñanza de lo que a su vez van a transmitir a sus compañeros, están mucho más familiarizados con las potenciales frustraciones del alumno tutelado.
— Tienden a ser mucho más directos que los adultos.

En el momento en que se pone en marcha esta estructura de participación, habría que tener, no obstante, una precaución importante. Algunos profesores advierten que han recogido opiniones de alumnos –los más aventajados, los que ejercen de tutores– expresando cierto rechazo a este tipo de situaciones. Desde algunos sectores, sobre todo si son adolescentes, se alega que estas prácticas contribuyen a crearles una imagen diferente entre sus iguales, de empollón, que les perjudica y obstaculiza el deseo de integración social entre compañeros. Y llevan razón al plantear estas advertencias. Pero esto surge cuando no atendemos bien a un requisito básico de la *tutoría entre iguales*.

Nunca deberíamos recurrir a este criterio organizativo haciendo que ejerzan de instructores, invariablemente, el mismo grupo minoritario. Basándonos en el planteamiento que hacíamos en el capítulo I y, sobre todo, en la existencia de las inteligencias múltiples, las personas poseemos una considerable diversidad intraindividual, de tal forma que en algunos puntos somos fuertes pero en otros necesitamos ayuda. Un estudiante puede ser rápido y diestro para resolver problemas de matemáticas y por ello protagonizará con frecuencia pares entre iguales en donde él actuará como tutor. Pero es probable que no alcance el mismo nivel en Educación Física, en Plástica o en Música, o a lo mejor en Lengua. Los profesores de estas asignaturas deberían también recurrir a estas estructuras de participación dándose así la posibilidad de que se giren los roles y que todos experimenten lo que implica aprender de los demás unas veces o ayudar en otras. Esta necesidad arrastra, a su vez, un requisito básico entre el profesorado. Desde los equipos educativos se hace preciso trabajar de manera coordinada para que estas situaciones surjan con frecuencia y se conviertan en prácticas habituales de un instituto.

c) *Los grupos cooperativos.* Los sistemas de aprendizaje basados en el trabajo cooperativo constituyen las estrategias de enseñanza más investigadas que permiten y promueven la agrupación heterogénea de alumnos. Villa y Thousand (1999) llegan a calificar la colaboración del alumno que se desprende de esta fórmula de trabajo como el elemento esencial para impartir el currículo en el siglo XXI.

Su conceptualización no resulta controvertida. Hay un consenso bibliográfico extenso que la define como modelo de organización de aula de grupos pequeños creado para que los estudiantes trabajen juntos, de forma que maximicen su propio aprendizaje y el de sus compañeros. Esta red social crea una estructura y dinámica grupal de aprendizaje que permite que la adquisición de conocimientos sea, además de compartida, fruto de la interacción y cooperación entre iguales.

Ainscow (1999) formula lo que podrían considerarse elementos básicos que hacen que funcione el trabajo cooperativo: se precisa *interdependencia positiva*, esto es, que todos perciban lo que Pérez y Prieto (1999) expresan con un *o todos nadan o se hunden juntos*. Es esencial que exista *responsabilidad individual,* lo que hará que cada miembro sepa que debe ser responsable de realizar su parte de trabajo, lo que garantizará que nadie se aproveche del trabajo de los demás. Debe promoverse la *interacción cara a cara* existiendo un permanente diálogo. Hay que *enseñar habilidades interpersonales* con la misma precisión con que se enseñan las habilidades académicas, pues la cooperación y el conflicto están relacionados de forma inherente. Por último, es asimismo clave que haya *procesamiento y tratamiento de grupo*, esto es, que lo miembros hablen sobre lo bien, o lo mal, que están consiguiendo sus objetivos, evalúen sus esfuerzos y mantengan unas relaciones de trabajo eficaces.

A este listado de condiciones de los equipos cooperativos, Pujolàs (2002) añade con insistencia el que se construyan fundamentalmente bajo el criterio de heterogeneidad y que sean estables, perdurando a lo largo del curso o incluso del ciclo. La necesidad de que todos los miembros de una clase se conozcan y se relacionen entre sí puede cubrirse recurriendo a otras agrupaciones, como puede ser, por ejemplo, las tutorías entre iguales que antes explicamos u otras múltiples prácticas grupales existentes. Pero los grupos cooperativos no deben cambiar mucho ya que cuando se consigue que un equipo de trabajo funcione, no conviene modificar su composición. Llegar a esa situación de acoplamiento ha llevado un proceso de aprendizaje, no se ha improvisado, debe respetarse.

Abordados lo requerimientos de esta estructura de participación –que hemos resumido en el *cuadro 1*– si nos cuestionamos su contribución hacia los principios de la escuela inclusiva, aparece en primer lugar la flexibilidad, ya que estos métodos pueden utilizarse con alumnos de todas las edades, en cualquier materia, con una gran variedad de materiales curriculares y ayudas tecnológicas y con cualquier tipo de estudiantes. Pérez y Prieto (1999: 91) suman a este rasgo ventajoso los siguientes aspectos:

— Los profesores realizan mayores esfuerzos por conseguir los objetivos. Esto trae consigo un mayor logro y productividad de todos los estudiantes (buenos, regulares y malos), una mayor retención a largo plazo, una

motivación intrínseca, motivación para el logro, puntualidad en los trabajos, y un alto nivel de razonamiento y pensamiento crítico.
— Se dan unas relaciones más positivas entre los estudiantes. Esto incluye relaciones leales, atentas y comprometidas, apoyo personal y académico, valoración de la diversidad y cohesión.
— Existe en el grupo una mejor salud psicológica. Esto incluye un ajuste psicológico general, un refuerzo del "ego", un desarrollo social, competencias sociales, autoestima, autoidentidad y habilidad para enfrentarse a la adversidad y al estrés.

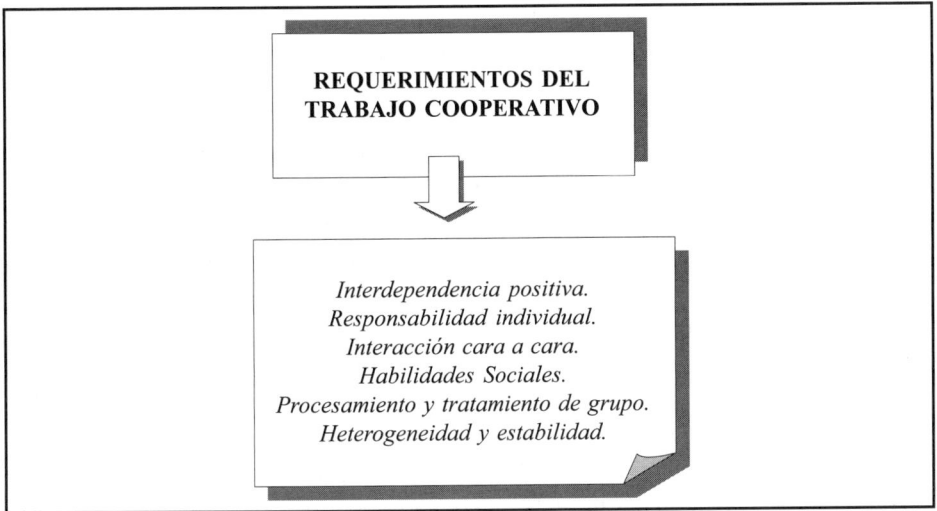

Cuadro 1. Requerimientos básicos del trabajo cooperativo.

Pero de la misma forma que abordamos los requisitos y ventajas de estas estrategias cooperativas, si tenemos en cuenta lo que realmente suele suceder en muchas aulas de Secundaria, conviene que nos detengamos a comentar lo que serían interpretaciones equivocadas. En las referencias teóricas de Pérez y Prieto (1999: 91) se taxonomizan esas prácticas erróneas en dos categorías, no sin antes haberlas denominado las "dramáticas diferencias":
— *Grupo deppseudo-aprendizaje*: Los estudiantes forman grupos para trabajar juntos pero no están interesados en hacerlo. Creen que se les evaluará de mejor a peor. Aunque aparentemente hablan entre sí, bajo esa fachada están compitiendo. Entre ellos se ven como rivales a los que hay que derrotar, bloquear o interferir en su aprendizaje, ocultar información, intentar confundir y de los que hay que desconfiar. El resultado es que la suma total es menor que el potencial aislado de los mismos. Los estudiantes conseguirían objetivos mayores si trabajaran solos.

— *Grupo de aprendizaje tradicional*: A los estudiantes se les asigna un trabajo conjunto y aceptan hacerlo. Sin embargo, las tareas están estructuradas de forma que el trabajo conjunto representa una proporción muy pequeña. Los estudiantes creen que se les evaluará individualmente y no como grupo. Primero hablan para aclarar cómo hacer el trabajo y buscan información en los demás, pero no se molestan por enseñar lo que saben a sus compañeros. La ayuda y la contribución son mínimas. Algunos estudiantes gandulean y se aprovechan de los esfuerzos de otros compañeros más conscientes, que a su vez se sienten explotados y trabajan menos. El resultado es que la suma del total es mayor que el potencial de algunos miembros, pero los estudiantes que trabajan más y que son más conscientes del trabajo lo harían mejor si lo hicieran en solitario.

Estas erróneas situaciones de aula, Ainsconw (1999) las denomina, por otro lado, enfoques grupales mal gestionados y explica que implican una gran pérdida de tiempo y la aparición de posiciones en las que se entorpece el normal funcionamiento de la clase. Sería propio en estas circunstancias docentes el olvidar todos los requisitos que estamos apuntando y concebir el aprendizaje cooperativo tan solo desde el momento en que los alumnos han sido dispuestos físicamente bajo la configuración de un pequeño grupo: *un grupo de niños que hablan junto a una mesa mientras hacen su propio trabajo no es un grupo cooperativo, ya que no existe ningún sentido de interdependencia positiva y no se prepara ninguna necesidad de apoyo mutuo para ellos. Sólo bajo condiciones particulares, tendrán los grupos unas relaciones sanas y productivas, de las que se puede esperar que sean más productivas que con el aprendizaje competitivo o individualista.* (Udvari-Solner y Thousand, 1996: 188).

Sin dejar de tener en cuenta todas estas advertencias, podemos concluir, no obstante, que esta estrategia no solo es efectiva desde el ámbito metodológico sino que estamos ante un contenido de gran importancia que hay que incluir en el currículo escolar si queremos avanzar bajo los principios que defienden el educar con la diversidad.

2.3. La disponibilidad de los estudiantes

Paralelamente a la interacción mantenida entre los iguales y el profesor, en el aula existen otros factores que confluyen de manera simultánea y que también son potentes configuradores del ambiente de un aula. Nos estamos refiriendo a las actitudes y comportamientos que emergen entre los alumnos mientras el profesor está entregado a la tarea de enseñar. Puede suceder que unos no entiendan, otros se sientan muy entusiasmados, en ocasiones se monte follón, otras veces se mantenga un silencio sepulcral... Es a estas manifestaciones a lo que hemos denominado *disponibilidad de los alumnos hacia las tareas de clase.* Sería éste el último elemento que conforma el ambiente de un aula.

Cuando el docente está enseñando, de manera esquemática, podríamos decir que está tratando de conseguir unos propósitos o metas haciendo uso de unos recursos y condiciones. Pero al hacerlo, los alumnos no siempre están respondiendo de la manera que el profesor quisiera. No hay que olvidar lo que advertía Doyle (1986). La tarea de enseñar, no se produce en privado ni individualmente. Se realiza en lo que podríamos denominar un grupo social complejo, esto es, un ambiente en el que asiste un grupo numeroso de alumnos, no de manera voluntaria y, entre otras circunstancias, sin coincidir los propósitos que persigue el profesor con lo que serían los intereses de esos chicos y chicas. Qué distinto sería enseñar si se hiciera a través de un solo profesor y alumno y de manera voluntaria por ambas partes. Pero esto no puede suceder en una etapa obligatoria como es la ESO. Por todo ello, hay que reconocer que los profesores deben realizar la tarea de enseñar en unas condiciones sociales y ambientales muy específicas y, realmente, complejas. Las distintas formas en que sus alumnos se van disponiendo y comportando a lo que se les planifica, serían uno de los factores que más contribuirían a esa complejidad.

Algunos profesores podrían plantearse ante esos comportamientos que si existe alguna fórmula para que disminuyan, sobre todo, los que atentan al aprendizaje. ¿Es posible disminuir, mediante alguna normativa o medida, el que determinados estudiantes desconecten de las cosas de clase? Realmente, a nadie le gusta que mientras explicamos un problema en la pizarra, una adolescente se ponga a escribir en su cuaderno la letra de la última canción de moda y que, a la vez, los que están sentados en las últimas filas se sumerjan en una animada conversación que nada tiene que ver con esas ecuaciones.

La solución a estos casos es compleja. Y esta complejidad viene dada, fundamentalmente, porque estas situaciones no están generadas, tan solo, porque los adolescentes de hoy en día no tengan educación y los padres no se ocupen de ellos. Aunque esto también influye, los profesores deberíamos considerar en estos momentos que las tareas que los alumnos realizan a diario podrían ser un condicionante clave en la aparición de estas manifestaciones.

2.3.1. *La disponibilidad de los estudiantes y la subordinación a los procesos didácticos*

Explicaba Gimeno (1989) que lo que hicieran los alumnos en el aula, las tareas de aprendizaje que pusieran en práctica, no solo movilizaban procesos cognitivos sino que eran organizadores de sus conductas y marcos de socialización general. O lo que es lo mismo, que cuando un grupo de estudiantes se sumerge, por ejemplo, en la realización individual de unas ecuaciones que copian de la pizarra, no sólo aprenderán un conocimiento matemático –proceso cognitivo– sino que necesariamente tienen que dejar de hablar con el de al lado y mirar solo a la pizarra y a su libreta. Pero el problema surge cuando, por ejemplo, algunos de ellos no están comprendiendo lo que tratan de hacer o cuando empiezan a cansarse otros tantos por considerar aburrida esta dedicación. Por tanto, lo que se hace en clase condiciona las estructuras comportamentales de los estudiantes.

Sin embargo, esto no va a ocurrir de una manera inamovible y generalizada. Las diferencias de los chicos y chicas, el tiempo que llevan haciendo esa misma tarea o el lugar en que se sientan, puede estar, a su vez, diversificando sus disponibilidades. Bajo esta premisa, Doyle (1986) nos cita una larga lista de investigaciones en las que muestra la relación existente entre la implicación de los alumnos y la actividad realizada. A partir de lo descrito en los estudios que selecciona, se nos proporciona una información que debemos tener muy presentes si perseguimos, entre otros objetivos, responder a la diversidad a través de las prácticas de enseñanza.

De manera resumida, se sostiene que la implicación de los alumnos es siempre mayor cuando se trabaja en pequeño grupo guiados por el profesor que cuando se hace un trabajo individual. Esta modalidad, el trabajo individual, genera también menor implicación si lo comparamos con explicaciones en donde participa toda la clase o cuando se hacen sesiones expositivas. Y si esta modalidad de tarea individual se prolonga durante toda una sesión, la implicación baja a unos parámetros importantes. Además, se comprueba que aparecen mayores distracciones y comportamientos de mala conducta e inadecuados en los alumnos, cuando permanece cada uno en su sitio realizando la tarea que cuando están todos participando colectivamente en la actividad.

Si incorporamos la variable secuencia temporal en la implicación, también se refiere que el trabajo individual comienza en silencio pero pronto aparecen distracciones y comentarios entre alumnos y que la implicación, como hemos podido comprobar con facilidad cualquier profesor, disminuye después de un recreo o una sesión de ejercicio físico, pero sobre todo si deben ponerse a realizar un trabajo individual.

De igual forma revelan esos estudios que patrones diferentes de organización poseen un ligero efecto sobre la interacción verbal. Bajo esta perspectiva organizativa se comprueba también que la masificación en el aula incrementa la insatisfacción y las distracciones y que los alumnos que se sitúan en la zona central y frontal hacia el profesor tienen mayor acceso a los eventos organizados en el aula. Resaltamos asimismo la información que nos pone en aviso de cómo el ruido molesta más a los profesores que a los alumnos y que las distracciones que generan dependen de la naturaleza de la actividad, del contenido del mensaje y del ambiente físico en que se produzca.

A partir de estos planteamientos, deberíamos entender que determinadas respuestas de nuestros alumnos y, por consiguiente, la manera en que se dispongan en el aula, puede estar siendo una consecuencia de la planificación de tareas y actividades que tengan que desarrollar. Como decía Gimeno (1989), según sea la enseñanza del profesor –las estrategias que adopte, las tareas que proponga a sus alumnos– se incorporará un comportamiento en el aula y se dispondrán los alumnos de una forma determinada.

Observar si los chicos y chicas de nuestra clase están entusiasmados con lo que hacen, si están entendiendo o si no desconectan demasiado de la dinámica del aula, se convierte, por tanto, en el mejor indicador de que lo que planificamos para ellos es lo adecuado Todos deseamos que nuestros alumnos estén satisfechos en las clases, comprendan lo que hacen, estén atentos a lo que se trabaja y pregunten cuando no entiendan. Pero ¿generan esta disponibilidad las tareas que les proponemos?

2.3.2. *Las tareas y la disponibilidad de los estudiantes en una clase inclusiva*

En un aula en donde el profesorado es consciente de que no es adecuado separar a los alumnos y que es más enriquecedor impartir clase para todos y no solo para unos cuantos, observaremos que la disponibilidad de éstos posee unos rasgos muy concretos. Pero en concordancia con el discurso que hemos planteado en el apartado anterior, existirán también ciertas singularidades en los procesos de enseñanza y aprendizaje que necesariamente se tendrán que poner en práctica. En la *figura 5* hemos tratado de sintetizar el panorama que caracterizaría a estas aulas. Los subapartados que siguen desarrollan cada una de las ideas aquí reflejadas.

a) *Los alumnos tienen pocas dificultades para realizar las tareas.* Dado que el profesor planificará, tal como sugiere Ainscow (2001c), teniendo en cuenta a todos los miembros de su clase, los chicos y chicas de un aula inclusiva se suelen entregar a la tarea de aprender sin percibir demasiada dificultad en lo que hacen. Si esto no sucediera, si a los estudiantes les resultara dificultoso el aprendizaje de unos contenidos, es que se estaría trabajando en unos niveles no acordes a su punto de partida, es que, como defiende también Tomlison (2001), las diferencias que presentan los estudiantes hacia el currículo no se estarían tomando como base de las programaciones.

Para que eso no suceda y se pueda ofrecer un aprendizaje acorde a las características de cada alumno no es necesario que los profesores contemplen la solución bajo estrategias paralelas, es decir, a unos hay que ofrecerles un tipo de actividad y contenido y al resto, que suele ser la minoría, otro diferente. Esto nos llevaría a esas situaciones de impotencia didáctica que comentamos en anteriores capítulos. Realmente es muy complicado preparar una fotocopia con ejercicios de caligrafía para uno, otra sobre ortografía para el de al lado y, mientras tanto, explicar al grupo clase las oraciones subordinadas antes de que esos alumnos concluyan sus actividades encomendadas.

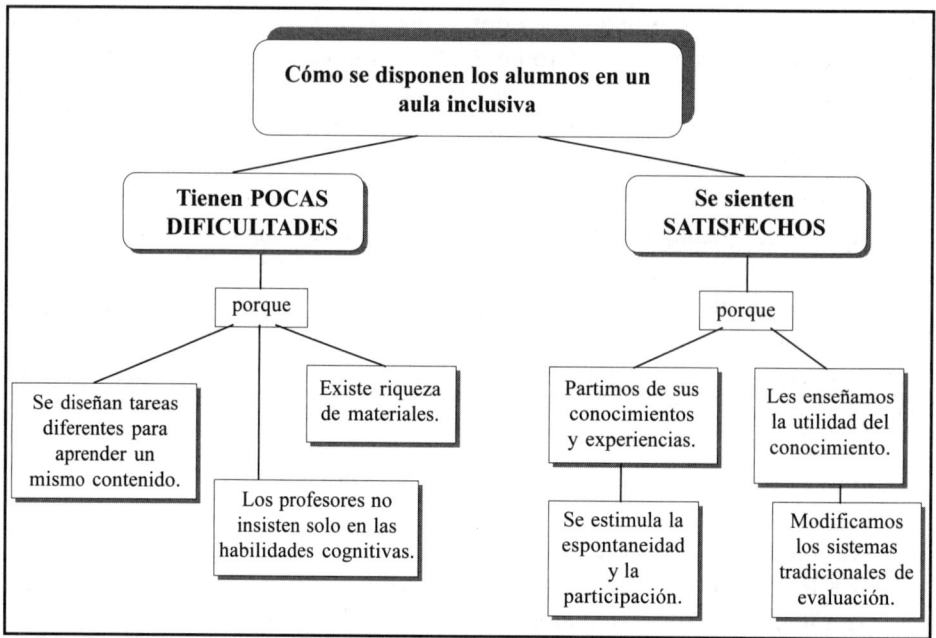

Figura 5. Características de la disponibilidad de los alumnos hacia las tareas de clase en un aula inclusiva.

De manera concreta, para mejorar nuestras prácticas de aula y planificar teniendo en cuenta a todos, tenemos que procurar, entre otros múltiples aspectos, que las vías de aprendizaje ofrecidas parezcan lo menos diferente posible. No debemos tener, por tanto, un currículo distinto para cada estudiante sino un mismo currículo que ofrece alternativas de participación dependiendo de las características de cada uno. Esto no supondría, sin embargo, que se dedicaran todos a la vez a hacer lo mismo sobre lo que se está explicando. Surgiría en esos instantes lo que critica Tomlison (2001) de las aulas tradicionales, esto es, que las tareas sean únicas e iguales para todos.

Gimeno (1999b) concreta esta orientación advirtiendo que hay que plantear tareas académicas muy variadas, ya que una pedagogía para la diversidad no puede apoyarse en la homogeneidad de formas de trabajar. Habría que insistir, no obstante, que se está sugiriendo la variabilidad en las tareas, pero no en el contenido ni en el currículo al completo.

Imaginemos que queremos abordar un contenido de nuestra materia, con el propósito de que los alumnos lo aprendan, y recurrimos a que vayan leyendo un texto de manera colectiva a la vez que vamos lanzando preguntas de control con la intención de comprobar que lo están entendiendo. Si esta es la única fórmula que proponemos para trabajar el tema, nos encontraremos con un considerable grupo de estudiantes que no alcanzan el objetivo deseado. La causa residiría en su bajo nivel competencial de lectura, circunstancia académica muy extendida en la ESO.

El profesor que actúa con esta fórmula habría planificado una sola tarea para aprender ese contenido. Concretamente recurre a que todos los alumnos consigan la información leyendo un texto. Pero para hacernos receptores de un contenido con la intención de comprenderlo también podemos recurrir a la consulta de revistas, periódicos, fotografías, materiales multimedia, internet... En este punto es donde entran en escena el despliegue de diversas tareas. En función de las características de nuestros alumnos, podríamos realizar todas ellas. Sin embargo, al actuar así, nos daríamos cuenta de que iríamos muy lentos y que algunos se aburrirían. Distribuir la clase por grupos y encargar a cada uno la búsqueda bajo algunas de las tareas apuntadas sería la opción más viable. La puesta en común de lo que cada grupo ha aportado sintetizaría una información valiosa aunque, con bastantes probabilidades, no todos la aprenderían en el mismo nivel. Sin embargo, todos ellos habrían participado y se habrían sentido activos.

Si lo que queremos en otro momento es que se organice y estructure un contenido y planificamos para ello, como única opción, la de redactar un ensayo en donde, por ejemplo, se refieran todos los personajes que intervinieron en la guerra civil, volveremos a tener problemas. Hay alumnos muy buenos redactando, pero hay otros que lo único que hacen bien son las tareas manipulativas. Ofrecer la posibilidad de que estos hagan un mural con esos mismo personajes sería, nuevamente, planificar tareas diversas en torno a un mismo contenido. Sería importante, no obstante, que el profesor diera importancia tanto a la producción que recurre a la imagen como la que se hace por escrito.

Frente a la importancia de planificar diversas tareas se sitúa un condicionante clave para que esto se pueda realizar. Con un solo libro de texto, único además para toda la clase, no se puede educar con las diferencias. Gimeno (1999), Ainscow (1999) Tomlison (2001), Arnáiz (2003) insisten en esta premisa. Realmente resultaría difícil poner en práctica las tareas que acabamos de describir si no operativizamos esta indicación. En un aula inclusiva debe haber variedad de materiales ya que las guías curriculares y los libros de texto no pueden convertirse en nuestro único organizador de clase. Las características de los materiales didácticos utilizados es lo que garantiza que se pongan en marcha habilidades diversas. Cuanto mayor sea la variedad de estos, más habilidades podrán desarrollarse entre nuestros alumnos. Un texto en forma de fotocopia o libro enciende habilidades de lectura comprensiva. Una foto, por el contrario, desarrolla la percepción visual o el formular inferencias a partir de la imagen. El abanico de singularidades que protagonicen nuestros alumnos debe ser lo que decida una u otra opción.

Las características –y consiguientes diferencias– de nuestros alumnos podrían considerarse como otro valioso recurso a utilizar en el aula. Sapon-Shevin (1999) explica cómo las diferencias raciales, culturales, familiares, de género o de destreza y capacidad deben utilizarse por el profesor como un elemento más del currículo. Explicar el Islam en una clase de Geografía e Historia en donde asiste un alumno de esta religión, puede resultar inmensamente enriquecedor. Es obvio que esto lo conseguiríamos si proponemos tareas abiertas desde las que este estudiante pudiera expresar sus experiencias. El mismo resultado tendríamos si el profesor de Lengua está abordando el proceso y las características de la comunicación y entre sus alumnos hay un chico o chica que utiliza el sistema Braille o el Lenguaje de Signos. Hacernos permeable a sus códigos y comprobar los significados y significantes que ellos utilizan daría una visión más amplia al tema explicado.

Estamos defendiendo, por tanto, que la planificación de diversas tareas y la riqueza de materiales en las prácticas de aula se convierten en la mejor estrategia para que a los alumnos no se les evidencien trazas de dificultad en lo que realizan. Al actuar así, la participación de éstos necesariamente aumentará. En consecuencia, deberíamos diseñar nuestras clases no pensando solo en el contenido que debemos dar, sino en cómo lo vamos a dar o cómo le presentaremos la información que deben retener.

Paralelamente, sería una buena sugerencia para todo el profesorado que tuviera presente que existen unos objetivos que deben ser comunes para todos los alumnos, tengan las capacidades o características que sean.

Basándonos en las aportaciones de Ford, Davern y Schnorr (1999) hemos resumido esos objetivos en la *figura 6*. En el momento en que a un alumno le permitimos que haga un mural con las imágenes de los personajes de la guerra civil estamos buscando, por ejemplo, que aprenda, no tanto unas habilidades cognitivas, sino unas experiencias que le desarrollen el ámbito que en el cuadro hemos clasificado en el número II, esto es, que se favorezca su desarrollo personal. Su inhabilidad para redactar le llevaría a realizar una producción de la que no se sentiría satisfecho. Por el contrario, la alternativa que le ofrecemos le llevará a tener un éxito en el aprendizaje que generará una actitud más positiva consigo mismo.

En consecuencia, y volviendo a referirnos a la *figura 6*, todos los estudiantes podrán y deberán trabajar para conseguir los resultados que ahí reflejamos. Aunque, evidentemente, diferirán unos de otros en cuanto al nivel de resultados que consigan y en el grado de importancia otorgado a cada unos de ellos.

El estudio que realizamos en los diversos institutos, nos hizo ver que esto no se está llevando a la práctica de una manera generalizada. Los profesores parecen estar preocupados, ante todo, por las habilidades cognitivas que deben adquirir sus alumnos. No consideran que, tal como aclaran Ford, Davern y Schnorr (1999), el logro de esos conocimientos típicamente académicos no siempre es la única, ni siquiera la principal, meta para garantizar el éxito en la vida. Desde que haya un compañero que no vaya a aprender nunca matemáticas, historia o cualquier otra materia, el resto de la clase y el propio chico o chica en cuestión deben aprender con más insistencia todo lo que se deriva del objetivo III, esto es, prepararse como

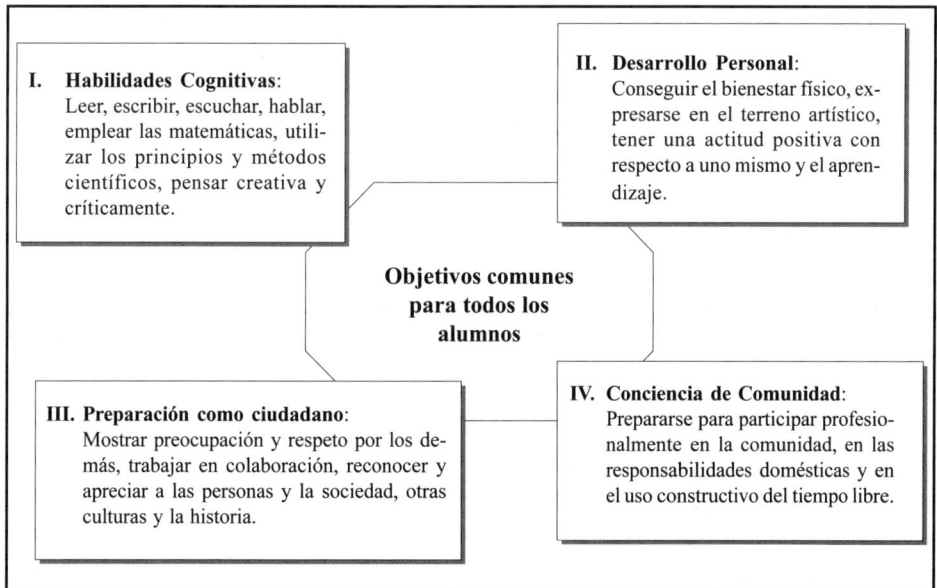

Figura 6. Objetivos que deberían ser comunes a todo el alumnado.

ciudadano y mostrar preocupación y respeto por los demás. Y la forma de llegar a ello no es recurriendo a largos discursos moralistas por parte del profesor o separándolos en aulas aparte. En la medida que les demos la oportunidad de intervenir en el aula a través del uso de un material variado o de unas tareas alternativas, y que se le valoren estas contribuciones, estaremos avanzando en la línea adecuada.

b) *Los alumnos se sienten satisfechos en el aula.* La satisfacción del alumnado es otro factor que configura la disponibilidad positiva de éstos hacia lo que se da en clase. El entusiasmo y el estar conforme con lo que se está haciendo es la evidencia más significativa de este rasgo. No cabe duda que las estrategias antes citadas, tendentes a disminuir la dificultad en el aprendizaje, son también importantes para generar esta situación. Pero existen otras variables que también inciden directamente en su aparición.

Al diseñar nuestras clases, deberíamos tener más presente que cuando partimos de la práctica y de los conocimientos existentes en nuestros alumnos y alumnas, tendremos mayores garantías de que su participación, y consiguiente satisfacción, se conviertan en elementos constantes de nuestras aulas.

Un problema de matemáticas despierta un mayor deseo de intervención si el enunciado propone la búsqueda de una solución a algo atrayente o curioso a los ojos de un adolescente. Los tanques que deben llenarse de una indeterminada medida de agua no atraen. Resolver mediante una ecuación la superficie y consiguiente capacidad que puede tener el nuevo estadio de fútbol de la ciudad o el número de asistentes del último concierto musical podría, por el contrario, atraer más. Pero estas situaciones no son frecuentes en las aulas. En una ocasión, la profesora de Matemáticas de 3º A trató de explicar el tema de la proporcionalidad a un alumno utilizando como datos –de manera muy acertada– el número de hermanos que tenía. La situación resultaba tan rara que, mientras esto sucedía, el grupo clase se reía intensamente de la información que se estaba manejando.

La búsqueda del conocimiento previo del alumno lleva a muchos profesores a lanzar preguntas que recojan lo que ellos saben para introducir luego la materia nueva. Esta táctica es también muy acertada. Ainscow (1999) la denomina "calentar" la clase. Sin embargo, convendría tener precaución con el tipo de interrogantes que planteamos. Si solo se basan en preguntas cerradas que movilizan conocimientos académicos muy concretos que se han dado en otros años y de los que muy pocos alumnos se acuerdan, la participación se verá muy sesgada. Estas preguntas son importantes pero hay que intercalar también aquellas que nos permitan recoger datos simples, sencillos que luego utilizaríamos para poner ejemplos. Plantear preguntas abiertas facilitaría este propósito. Si un profesor intenta explicar el tema de la *herencia biológica*, sobre lo que ya se ha visto algo en cursos anteriores, no puede en esa fase elaborar solo preguntas del tipo *¿qué era el ADN? ¿se acuerdan de lo que es un cromosoma?* Esto son preguntas cerradas al alcance de unos pocos estudiantes. Recoger las intervenciones derivadas de la cuestión *¿qué cosas hemos heredado de nuestros padres o abuelos?* supone recurrir a preguntas más abiertas y amplias y, en consecuencia, al alcance de un mayor número de alumnos. Sobre lo que se vaya diciendo, una vez que lo valoremos –premisa muy importante–, podremos posteriormente lanzar esos otros interrogantes más concretos y cerrados.

Los contenidos que se introducen en el currículo deben percibirse por parte del estudiantado como algo significativo, esto es, como algo útil que puede ser conectado con su vida actual y futura. Este principio contribuiría también a que los estudiantes se sintieran satisfechos en el aula. Cuando algunos estudiantes escuchan cómo se hace una ecuación, piensan que eso no hace falta aprenderlo. Pero si el profesor le avisa de que ese conocimiento le sirve, por ejemplo, para distribuir 150 litros de aceite en 15 coches sin desperdiciar ni una gota –referencia que utilizó el profesor de Matemáticas de 3º B– el interés hacia lo explicado aumenta con bastantes probabilidades.

Solían afirmar Ford, Davern y Schnorr (1999) que muchas veces la enseñanza se detiene en detalles básicos pero deja atrás los conceptos más generales y significativos como si de algo secundario se tratasen. Olvidarse de transmitir la aplicabilidad de una ecuación sería un ejemplo de ellos. En la misma línea, insistir en la caligrafía o en la ortografía de manera exigente es una cuestión básica pero puede traer consigo que se quede atrás algo importante como es el enseñar el deseo de transmitir las propias ideas mediante la escritura.

La necesidad de que se cuente con cada uno de nosotros, que nos escuchen o que podamos intervenir de manera espontánea en los acontecimientos y eventos que se van desencadenando en una clase, sería otro factor que contribuiría a que los estudiantes se sintieran satisfechos en el aula. Existen aulas en donde los estudiantes permanecen la hora entera en silencio, bajo un exagerado formalismo y acatamiento de normas externas de comportamiento. Estas situaciones, de las que algunos profesores se sienten satisfechos –y que realmente son difíciles de conseguir– no generan en el alumnado un entusiasmo exagerado. Cuando los alumnos están en estas condiciones la comunicación se ha roto totalmente, la interacción entre iguales y las consecuencias positivas que se derivan de ella se están anulando. Sin apoyar su desaparición absoluta, ya que existen situaciones en el aula que lo hacen adecuado, sí planteamos que emerge como obstáculo importante en nuestro ideal de aula que responde a las diferencias, sobre todo si se apodera de prolongados instantes de una sesión de clase.

Las características que adopte el sistema de evaluación empleado en el aula sería otra variable poseedora de un potente efecto sobre la satisfacción del alumnado. Sería conveniente que los profesores, por lo pronto, dejaran de considerar la evaluación como una práctica que debe realizarse al final de los temas explicados para así ver quién lo ha cogido y quién no, algo así como el instrumento policial que destapa la verdad del estudiante. Al hacerlo así, los alumnos tenderán a estudiar –en el mejor de los casos– solo para conseguir buenas notas y la aprobación del profesorado pero no, como explican Cullen y Pratt (1999) por la recompensa intrínseca que proporciona el aprendizaje.

Los resultados observados tras un proceso evaluador deben percibirse como la mejor estrategia existente para comprobar si mis procesos de enseñanza, lo que yo profesor o profesora estoy desarrollando con mis alumnos, reúnen la idoneidad precisa. Echar largos discursos culpabilizadores al grupo clase tras la obtención de unas calificaciones muy bajas, sacudiendo toda la responsabilidad al alumnado y sin poner, en ningún momento, en cuestionamiento nuestra metodología o nuestras técnicas de evaluación, es como confundir el aterrizaje con el despegue por parte de un piloto de aviación. Los resultados de una evaluación son el mejor recurso que poseemos los profesores para mejorar nuestras prácticas, constituyen algo así como las luces que nos avisan que hay algo que revisar y modificar, fundamentalmente, entre nosotros.

Otro aspecto a considerar en los procesos de evaluación haría referencia a la tendencia equivocada de algunos sectores del profesorado para los que sólo hay una única definición de la idea del éxito. En un sistema de educación obligatoria como es todavía la ESO, el éxito debe definirse en gran medida por el crecimiento personal desde el punto de partida. Esta consideración debería ser la que, fundamentalmente, influyera en la aplicación de unos criterios de promoción o titulación. Si un alumno comienza a mejorar en sus producciones, en la atención prestada en las clases y en la calidad de sus intervenciones, pero un día, ese que se dedica a la realización de un examen, obtiene una baja calificación y su profesorado sólo interviene comentando ese resultado, hemos frustrado y aniquilado los deseos de mejora del estudiante en cuestión y, por supuesto, estamos favoreciendo la disminución de sus niveles de satisfacción hacia el aprendizaje.

Los comentarios públicos ante las calificaciones que cada uno ha obtenido en una prueba es otra práctica que deberíamos dejar de utilizar. La nota que hemos proporcionado a cada estudiante es algo privado que nunca debería mostrarse a los demás. Cuando lo hacemos solo estamos favoreciendo la competitividad, un bajo autoconcepto en algunos estudiantes y posibles trazas de vanidad en otros. A pesar de esta indicación, nuestra experiencia investigadora nos indica que esta tendencia suele observarse en muchas de las clases de Secundaria.

Para avanzar bajo estas orientaciones es evidente que deberían utilizarse instrumentos de evaluación que fueran más allá de los exámenes. Existen técnicas alternativas que pudieran ser más útiles. El uso de la *carpeta* o *portfolio* sería un ejemplo de ello. Udvari-Solner y Thousand (1996), Ford, Davern y Schonorr (1999), Marchena y Reyes (2003) refieren su idoneidad en las aulas inclusivas. Es una técnica que se basa en la utilización de unas carpetas que contienen los materiales y producciones que el alumnado va generando durante el curso y que, conjuntamente con el profesorado, deciden que se incluya. Pasado el tiempo que consideremos, todo este material se evalúa de acuerdo con un conjunto de criterios en los que el propio estudiante interviene. El resultado siempre será fruto de una descripción amplia de las capacidades del alumno.

Aunque los profesores que lo han puesto en marcha se quejan del tiempo que les lleva mantener el sistema, reconocen que los alumnos participan activamente en el desarrollo de sus carpetas, aprenden a establecer sus propias normas y a evaluar su trabajo y, evidentemente, aumenta su grado de satisfacción.

Observamos, en definitiva, que tanto la evaluación, como la funcionalidad del aprendizaje, el partir de los conocimientos previos y el estimular la participación en la clase, contribuye conjuntamente a que se desencadene la satisfacción del alumnado.

CAPÍTULO VI

CÓMO LOCALIZAMOS LAS PRÁCTICAS EDUCATIVAS ANALIZADAS

Localizar las muchas prácticas educativas que nos han servido de base para la realización de esta publicación se ajustó a un proceso de investigación científica con unas características determinadas. Este capítulo ofrece una perspectiva resumida, sobre las singularidades de este proceder. El lector interesado en profundizar en este aspecto puede recurrir al trabajo de Marchena (2002).

1. LOS OBJETIVOS QUE NOS PROPUSIMOS

En el momento de iniciarse la investigación que ha sustentado el contenido de este libro –curso 1999-2000– no teníamos perfilados, de manera concreta, los objetivos que queríamos conseguir. Solo poseíamos un esbozo de esquema, un esqueleto que hacía de guía y que giraba en torno a un objetivo amplio: *observar y analizar las prácticas de enseñanza existentes en las aulas de Secundaria con la finalidad posterior de contrastarlo con lo que desde los supuestos teóricos se consideran deseables para educar con la diversidad.*

Con este amplio propósito, después de varios meses de observaciones, de una estancia prolongada en los Institutos seleccionados –el curso escolar completo– y de realizar diversos análisis durante la realización de estas tareas, fueron afinándose nuestras metas y comenzamos a delinear unos objetivos más concretos.

Sabíamos que en esas prácticas de enseñanza existían muchos aspectos influyentes capaces de favorecer o perjudicar una auténtica educación para todos. Poseíamos a su vez muchos registros que reflejaban la vida en el aula y el contexto desde donde ésta emergía. Paralelamente, al ir produciéndose diversos procesos de análisis, nos empezamos a dar cuenta que, como afirma Stake (1998: 74): *en las observaciones de clase normalmente destacan los temas interpersonales y de comportamiento y a menudo hacen que resulte difícil concentrarse en los temas curriculares más sutiles.*

Por todo esto, y acordando con el equipo del *Proyecto Sevilla*[1] que nuestro estudio se centrara en una línea complementaria pero a la vez diferente a la que ellos ya realizaban, se concertó que sería el *ambiente de las aulas* el punto de análisis principal que asumiría esta investigación. Al mismo tiempo que profundizábamos en este aspecto, indagamos también en el *contexto de los centros* en donde se ubicaban las aulas analizadas, centrando nuestro análisis en las *medidas que éstos adoptaban para responder a la diversidad*.

2. LA TEORÍA QUE CONDICIONÓ NUESTRA METODOLOGÍA

La metodología de una investigación designa el modo en que enfocamos los problemas y buscamos las respuestas, esto es, la manera de realizar la investigación. Pero este enfoque o posicionamiento metodológico está a su vez determinado en función de nuestros intereses, propuestas y teorías de las que partamos.

En las ciencias sociales –disciplina a la que pertenece la investigación que comentamos– existen diversos enfoques teóricos. Taylor y Bogdan (1992) los sintetizan en las dos perspectivas clásicas y principales. La primera –el *positivismo*– busca los hechos o causas de los fenómenos sociales con independencia de los estados subjetivos de los individuos. La segunda –la *fenomenología*– quiere entender los fenómenos sociales desde la propia perspectiva del actor. La realidad que importa es lo que las personas perciben como importante.

Es precisamente en esta perspectiva teórica o paradigma –la fenomenología– donde hemos situado nuestro estudio. Según Guba (1983), a este enfoque lo podemos denominar también *naturalista, antropológico* o *etnográfico*. Cuando un estudio científico asume esta perspectiva, su formato de investigación se suele calificar precisamente con los mismos términos indistintamente. *Naturalista* porque, como explican Rodríguez Gómez et al (1996), el estudio no se realiza en el laboratorio sino en el lugar natural en el que ocurren los hechos que nos interesan. *Antropológico* porque ha sido durante mucho tiempo el modo de investigación básico de los antropólogos. Y *etnográfico*, que significa literalmente "escritura acerca de la gente", porque persigue describir la cultura de un contexto. No obs-

---

[1] El *Proyecto Sevilla* es un amplio trabajo de investigación que, dirigido por la Carmen García Pastor, aúna a un grupo de profesores de varias Universidades andaluzas con el objetivo, de trabajar igualmente en torno al análisis de las prácticas que se desarrollan en las aulas de la ESO para responder a la diversidad.

tante, actualmente esta tendencia en la investigación está calificándose como investigación cualitativa, a pesar de que, como plantean Rodríguez Gómez *et al* (1996), es un término menos exacto y preciso que los restantes, ya que hace referencia sólo a al tipo de datos que se maneja.

En función de los planteamientos que estamos explicando, podemos afirmar que nuestro estudio es una investigación etnográfica realizada en el ámbito educativo. En este contexto existen, a su vez, unos paradigmas más concretos que se identifican con esta inclinación teórica etnográfica. Nos estamos refiriendo al llamado *Paradigma Ecológico de Investigación en el aula* que aportaron Tikunoff (1979) y Doyle (1979,1980). Este enfoque subyace a lo largo de toda nuestra investigación y fue el referente conceptual con el que fuimos elaborando los hallazgos y conclusiones que se fueron aislando. Bajo este punto de vista teórico, se percibe la vida en el aula, fundamentalmente, como un intercambio sociocultural. Su significado se podría explicar, siguiendo a Pérez Gómez (1983), en torno a los siguientes rasgos:

   a) El propósito de la investigación es describir con detalle y rigor analítico los procesos de enseñanza y aprendizaje que se producen en el contexto sociocultural del aula, por lo que se asume, con todas las profundas modificaciones que ello conlleva, una perspectiva naturalista en la investigación.

   b) Se acepta que el aula es un espacio social de intercambios y que los comportamientos del alumno y del profesor son una respuesta, no mecánica, a las demandas del medio.

   d) El aula es un sistema vivo, es un espacio social de comunicación e intercambio.

   e) La vida en el aula, tal como en su momento describió Doyle (1977,1986), posee multidimensionalidad, simultaneidad, inmediatez, impredictibilidad e historia. Estos rasgos imponen una serie de exigencias a los diseños del profesor, a los proyectos de investigación y a los modelos de conceptualización de la enseñanza.

   f) El interrogante fundamental es por qué los alumnos y profesores se comportan de una manera determinada en el escenario de las aulas, por lo que hay necesidad de investigar lo que realmente ocurre en el aula e inferir razones y motivos del comportamientos interactivo.

3. EL ESTUDIO DE CASOS MÚLTIPLES COMO ESTRATEGIA DE DISEÑO

Al comenzar la investigación –ya asumido nuestro posicionamiento metodológico– y ante las decisiones que había que tomar para realizarla, se acordó que fueran concretadas bajo la fórmula de un *estudio de casos múltiples*.

Un *caso*, según Stake (1998), puede ser, por ejemplo, un niño, puede ser un grupo de alumnos o puede ser un profesor. El *caso* es, por tanto, algo específico, algo complejo, algo en funcionamiento. Es un sistema acotado por lo que es más un objeto que un proceso.

Desde nuestro estudio, fueron varios los *casos* que analizamos, razón por la que hablamos de un *estudio de casos múltiples*. Concretamente, esos *casos* fueron *tres Institutos* y *seis aulas* de la ESO que eran impartidas por catorce profesores.

Cuando se selecciona y analiza un *caso* –o varios a la vez– es porque estamos considerando que esos casos poseen unas cuestiones que merecen estudios propios. Y si poseemos varios tendremos la ventaja –como ocurrió en nuestro trabajo– de localizar unas evidencias más convincentes y robustas ya que se basan en la replicación, esto es, tal como afirma Yin (1984), podemos ir contrastando lo que vamos hallando.

A la hora de seleccionarlos se suele seguir un proceso que, a veces, se torna un poco largo. En esos momentos, explica Stake (1998) que no interesa tanto defender la representatividad de la muestra. Los casos se seleccionan si hay facilidad de acceso a los mismos, si reúnen unas singularidades que están relacionadas con las cuestiones de la investigación, si se puede establecer una buena relación con los informantes, si es viable desarrollar las tareas sin obstáculos durante un tiempo y, sobre todo, si está asegurada la calidad y credibilidad del estudio. Teniendo en cuenta estas cuestiones, la selección última de nuestros Centros y aulas se ajustaron al proceso que vamos a comentar en los siguientes puntos.

3.1. Cómo seleccionamos los Institutos

Los Centros –Institutos de Educación Secundaria (IES)– se seleccionaron bajo lo que Ruiz Olabuénaga (1996) define como *muestreo intencional,* esto es, el muestreo se orienta a la selección de aquellas unidades y dimensiones que garantizan mejor la cantidad (saturación) y la calidad (riqueza) de la información.

Pero para avanzar en esta línea, hubo que seguir un largo proceso de negociación que no fue tan inmediato como se hubiese deseado. Al comenzar, por anteriores investigaciones en diversos colegios e institutos de la isla, contábamos de antemano con dos informaciones basadas en la experiencia que no podían caer en la desconsideración. Por un lado, sabíamos que no siempre se produce de manera inmediata la llamada y el acogimiento, esto es, tocar a las puertas de un Instituto explicando que deseamos realizar un estudio no suele acompañarse de inmediato de una calurosa bienvenida. Posiblemente ocurra lo que Woods (1989) nos advierte en torno al profesorado: "*Pueden temer perturbaciones de su propio y delicado equilibrio vital. Los extraños sólo pueden ser percibidos como amenazas a ese equilibrio. A pesar de las seguridades del investigador, también pueden sentir que se les está evaluando. En consecuencia, pueden sospechar un menoscabo de su posición profesional*" (p. 43).

Y por otro lado, habíamos experimentado que los centros escolares urbanos que se sitúan en el núcleo de la ciudad, los más codiciados por el profesorado que se estabiliza, es donde más se amplifica esta realidad que señalamos.

A estas dos premisas se añadía el temor de que el claustro de profesores, una vez iniciada la investigación, optase por abandonarla a mitad del proceso por cualquier razón. La imprevisibilidad que ocasiona la mortalidad de la muestra también estaba presente.

Ante este panorama, se opta por seleccionar inicialmente cinco Institutos de Educación Secundaria enclavados en la isla de Gran Canaria, aunque es evidente que no con el propósito de trabajar con todos ellos. El proceso de las negociaciones de acceso, mas las primeras informaciones del contexto que vamos recibiendo, nos lleva, al final, a decantarnos por una muestra formada por solo tres de los cinco que teníamos preseleccionados. Se consideraron idóneos y representativos esos tres por las siguientes razones:

- *Centro I*: Instituto de Educación Secundaria enclavado en un barrio periférico de alta densidad de población. Formaba parte de los que recientemente se acababan de incorporar a la estructura académica de la ESO y Bachiller. Poseía una amplia tradición académica y selectiva al contar desde su inauguración –hace treinta años– con la impartición exclusiva de BUP y COU. En su momento, fue punto de referencia obligada para el resto de los Institutos de la isla ya que se constituyó como primer centro de Bachiller situado en un barrio de la ciudad. Todos estos datos iniciales confluyen con interés, fundamentalmente, para analizar qué ocurre en los claustros y en las aulas cuando el profesorado lleva muchos años sumergido en un sistema educativo diferente y le espera tantos cambios juntos.

- *Centro II*: De características similares al anterior –aunque no tan antiguo y denso en su matrícula– es sin embargo un centro enclavado en zona rural, lo que se prevé como información susceptible de contraste con el Centro I. Aporta, además, la singularidad de poseer los dos ciclos de Secundaria y, por consiguiente, la posibilidad de analizar y contrastar las prácticas escolares de los maestros frente a la de los licenciados.

- *Centro III*: Ubicado también en el campo, era uno de los Institutos rurales más antiguos de la Isla, ya que contaba en su haber con una tradición de medio siglo de experiencia académica. Por otro lado, poseía una fama generalizada entre el profesorado por ser un Instituto abierto, inquieto y en donde la convivencia pocas veces era problemática. Estos últimos datos –puramente especulativos en principio– nos generaron expectativas de curiosidad en nuestra investigación y, a la vez, nos llevó a pensar que la receptividad al proyecto externo que le íbamos a presentar fuese alta.

3.2. Cómo seleccionamos las aulas

En un principio, antes de adentrarnos en el acontecer diario de los Institutos, considerábamos que sería muy apropiado analizar las prácticas de aula de 3º y 4º de la ESO, el segundo ciclo, por ser éste el fragmento académico más polémico en torno a la diversidad. Para los Institutos con primer ciclo, previmos también una representación de los dos cursos.

Fue igualmente en esos momentos previos cuando consideramos que, en cuanto a las áreas impartidas, sería ideal que hicieran referencia a las materias instrumentales –Lengua y Matemáticas– ya que generan en su dinámica un despliegue mayor de diversidad en el aprendizaje. Pero a la vez, fue también nuestro propósito inicial el que pudiéramos observar la interacción social que surgía en áreas como Educación Física, Tecnología o Música, ya que estas materias proporcionan al profesorado un posible escenario de éxito para los alumnos con mayores problemas de aprendizaje. Se perseguía, asimismo, el paralelismo de cursos y áreas en los tres Centros seleccionados.

Pero la realidad fue otra. Las negociaciones de acceso para adentrarnos en el estudio del Centro, a nivel general, no tuvieron punto de comparación, dada su dificultad, con aquellas que persiguieron el estudio de un aula. Por lo pronto, hasta que no pasaron unos cuatro meses, aproximadamente, de estancia y contacto con los profesores en reuniones, realizando entrevistas, hablando en los pasillos o compartiendo un café, no se produjo la tan deseada apertura de sus aulas. Y es evidente que no se abrieron aquellas que, tal como explicamos antes, deseábamos a priori. Habíamos descubierto que acceder a estos dos campos –el centro y las aulas– no estaba en el mismo nivel. Una capa externa era el centro, otra la vida en las aulas, las más interna. En un principio creímos que, después de un buen proceso de negociación inicial, estarían disponibles para nuestra percepción las dos realidades. Pero no fue así. Entrar en las aulas fue más difícil. Hubo momentos, incluso, en que nos llenamos de cierto pesimismo y llegamos a pensar que observar la dinámica de un profesor enseñando en su aula sería algo inviable.

Por todo ello, resolvimos sobre la marcha que el criterio para seleccionar un aula, tendría que residir en la voluntad del profesor que así lo decidiese. La incorporación voluntaria fue, por tanto, la que presidió esta decisión. Y, aunque con algunas diferencias de un IES a otro, fue siempre el director el que medió para que esto sucediese así.

Concretamente, en el Centro I fue esta figura del equipo directivo la que negoció directamente con los profesores y nos proporcionó un horario cerrado de observación. Nosotros no llegamos a hablar previamente con ese profesorado. Las puertas que se abrieron fueron las de Inglés, Ciencias Naturales, Matemáticas y Tecnología. Pero desechamos esta última por incompatibilidad horaria con otros Centros. Nunca supimos las razones que llevaron a este profesorado a acceder a la petición y si hubo otros docentes que habiéndolo solicitado, no fueran atendidos.

En el Centro II, se hizo un primer intento de acercamiento bajo la petición del director, pero el profesor se negó. Se intentó, nuevamente en función del director, acceder a un 3º de ESO que él mismo había catalogado como muy conflictivo. Después de negociar y charlar con el tutor de este curso, durante más de una hora, la posibilidad de acceso a su aula, nos proporcionó una respuesta positiva. Pero por lo pronto, sólo había sido éste el profesor que había accedido. Sin embargo, a los dos días, sin aviso previo, un profesor de primer ciclo nos hizo partícipe, junto con dos compañeros más, de su deseo de ser observado. Eran los que impartían Matemáticas en 1º y 2º de la ESO y la de Lengua Castellana.

A la semana, por propia iniciativa lo hace también la profesora de Matemáticas de ese 3º "conflictivo", pero pone como condición ser registrada a través del vídeo. Se hicieron los preparativos oportunos con este fin, e incluso nos cuestionamos realizar todas las observaciones de aula con este recurso tecnológico. Sin embargo, en el momento en que acudimos con la cámara e iniciamos una colocación estratégica de ésta, percibimos conjuntamente que eran muchos los ángulos que se perdían y que se nos hacía imprevisible saber de antemano en qué lugar del aula surgirá el foco verbal de mayor interés. Los alumnos estaban también visiblemente alterados. La propia profesora pidió que nos llevemos la cámara y accedió, no obstante, a que nos quedáramos observando en persona lo que sucedía en su aula.

En este Centro II, al mes de estar haciendo los registros de aula nos enteramos que una profesora de ese mismo 3º de la ESO nos estaba localizando con insistencia porque deseaba que observáramos su dinámica de aula. Era la que impartía Música. Nos acercamos a ella y fácilmente llegamos a un acuerdo horario para asistir a su aula. Eran así ya, seis los profesores que se estaban observando en este Centro.

Por último, en lo que respecta al Centro III, fue nuevamente el director el que nos seleccionó los casos. Pero incluso, él mismo se apuntó a éstos. Notamos también, que se lo había comunicado a todo el profesorado a través de una nota expuesta en el tablón de anuncios de la Sala de Profesores, estrategia que no se percibió en los otros IES. Esto trajo consigo que se ofreciera un mayor número de docentes que en los restantes Centros. Sin embargo, tuvimos que recortar este mayor ofrecimiento por incompatibilidad horaria con los otros dos Centros. Ocurrió también que, en el momento de entrar en el aula, uno de los docentes que se había ofrecido voluntario, nos pidió de repente que nos fuéramos. Argumentó ser profesor sustituto y no estar preparado para que le observaran. Evidentemente, accedimos a su petición pero su alumnado, que fue testigo de esta conversación, protestó ante esta decisión.

Al final, pudimos observar y registrar un total de seis aulas y catorce profesores, entre los tres centros, correspondientes a los niveles y asignaturas que se reflejan en el *cuadro 1*.

Centros	Aulas y Nivel	Asignaturas
Centro I	3º D	Matemáticas
		Ciencias de la Naturaleza
		Inglés
Centro II	3º A	Matemáticas
		Inglés
		Música
	2º B	Matemáticas
		Lengua Castellana
	1º B	Matemáticas
Centro III	3º B	Matemáticas
		Ciencias Sociales, Geografía e Historia
	4º B	Ciencias Sociales, Geografía e Historia
		Matemáticas
		Lengua Castellana

Cuadro 1. Aulas y asignaturas observadas en función de los centros.

4. LOS PROCEDIMIENTOS PARA RECOGER LA INFORMACIÓN

El trabajo de investigación que estamos refiriendo, recogió la información necesaria haciendo uso de las siguientes técnicas: *entrevistas, cuestionario, análisis de documentos, diario de campo* y o*bservación.*

Las *entrevistas* fueron pasadas al director de cada uno de los tres IES, a los orientadores y a diversos profesores, entre los que estaban los que permitieron que entráramos a su aula. La información que arrojaron los orientadores fue tan intensa en su contenido que, ante el temor de extender en exceso la temática de estudio, no se utilizó en la descripción de los hallazgos.

Los *cuestionarios* se dirigieron al alumnado y a todo el profesorado. Con respecto al de los alumnos, lo cumplimentaron aquellos que pertenecían a las aulas que habíamos estado observando. Concretamente fue el *IMC* –Inventario de Mi Clase– (en inglés *MCI: My Class Inventory*). A este instrumento, utilizado internacionalmente en muchas investigaciones, le han sido modificado en diversas ocasiones aspectos básicos de su diseño de manera *ad hoc* en función de las características de la investigación. En nuestro estudio manejamos una adaptación de García Pastor y García Jiménez (1993).

En cuanto al cuestionario que dirigimos al profesorado, seleccionamos el *ICO* (Inventario del Clima Organizativo). Sin embargo, la baja participación de respuesta de los docentes a la hora de cumplimentarlo, nos llevó a tomar la decisión de excluirlo en el análisis. En el Centro II no se alcanzó ni un 20% de participación. Y en los dos IES restantes se contó con un índice de respuesta algo más elevada, pero sin superar demasiado ese porcentaje.

El *análisis de documentos* –siguiente instrumento que utilizamos para extraer información– se centró en el estudio detallado del *Plan de Atención a la Diversidad (PAD),* planificación anual que de manera obligatoria todos los centros deben cumplimentar a instancias de la Consejería de Educación Cultura y Deportes de la Comunidad Autónoma de Canarias. Este documento debe ser remitido a la Administración con la finalidad de que ésta apruebe lo que los Centros proyectan en torno a la atención a la diversidad y, en consecuencia, se les dote de los recursos económicos, materiales y humanos necesarios.

Asimismo, se analizó la *Memoria* de final de curso de cada Instituto para extraer uno de sus principales apartados: los resultados obtenidos en la actividad docente durante el curso en el que se desarrollaba el trabajo de campo.

Aunque se recopilaron también algunos fragmentos del PCC (Proyecto Curricular de Centro) y del PEC (Proyecto Educativo de Centro), se tomó la decisión final de descartar del análisis estos documentos. En general estaban todavía incompletos y se hacía difícil su posterior contraste ya que no presentaban homogeneidad intercentro en la finalización de sus apartados.

El *diario de campo*, entendiéndolo como una técnica complementaria en donde se va anotando lo que va sucediendo en el escenario del estudio y cómo se va sintiendo el investigador, fue otro recurso instrumental que contribuyó a recoger, sobre la marcha, hechos, anécdotas, sentimientos y reflexiones. Todo ello nos ayudaba a orientar las entrevistas y a interpretar los datos ulteriormente.

El último instrumento, pero a la vez el más importante, fue el de la *observación*. Ésta técnica suele definirse como un proceso sistemático por el que un especialista recoge por sí mismo información relacionada con determinado problema. En nuestro caso, el especialista fue la investigadora que realizó este estudio y el lugar desde el que recogimos la información fueron las aulas. Aunque también se observó lo que acontecía en diversas reuniones de la *Comisión de Coordinación Pedagógica* (CCP) –órgano de coordinación de los IES– y de los *Equipos Educativos* –colectivo de profesores que imparten docencia a un mismo grupo de estudiantes–.

Dada la relevancia que para esta publicación posee el resultado de las observaciones realizadas en las aulas, describiremos con mayor detalle, en el siguiente apartado, cómo se llevaron a la práctica.

4.1. Cómo se realizaron las observaciones de las aulas

Acogiéndonos a las expresiones de Woods (1989), en el momento de recoger los datos que surgían del aula tratamos de fundirnos con el escenario y perturbar lo menos posible la acción con nuestra presencia, adoptando lo que él refiere como la técnica de *la mosca en la pared*. Situándonos siempre al fondo del aula, observamos los acontecimientos que protagonizaron catorce profesores distribuidos en seis aulas durante ochenta y una sesiones. A cada uno de los docentes se le registraron entre cinco o siete sesiones.

Cuando se iniciaron estas tareas de observación, se tuvo la precaución de no realizar anotación ninguna en el primer fragmento de la sesión, con la finalidad de prever un poco posibles reacciones de los participantes que estaban siendo observados. Este control también contribuía a disminuir las impresiones iniciales del investigador cuando percibía la novedad de lo que sucedía en cada aula.

Por otro lado, para no pasar por alto esa influencia del observador en el contexto, no se le transmitió al profesorado el calendario exacto de observaciones de su aula. Esta medida fue tomada cuando, después de los primeros días entregados a esta tarea, descubrimos –a través de conversaciones informales con los alumnos– cómo un profesor preparaba esmeradamente su clase (transparencias, trabajo cooperativo...) sólo cuando sabía que tendría visitantes en el aula. Las sesiones observadas, no fueron, por tanto, contiguas en el tiempo.

Durante este proceso de observación de la vida en el aula, no hallamos demasiadas dificultades. Se percibía que los alumnos se acostumbraban con rapidez a nosotros, dada la indiferencia palpable que mostraban hacia la observadora. Del mismo modo, el profesorado, exceptuando lo anteriormente expuesto y los instantes en que se iniciaba el periodo de observación, no exteriorizaron aparentes rasgos de incomodidad o artificialidad.

No obstante, se dispuso que sería conveniente realizar lo que Woods (1989) califica como *validación del demandado*, esto es, una vez transcritas e incluso analizadas las observaciones, se devolvió personalmente el relato a los informantes para que lo apreciaran y nos comunicaran –si así lo deseaban– cualquier valoración o sugerencia que creyesen oportuna. Esto se llevó a la práctica en la casi totalidad de los docentes que colaboraron, ya que no se llegó a establecer contacto posterior con dos profesores por haber sido desplazados a otros Institutos. Se sumó a este hecho que otro tercero se encontrase en baja por enfermedad y uno último no exteriozase demasiado entusiasmo por poseer esta información.

Las anotaciones que se hicieron mientras se observaba el acontecer de estas clases se registraron siempre a mano, utilizándose la técnica que Woods (1989) describe: un ojo avizor, un oído fino y una buena memoria. Sin hacer categorías o clasificaciones previas, fuimos creando unos relatos en donde se recogía lo que veíamos, oíamos o pensábamos mientras el profesor daba su clase e interactuaba con sus alumnos. Evertson y Green (1989) explican que este modo de registrar y almacenar observaciones se denomina *sistema narrativo*.

Al final de este capítulo, en el apartado de *Anexos*, hemos expuesto, a título de ejemplo, los registros narrativos que recogieron los acontecimientos de dos sesiones diferentes de clase, referidas, no obstante, a una misma asignatura. Una corresponde al profesor de 3º B impartiendo Ciencias Sociales y la otra a la de 4º B dando otro docente esta misma materia.

5. EL ANÁLISIS DE LA INFORMACIÓN Y LA NECESARIA TRIANGULACIÓN

Una vez que acumulamos la información anterior a través de los instrumentos que hemos descrito, procedimos a analizarla. Las técnicas que utilizamos fueron diversas. El cuestionario, se analizó utilizando el paquete estadístico SPSS para Windows 9.0 pero, tal como advierten Rodríguez Gómez *et al* (1996), sin pasar, como suele ocurrir en la mayoría de los estudios de investigación cualitativa, del mero recuento de frecuencias y porcentajes.

Para el resto de los instrumentos utilizados se recurrió al *establecimiento de un sistema categorial*. Este proceder, de manera general, viene a ser un proceso de teorización mediante el cual se va clasificando, bajo diferentes criterios, el contenido de la información que se posee. Tras leer detenidamente todo e ir comparando constantemente lo que vamos leyendo, se va agrupando lo que tenemos en especie de "montones" o unidades de información (Younis, 1999) que comparten una misma temática o aspecto. Posteriormente estas clasificaciones son conceptualizadas con un término. Otras veces, lo que se va analizando se aparta de inmediato porque sabemos, de antemano, que está refiriéndose a un aspecto conocido por todos. Al final, la información aparece encasillada en las llamadas *categorías* de las que, en ocasiones, surgen otras *subcategorías*.

El proceso de categorización de las observaciones de aula desplegó un amplio abanico de categorías y subcategorías. En el *cuadro 2* hemos expuesto el significado de todas ellas. Se observa que fueron, a su vez, clasificadas en tres bloques diferentes que coinciden con los tres elementos que configuran el ambiente de un aula. Utilizando esta clasificación hemos estructurado el índice del presente libro.

Pero siguiendo las recomendaciones de Rodríguez Gómez *et al* (1996), una vez que clasificamos todos los registros narrativos en ese mapa de categorías y subcategorías, procedimos posteriormente a cuantificar los segmentos de cada una de ellas, hallándose las correspondientes frecuencias y porcentajes. Al proceder así y transformar en números los datos cualitativos, nos resultó más fácil manejar la información que si la hubiésemos dejado presentada en forma de palabras y textos. En el *cuadro 3* puede el lector comprobar cómo se preparó la información para realizar esta cuantificación.

CATEGORÍAS	SUBCATEGORÍAS
INTERACCIÓN ENTRE IGUALES	
Fricción entre alumnos: Tensiones y disputas habidas entre los alumnos.	*Incordio*: Los alumnos se molestan entre sí. Entre ellos se producen situaciones de disconformidad.
	Rechazo: Los alumnos no quieren trabajar junto con otros compañeros; no aceptan la colaboración.
	Agresión: Los alumnos llegan a agredirse físicamente y/o a insultarse.
Competitividad del alumnado: Énfasis de los alumnos por competir unos con otros; oposición y rivalidad existente.	*Rivalidad*: Los alumnos discuten por ver quién realiza la tarea propuesta por el profesor; se anticipan a responder las interrogantes o tareas dirigidas a otros compañeros; se autoproclaman como los mejores.
	Reticencia: Las producciones y/o intervenciones de los alumnos, en público, son motivo de burla o crítica negativa por parte de algún compañero.
	Individualismo: En pequeños grupos de trabajo surgen comportamientos en el que uno o varios componentes van a lo suyo.
Cohesión Grupal: Los alumnos se conocen, ayudan y son amigos entre sí; nivel de comunicación existente.	*Aceptación*: Hay conformidad entre los alumnos para realizar tareas bajo las agrupaciones que se han planificado.
	Intervención conjunta: Los alumnos realizan la misma tarea de manera cooperativa.
	Afiliación: Los alumnos solicitan la ayuda de sus compañeros; se resuelven dudas entre ellos; comparten material, se agrupan espontáneamente para realizar tareas.
DISPONIBILIDAD HACIA LAS TAREAS DE CLASE	
Satisfacción del alumnado: Entusiasmo, acuerdo y/o participación voluntaria en las actividades de la clase.	*Risas*: La mayoría de los alumnos ríen ante una situación cómica compartida entre ellos.
	Implicación: Varios alumnos muestran interés, plantean interrogantes, participan en discusiones, se esfuerzan por atender. Exteriorizan deseos de emitir y recibir.
	Agrado: Se exteriorizan gestos, palabras, mensajes que implican agrado y seguridad por la tarea que están realizando o van a realizar.
	Entusiasmo: Se continúa con la misma dinámica del aula, por propia iniciativa de los alumnos, una vez finalizada la clase.
Dificultad en la tarea: Se percibe dificultad en los alumnos para realizar el trabajo de clase.	*Dificultad manifiesta*: Los alumnos verbalizan que les resulta difícil la tarea; el profesor comunica a sus alumnos que percibe dificultad en ellos para la comprensión del aprendizaje; las producciones y/o intervenciones de los alumnos son erróneas.
	Ausencia de respuestas: Ningún alumno responde a los planteamientos, peticiones o preguntas del profesor en relación al contenido que se trabaja.
	Participación limitada: Son pocos los alumnos que se implican y/o responden de la manera adecuada a las tareas propuestas.
	Inseguridad: Los alumnos resuelven las tareas deteniéndose y/o buscando la aprobación.

Desconexión con el trabajo: Los alumnos, por diversas razones, dejan de centrarse en las tareas requeridas.	*Desorganización*: Cada alumno o grupo hace lo que quiere, va a lo suyo. Se origina barullo, se pierde el orden que precisa la tarea ejecutada; se habla en voz alta mientras el profesor explica.
	Rol Independiente: Comportamientos aislados por parte de algún participante que no resultan acordes a las tareas que se realizan pero que no son tenidos en cuenta ni por el profesor ni por los compañeros.
	Desgana: Los alumnos están pasivos, no hacen nada, desconectan de la tarea realizada en el aula. Los alumnos expresan estar cansados; no tienen ganas de hacer las tareas.
Formalismo: Las tareas se realizan ajustándose a unas normas formales externas que conllevan silencio y ausencia de comunicación entre ellos.	

INTERACCIÓN PROFESORADO-ALUMNADO

Oposición profesor-alumno: Entre el profesor y el alumnado se perciben actitudes y comportamientos encontrados y/o discordantes.	*Antagonismo*: Entre profesor-alumno se producen situaciones de disconformidad.
	Tensión encubierta: El profesor vierte hacia los alumnos mensajes verbales indirectos, irónicos, a veces con aparente cordialidad; hay gestos y diálogos secos, tajantes y/o impaciente.
	Velocidad: El profesor explica con rapidez o solicita una tarea con límites ajustados de tiempo. Los alumnos se incomodan.
	Omisión: Los alumnos solicitan una opinión o muestran una producción pero no son respondidos. Surgen situaciones compartidas por todos los alumnos pero el profesor se mantiene al margen.
	Favoritismo: Se atiende y/o responde de manera más favorable a unos alumnos que a otros en igualdad de situaciones.
	Descrédito: Entre profesor-alumno se lanzan mensajes de desvalorización.
Comprensión profesor-alumno: Entre profesor y alumno/os se producen situaciones favorables, comprensivas, de respeto y disponibilidad.	*Personalización*: Hay interés por el bienestar personal y/o académico; se intercambian mensajes de ánimo; se comunican cuestiones personales entre alumnos y/o profesor-alumno.
	Humor Compartido: Entre todos, alumnos y profesor, se producen situaciones de humor generalizado.
	Flexibilidad: Se alcanzan con rapidez acuerdos comunes.
	Valoración: Entre los participantes se producen mensajes de valoración, aprobación, felicitación y/o se tiene en cuenta el trabajo bien hecho.
	Diversificación: El profesor despliega tareas y actividades diferentes a los alumnos en función de un criterio determinado.

Cuadro 2. Conceptualización de las categorías y subcategorías analizadas.

Categ. / Subcateg.	**FRICCIÓN ENTRE ALUMNOS**	Sesión
Incordio	Otro grupo de alumnas habla muy alto además de discutir con un compañero que está delante.	13IS2
	Profesor (...) le pregunta a una alumna. Ésta exterioriza con sus gestos no estar concentrada por el ruido que hay (*que producen sus compañeros*).	13IS3
	Un alumno está llamando con insistencia al profesor. Éste no le contesta. Alumno, a pesar de ello, le formula una cuestión en alto desde su sitio. Los compañeros de al lado le contestan (*con cierta irritabilidad*).	13IS4
	De repente un alumno le habla mal a una compañera y se enfrascan en una discusión. Profesor no dice nada y sigue dictando.	13IS4

Categ. / Subcateg.	**COMPETITIVIDAD DEL ALUMNADO**	Sesión
Rivalidad	Un alumno pregunta al profesor: – ¿Cómo se dice "quiénes"? Otro alumno responde en alto: – "*Who*" ¿no? –dice mirando al profesor–. Profesor contesta que sí. Alumno dice efusivamente (*como diciendo "soy el mejor"*). – ¡¡¡Ohhhh!!! Profesor se ríe.	13IS2
Reticencia	Profesor dice en alto (*a un alumno*): – Suspendiste once. Todos los alumnos se ríen (de él).	13IS1
	Ahora el profesor sigue haciendo una relación nominal de sus alumnos y el número de suspensos que tienen. Cada vez que nombra a uno y le señala un número alto de suspensos, los compañeros se ríen.	13IS1

Categ. / Subcateg.	**COHESIÓN GRUPAL**	Sesión
Afiliación	La chica, que estaba sentada sola (*y sin libro*), decide por sí mismo ponerse con una compañera de delante.	13IS1
	– Vamos a ver el siete. Aunque no esté marcado vamos a hacerlo –anuncia el profesor en este momento–. Lo lee (en inglés) y comienza a explicar lo que hay que hacer (en español). Los alumnos comienzan a realizarlo. Unos se agrupan por parejas, otros individualmente y algunos se giran y lo hacen espontáneamente con los que tienen detrás.	13IS1
	Dos alumnas están hablando entre sí. Profesor les llama la atención. Alumna le contesta: – Profe, es que la estoy ayudando.	13IS2
	Se han formado grupos espontáneos de 4 ó 5 alumnos cada uno.	13IS2
	Una chica de la segunda fila está llamando a la de delante. Ésta se gira y comienzan a hablar. Están aclarando una duda del ejercicio.	13IS5

Cuadro 3. Ejemplo de categorización y preparación para la cuantificación de las observaciones de aula (3º D- Inglés).

Por último, una vez que teníamos analizada toda la información, con la finalidad de que hubiese solidez y exactitud en las conclusiones que obtuviésemos, se procedió a realizar lo que se conoce con el nombre de *proceso de triangulación*. Concretamente, realizamos una *triangulación metodológica*, que consiste en tener en cuenta la información resultante clasificada en las diferentes categorías una vez que un mismo suceso es observado, se ha recurrido a una entrevista y se han revisado documentos. Bajo este enfoque, para caracterizar el contexto de cada Centro se realizó esta tarea investigadora a partir de:

- Las afirmaciones arrojadas por los directores en las *entrevistas*.
- Los comentarios registrados en la *observación de las reuniones del profesorado*.
- El *análisis del documento* del PAD.

Para caracterizar el ambiente existente en cada aula se confrontó:

- Los resultados de las *observaciones de aula*.
- Las opiniones de los estudiantes a través del *cuestionario IMC*.
- El posicionamiento del profesorado recogido en las entrevistas.

No obstante, además del proceso de triangulación, con la finalidad de enriquecer los resultados que caracterizaban este ambiente en las aulas, también se recurrió a un proceso de contrastación. De esta forma, se comparó el ambiente resultante teniendo en cuenta:

- Los Centros donde estaban enclavados esas aulas.
- Los cursos y el ciclo en que surgían.
- Las asignaturas que se impartían en esas clases.

ANEXO

REGISTROS NARRATIVOS DE LAS OBSERVACIONES DE AULA

Ciencias Sociales, Geografía e Historia (3º B).
Viernes 7 de Abril de 8-9 h. 4ª sesión.

Profesor llega al aula y va directamente a la pizarra. Hay 17 alumnos. Comienza a recordar, a la vez que lo escribe en la pizarra, en qué consistía la tarea que había que hacer: *"Opinión personal sobre España 2000 y Atenas en el s.V a.C."*. Un alumno de delante hace comentario en flojo al compañero. Profesor le dice en tono suave:

– Shhhhh, shhhh...

Alumno obedece. Una alumna levanta el dedo y comienza a leer voluntariamente su opinión. Mientras lo hace, profesor va escribiendo lo que dice en la pizarra. Una vez que termina, profesor expresa:

– Bien, esa es la opinión de (*nombre de la chica*), ¿Alguien quiere rebatirla? ¿Están todos de acuerdo?

– No –responde una compañera– yo creo que...

La alumna explica su postura. Profesor le invita a que pase a la pizarra:

– A ver, pasa Emy... ¿Pueden ver bien la pizarra desde ahí? –le dice al grupo clase–.

Nadie le contesta y la alumna en cuestión comienza a escribir en el encerado su postura. Una alumna de atrás aporta una idea nueva. Profesor interactúa en alto con ella y le advierte que tiene mal adquirida una idea. Profesor se lo explica haciéndole recordar aspectos anteriores. Otra alumna interviene y dice:

– En Atenas no había participación de las mujeres.

– Ahora hay entonces mayor participación.

Profesor escribe en la pizarra "mayor participación". Dos alumnos más dan también su percepción de los hechos. Un alumno de los que casi nunca interviene en otras materias levanta el dedo con el deseo de expresarse. Profesor le invita a hablar diciendo en alto:

– A ver Mario...

En ese momentos dos alumnos están haciendo entre ellos un comentario. Profesor les dice:

– Shhhhh, shhhhh...

Por fin Mario expresa su opinión en alto. Profesor interactúa con él. Ahora le dice al grupo clase:

– En España ¿la gente está contenta con los políticos o se quejan? ¿Por qué?

Dos alumnos que hasta ahora no habían intervenido dan su opinión. Profesor interactúa con cada uno de ellos. Ahora profesor se dirige a todos y comenta:

– Vamos a ver si vamos concluyendo...

En este momento realiza una recapitulación de todo lo que se ha ido diciendo en el aula por parte de los compañeros. Él incorpora otros contenidos a esas opiniones. A continuación comenta:

– Son los pro y contra de la política actual del 2000... ¿Podemos concluir así?

– Sí –responde un solo alumno–.

– Bueno, pues tomen nota y podemos dejar esto.

Los alumnos escriben lo que ha dicho el profesor y se fijan de lo plasmado en pizarra. Están en silencio. *En la primera fila está hoy sentado uno de los alumnos que en otras clases apenas participaba.* Profesor pasea por el aula. En ese momento entra un alumno a la clase. Nadie hace comentarios. Profesor se detiene en la mesa de un chico y mira lo que hace. Interactúa con él. Se oye un murmullo suave de habla. Pasan unos instantes y profesor dice en alto:

– ¿Tomaron nota?

Nadie dice nada. Él sigue revisando las producciones mientras pasea. Se detiene a interactuar con otro chico. Termina y se dirige directamente a la pizarra. Expresa en voz alta:

– Vamos a ver, vamos a resumir lo dicho...

Profesor comienza a decir, de nuevo, un resumen de lo comentado entre todos. Lo hace despacio. Como si estuviera dictando. Dirige la vista al alumno con el que estuvo últimamente interactuando. Todos los compañeros están copiando lo que dice el profesor. Al terminar, le dice al grupo clase:

– Vamos a terminar esta parte con una votación. Que la clase diga qué sistema elegiría.

– ¿Puede ser participar de los dos? Porque las mujeres deben votar... –anuncia una alumna–.

Profesor no dice nada. Un chico hace un pequeño comentario de manera chistosa y machista. Nadie responde. Un chica levanta la mano y expresa su opinión (*ya no está relacionada con lo que dijo la última compañera*). Profesor escucha. Interviene una segunda alumna. Profesor sigue escuchando. Lo hace una tercera chica:

– Votar es una bobería en España.

– Pero hay que hacer un seguimiento –le responde el profesor– Yo creo que dejan cosas que se contradicen pero tiene que haber cosas que se cumplen.

Vuelve a intervenir otra alumna. El tema abordado es lo que hacen los partidos políticos. La participación está siendo mayoritariamente femenina. Los chicos del aula apenas intervienen. Profesor escucha más que habla. En las pocas intervenciones que hace, se observa que no se decanta por ningún partido; sólo hace comentarios para defender la idea de ir a votar y el problema que ocasionan las falsas promesas, las traiciones y los tránsfugas (este término se lo explica a los alumno). Continúan varios alumnos interviniendo y dando sus opiniones. El ambiente está muy participativo. Ahora el profesor dice:

– Bueno, entonces ninguno de los dos es perfecto. Pues voten al menos malo a mano alzada.

Los alumnos lo hacen. Profesor los cuenta. Escribe en la pizarra: "*3 Actual; 9 Atenas; 4 Ninguno*". Varios alumnos vuelven a dar sus opiniones. Profesor les escucha y hace gestos de asentamiento con la cabeza. De repente entra en el aula un alumno que normalmente se sienta en la parte de atrás sin participar. Se sienta y nadie le dice nada. Profesor continúa con el tema tratado. Ahora se dirige a una chica:

– Y tú Noemí que te has abstenido ¿qué defiendes? ¿una dictadura?

– Que se haga una mezcla.

Un alumno interviene espontáneamente y dice que él prefiere una dictadura:

– Es mi idea –concluye al exponer su argumento–.

– ¿Qué le ves positivo? –le pregunta profesor–.

Una chica interviene en ese momento y aporta un inconveniente a las dictaduras. Profesor le dice al chico anterior:

– Lleva razón lo que dice la compañera.

– ¿La ETA estaba con Franco? –pregunta el alumno–.

– Sí, sí –responde el profesor–.

– ¿Cómo empezó la ETA? –cuestiona otro alumno distinto–.

Ahora varios alumnos intervienen a la vez. Profesor dice en voz alta:

– Bueno, bueno... vamos a poner en un paréntesis lo que hemos dicho porque vamos a la página 34-35 y vamos a ver cosas de España. Luego hablaremos. Esto es sobre la democracia en España. Veamos si se confirma lo que ustedes han dicho. Venga...

Señala a una chica y ésta empieza a leer en alto. Profesor está a su lado siguiendo la lectura. Termina la lectura y profesor inicia una explicación. A la vez escribe términos en la pizarra. Hace referencia a la Constitución Española. Pocos alumnos escriben. La mayoría sólo escucha. Una alumna plantea una pregunta. Otra compañera le responde. Profesor lanza una pregunta:

– ¿Cuándo se celebra el día de la Constitución?

Todos los alumnos responden al unísono. Ahora le dice a la misma chica lectora:

– Sigue.

Alumna lo hace. Profesor le detiene e introduce una explicación. Concluye y cuestiona a los alumnos:

– ¿Sobre las funciones del Rey hay duda?

– ¿Políticamente no responsable significa que él no tiene que ver en la política? –pregunta un chico–.

– Efectivamente –responde el profesor y le añade una explicación–.

Mientras explica lanza una pregunta. Dos alumnos contestan a la vez. Profesor escucha las aportaciones, las repite y las aclara. Luego pregunta:

– ¿Cuándo ven ustedes al Rey?

Todos quieren intervenir. Aportan respuestas concretas. Profesor asienta con la cabeza y completa lo que dicen con una idea general. Continúa la explicación. Escribe las palabras claves en la pizarra. Le pregunta al alumnado:

– En el libro hay una palabra que dice "árbitro" ¿qué quiere decir?

Tres alumnas quieren dar a la vez una respuesta a la vez que verbalizan "¡yo, yo...!" (*han estado permanentemente interviniendo*). Profesor las escucha y repite la aportación que han dado. Una alumna llama desde su sitio al profesor:

– ¡Fernando...!

– Perdona –le responde el profesor a la vez que le hace un gesto de espera con la mano y continúa la explicación–.

Terminada la exposición, profesor mira a la alumna que lo llamó y le hace una seña para que intervenga. Ésta lo hace y le plantea una duda. Profesor contesta:

– Es una buena pregunta.

Alumna añade:

– Y si el pueblo quiere una dictadura ¿qué hace el rey?

– Pues puede ser...

Profesor se queda pensativo. En ese momento da su opinión otra compañera. A continuación vuelve a hacerlo el profesor. *El ambiente de aula es muy relajado, tranquilo y espontáneo.*

El profesor continúa explicando pero hace muchas pausas por las preguntas que expresan los alumnos o por las respuestas que dan a lo que se les cuestiona. Ahora el profesor está haciendo referencia a la situación política actual de Austria y de los neo-nazis. Es muy respetuoso aún en este tema:

– Este político es racista, excluyente y poco democrático y sin embargo gracias a la democracia puede gobernar.

Los alumnos siguen muy atentos. Varios de ellos lanzan preguntas. Profesor les responde. Una chica ha planteado lo siguiente:

– Y si en Austria se hacen de extrema derecha, ¿Europa le da la espalda?

Profesor responde. Ahora recapitula lo que se ha dicho y va señalando los términos que cita entre los que están escritos en la pizarra. Dos alumnos se han puesto a hablar en flojo entre ellos pero del tema. Profesor le dice de manera muy suave:

– Shhhhh, shhhh... por favor.

Los alumnos enseguida obedecen. Profesor continúa ofreciendo un resumen. Los alumnos siguen planteándole cuestiones. Profesor siempre les contesta. *Hasta ahora las intervenciones han sido ordenadas, aunque no siempre se ha levantado el dedo para pedir la palabra.* Ahora profesor dice:

– Venga, nos quedan cinco minutos. A ver si llegamos al final.

Otra alumna le plantea una interrogante. Profesor contesta y añade:

– Venga vamos a seguir.

Una alumna retoma ahora la lectura. Al terminar un párrafo profesor dice al grupo clase:

– Muy bien ¿hay alguna duda? Yo quiero que les quede claro este término.

Nadie contesta. Profesor lo escribe en la pizarra. Le dice a la chica que leía:

– Bien, sigue Luisa.

Alumna lo hace. Profesor la para y vuelve a anotar un término en pizarra. Lo explica. Plantea una pregunta:

– ¿Qué es esto de la Administración Civil?

– Los ciudadanos –opina un alumno–.

– El dinero –expresa otro–.

Profesor repite los términos de los alumnos de manera interrogativa:

– ¿Los ciudadanos? ¿El dinero?

Dos alumnos más (uno de ellos es de los que nunca participan) aportan otros significados. Profesor termina explicando él el significado. Suena el timbre. Profesor continúa la exposición. Los alumnos siguen atendiendo. Una alumna plantea en alto una duda. Profesor contesta. Luego añade:

– Bueno, el fin de semana les doy descanso. No les marco tarea.

Todos se levantan y comienzan a salir del aula.

Ciencias Sociales, Geografía e Historia (4º B).
Miércoles 26 de Abril de 10-11 h. 2ª sesión.

El profesor entra en el aula. Hay 20 alumnos. Le pide a una chica que desconecte su móvil. Alumna contesta:

– Es lo que estoy haciendo.

Profesor está de pie junto a su mesa. Le dice al grupo clase:
– Revisen sus apuntes porque hay algunos que faltan.

Alumnos hablan entre sí y sólo una minoría hace lo que ha dicho el profesor. Él también está mirando sus apuntes.

Han pasado 5 minutos y el grupo clase habla entre sí en un tono un poco alto. Profesor sigue revisando sus apuntes. Un alumno dice desde su sitio:
– ¡Ramón!... ¡Ramón! (*es el nombre del profesor*).

Profesor no responde a la llamada. Va hacia una alumna de primera fila y comienza a interactuar verbalmente con ella. Ahora le dice al grupo clase:
– A ver, por favor, hablen bajo que estoy hablando con un compañero...

Profesor empieza a dar apuntes a algunos alumnos. La mayoría del grupo clase habla entre sí. Otra vez un alumno dice:
– ¡Ramón!... ¡Ramón!...

Profesor no le contesta. Comienza a interactuar verbalmente con dos alumnos de primera fila. Se dirige al grupo clase y comenta:
– A ver, ¿todos tienen completos los apuntes? Luego no me vengan con que no lo tienen.

El alumnado no dice nada y continúan hablando entre sí. Uno de ellos está de pie charlando con dos compañeros más. Profesor está en su mesa y está revisando sus apuntes.

Han pasado 10 minutos desde que entró el profesor en el aula. Todos hablan entre sí y profesor sigue de pie junto a su mesa revisando sus apuntes.

Ahora profesor dice:
– Bien, voy a pasar lista.

Se sienta en su sitio y comienza a hacerlo nombrando a cada alumno. El grupo clase continúa hablando entre sí aunque no muy alto. El que estaba de pie charlando con dos compañeros continúa en esta situación. Profesor nombra a dos alumnos que no están. Un alumno le dice desde su sitio:
– Ramón ¿dónde están...?
– Tuvieron un problemilla.

Termina de pasar lista, se levanta y se pone encima de su mesa. Comienza haciendo una recapitulación:
– Habíamos visto que...

Hace referencia a los contenidos ya explicados. Sigue oyéndose un murmullo en el aula pero más flojo que antes. Poco a poco va desapareciendo. En ese momento dos alumnos abren la puerta (*suponemos que son los que faltaban cuando se pasó lista*). Entran sin decir nada (*son las diez y cuarto*) y se dirigen a su sitio. Profesor continúa su explicación (*el tema que trata es "Bizancio"*). El grupo clase continúa hablando entre sí. La alumna que el otro día se puso los auriculares está sentada hoy en primera fila y permanece girada mientras charla con la compañera de atrás. Lleva así unos tres minutos.

Profesor continúa explicación. No intercala preguntas. En este momento están todos en silencio menos la que sigue girada charlando con compañera. Nadie le dice nada. El resto parece escuchar.

Profesor continúa explicación. Los alumnos comienzan a hablar entre sí. Continúa la explicación. Sigue girada la de primera fila y se está pasando una caja de tabaco con la compañera. Nadie toma apuntes. Ahora profesor dice:

– Habíamos dejado para hoy una serie de cuestiones ¿quién quiere contarlas?

Los alumnos sacan sus libretas. Nadie ha considerado la solicitud del profesor. Éste responde él mismo lo que había que poner sobre la primera cuestión. Luego dice:

– Carmen ¿tú la tienes?
– No –responde la alumna–.
– Yo sí –dice otra chica–.
– Venga, lee –le pide el profesor–.

Termina y el profesor le dice "bien". Profesor lee ahora la segunda cuestión. Le pide a un alumno llamándolo por su nombre que lea lo que ha puesto. Alumno lo hace. Al terminar no le dice nada y se lo pide a otro alumno de la misma forma. Lo hace y al terminar el profesor dice:

– Las dos cuestiones no son malas pero...

Inicia una explicación. Intercala una pregunta referida a cómo se llamaba uno de los personajes. Dos alumnos intervienen pero profesor les dice que no es correcto con un gesto. Les comenta:

– Miren sus apuntes...
– ¿Ya lo encontraron? Está en la última página...

Un alumno da una respuesta. Profesor le dice que eso se refiere a otra cosa y le repite al grupo clase que lean sus apuntes. Dos chicas se ríen de la respuesta dada. Algunos alumnos hacen lo que dice el profesor pero otros hablan entre si. Profesor repite:

– ¡Pero lean sus apuntes! Está ahí.

Intervienen dos alumnos dando otros nombres pero profesor les dice que no es correcto. Profesor se levanta de encima de su mesa y va hacia la segunda fila y comienza a interactuar verbalmente con tres chicas. Resto de los alumnos habla entre sí. Ahora le dice al grupo clase:

– Bien, ¿ya lo tienen? ¿Cómo se llamaba?
– Augusto –dice un alumno–.
– ¡Están bien ustedes! –dice en tono irónico el profesor–. Se llamaba Arcadio y...

Continúa una explicación. La mayoría del grupo clase habla entre si en voz alta. Profesor intercala un "¡shhhhh!" y sigue explicación. En el aula continúa oyéndose un murmullo de habla en tono más alto. Profesor interrumpe la explicación y dice en tono fuerte:

– ¡A ver, por favor! ¿Cómo lo digo? ¡Cállense!

Profesor continúa explicación sentado encima de su mesa. Los alumnos han callado. Sigue explicación sin intercalar preguntas. Ahora sólo cinco alumnos lo miran y atienden. El resto vuelve a hablar entre sí. Concluye la explicación, retoma las cuestiones que se estaban corrigiendo y pregunta:

– ¿Quién era Justiniano, Inés? (*es la misma alumna que leyó anteriormente*).

Alumna lee lo que ella tiene. Profesor no le dice nada y pregunta al grupo clase:

– ¿Alguien puso algo más?

Un alumno levanta la mano y pregunta:

– ¿Qué ponemos en el anterior?

– Ya lo comentamos –le contesta profesor–.

– Sí, pero al final no sabemos.

Profesor se lo explica. Alumno dice "vale, vale". Profesor pregunta de nuevo por la cuestión anterior:

– Loly ¿quién era Justiniano?

La alumna lo lee. Profesor no dice nada y llama a otra chica para que lo lea. Ésta le contesta:

– No lo hice.

Profesor llama a otra. Le contesta lo mismo. Él dice.

– Hay que hacer las actividades.

El resto del alumnado habla entre sí. Profesor se lo pregunta a otro alumno. Éste sí lo lee pero mientras lo hace habla la mayoría. *Parece que nadie le atiende*. Al concluir, profesor dice en tono elevado:

– A ver, ¡no lo digo más! Llevo mandando a callar toda la clase. ¡No lo digo más!... Voy a tener que utilizar el lenguaje de "te llevo al parte de incidencias"...

Alumnos callan un poco pero algunos siguen hablando. Profesor dice:

– Bernabé, a ver tú. Lee lo que tienes.

El alumno lo hace pero en un volumen bajo. Otro compañero dice:

– No se entiende nada.

Profesor no atiende a comentario. Concluye Bernabé de leer y profesor interviene:

– ¿Quién más puso algo?

Nadie dice nada. Profesor le dice al alumno que ha leído que debe contestar explicando más cosas. Le hace una pregunta a Inés (*la que ha leído ya varias veces*). Ésta le contesta:

– ¿Salgo a la pizarra?

Profesor le dice que sí y verbaliza al grupo clase:

– ¡A ver! Siempre participan los mismos. Y los demás ¿qué? ¡Copien lo que pone Inés!

Inés está dibujando una pirámide en la pizarra. Profesor pregunta al alumnado:

– Inés dibuja una pirámide ¿qué idea nos da eso ya?

En voz alta y sin orden intervienen bastantes alumnos diciendo unos "poder" y otros "nivel".

– ¿Qué más? –les dice el profesor–.

Siguen expresando términos. Profesor hace gesto negativo con la cabeza e inicia él una explicación. Ahora está de pie e Inés sigue escribiendo en la pizarra. Hay una chica en la última fila que está escribiendo una poesía en su cuaderno y permanece callada. Profesor continúa con su explicación. La alumna de la pizarra da por terminado su gráfico y ella sola, sin que le diga nada el profesor, se sienta. Éste sigue explicación mientras señala en la pizarra diversos aspectos de lo plasmado por la alumna. Una alumna lo interrumpe para hacerle una pregunta sobre lo que está puesto en pizarra. Profesor le contesta. Casi todos los alumnos están copiando lo de la pizarra. Sólo dos parejas están hablando entre sí. Profesor continúa con su explicación. Alumnos, conforme terminan de copiar, arrancan a hablar con compañeros. Profesor concluye explicación y dice:

– Bien, vamos a continuar...

– No Ramón, falta otro... –le dice una chica que está sentada al lado de Inés–.

Profesor le dice "bien" y vuelve a retomar la explicación de lo que le han dicho que falta. Ahora profesor recuerda la cuestión que falta. Dos alumnas levantan el dedo. Profesor le dice a una de ellas (a Inés) que lea lo que tiene. Le responde "bien" y añade una explicación (*no se ha hecho referencia ninguna a situaciones actuales y cercanas a pesar que el tema tratado es susceptible de ello*). Termina y le dice a la misma alumna que leyó:

– Venga.

– ¿Yo digo todo? –responde Inés–.

Y la alumna lee lo que ha puesto. Profesor le dice:

– Venga, sigue.

Alumna obedece. Termina y profesor le dice:

– Bien, pero fíjate que no contestas a la pregunta.

Profesor inicia explicación. Una de las alumnas que ya intervinieron anteriormente le pregunta si está bien lo que ella puso y le lee su texto. Profesor escucha y le responde con una explicación.

El resto de los alumnos habla entre sí con un volumen mayor que el del profesor. Profesor se dirige ahora a uno de los que están hablando y le dice:

– Alberto, venga tú.

– No lo hice –contesta el alumno–.

– ¿No lo hiciste y no paras de conversar?

Profesor se dirige al grupo clase y le dice:

– ¿Nadie contestó esta pregunta?

Un alumno dice en alto:

– ¡Loly la tiene!

Profesor no atiende la intervención y comienza a explicar sentado encima de su mesa. Ha intercalado el mensaje de que "deben coger la idea". El grupo clase habla entre sí y sólo cinco alumnos se mantienen callados mirando hacia el profesor. Termina y comenta:

– Bien. La última pregunta era... Venga Loly, lee.

Alumna lo hace. Termina y profesor le dice "efectivamente, bien" y retoma él una nueva explicación. Los alumnos hablan entre sí. Profesor intercala:

– Cállense ya, por favor.

Y continúa su exposición. Ahora pregunta al grupo clase:

– ¿Qué famosa batalla se produjo?

Nadie responde y él añade:

– Ahora que estamos celebrando el día del libro, de Cervantes, ¿Qué famosa batalla...?

Siguen sin dar respuesta pero hablan entre ellos. Profesor la nombra y continúa explicación. El grupo clase habla más fuerte que él explica. En la fila de atrás han sacado tres flores de plástico y se la pasan unas a otras. Profesor no dice nada y sigue explicación. Al concluir comenta:

– Quedan cinco minutos.

– Un descanso Ramón –le dice una alumna–.

Profesor va hacia dos alumnos de primera fila e interactúa verbalmente con ellos. Les mira su cuaderno. El resto de los alumnos hablan entre sí.

Ahora se dirige al grupo clase y les dice:

– A ver, mañana empezamos el tema del *Islam*...

Todavía no ha tocado el timbre pero los alumnos se levantan y el profesor va hacia su mesa a recoger sus cosas.

BIBLIOGRAFÍA

AINSCOW, M. (1995): *Necesidades especiales en el aula. Guía para la formación del profesorado.* Madrid: Narcea.
AINSCOW, M. (1999): "Tendiéndole la mano a todos los estudiantes: Algunos retos y oportunidades". En Verdugo, M.A. y Jordán, F. (Coord.): *Hacia una nueva concepción de la discapacidad.* Salamanca: Amarú.
AINSCOW, M. (2001a): "Escuelas inclusivas: aprender de la diferencia". *Cuadernos de Pedagogía,* 307: 44-49.
AINSCOW, M. (2001b): *Desarrollo de Escuelas Inclusivas. Ideas, propuestas y experiencias para mejorar las instituciones escolares.* Madrid: Narcea.
AINSCOW, M. *et al* (2001c): *Crear condiciones para la mejora del trabajo en el aula: Manual para la formación del profesorado.* Madrid: Narcea.
ANDERSON, L.M. (1989): "Implementing instructional programs to promote meaningful, self-regulated learning". En Brophy, J. (Ed.): *Advances in research on teaching.* Greenwich, CT: JAI Press.
APPLE, M.W. (1986): *Ideología y Currículo.* Madrid: Akal.
ARNAIZ, P. (2003): *Educación Inclusiva: una escuela para todos.* Málaga: Aljibe.
BOTTON, L.; PUIGVERT, L. y TALEB, F. (2004): *El velo elegido.* El Roure: Barcelona.
BREKELMANS, M. (1989): "Interpersonal teacher behaviour in the classroom". En Dutch: *Interpersoonlijk gedragvan docenten in de klas,* Utrech University.
CULLEN, B. y PRATT, T. (1999): "Medir e informar sobre el progreso de cada alumno". En Staimback, S. y Staimback, W.: *Aulas Inclusivas.* Madrid: Narcea.

CURWIN R. y MENDLER A.N. (1983): *La disciplina en clase. Guía para la organización de la escuela y el aula*. Madrid: Narcea.

DEL CARMEN, L. (2000): "La atención a la diversidad. Una cuestión de valores". *Aula de Innovación Educativa*, 90: 7-10.

DOYLE, W. (1979): "Classrom Tasks and Student Abilities". En Peterson, P. y Walberg, H.J.: *Reasearch on Taching*. Berkeley: McCutchan Pub. Co.

DOYLE, W. (1980): "Classroom Management". IN: West Lafayette.

DOYLE, W. (1986): "Classroom organization and management". En Wittrock, M.C.: *Hansbook of Research on Teaching*. New York: Macmillan.

DUBBERLEY, H. (1995): "El sentido del humor como resistencia". En Woods, P. y Martín, H. (Comp.): *Género, cultura y etnia en la escuela: informes etnográficos*. Barcelona: Paidós.

DURAN, D. y MESTRES, P. (1998): "Enseñar y aprender, una materia optativa de tutoría entre iguales". *Aula de Innovación Educativa*, 75: 63-68.

EVERTSON, C.M. y GREEN, J.L. (1989): "La observación como indagación y método". En Wittrock, M.C. (Coord.): *La investigación de la Enseñanza, II. Métodos cualitativos y de observación*. Barcelona: Paidós.

FERGUSON, P.D. y FRASER, J.F. (1998): "Changes in Learning Environment during the Transition from Primary to Secondary School". *Learning Environments Research* 1: 369-383.

FERNÁNDEZ ENGUITA, M. (1995): *La escuela a examen*. Madrid: Pirámide.

FISHER, D.L. y FRASER, B.J. (1990): "Validity and use of the School-Level Environment Questionnaire". *Paper presented at Annual Meeting of American Educational Research Association*, Boston.

FORD, A.; DAVERN, L. y SCHNORR, R. (1999): "Educación Inclusiva. Dar sentido al currículo". En Staimback, S. y Staimback, W.: *Aulas Inclusivas*. Madrid: Narcea.

FORTEZA, D. (1999): "Controversias e interrogantes en torno a la diversidad en secundaria. Las voces de los implicados". *Revista de Educación Especial*, 26: 7-41.

FRASER, B.J. (1998): "Science Learning Environments: Assessment, effects and determinants". En Tobin, K. y Fraser, B.J. (Eds.): *International Handbook of Science Education*. Great Britain: Kluwer Academic Publishers.

GARCÍA PASTOR, C. (1995): *Una escuela común para niños diferentes: la integración escolar*. Barcelona: EUB.

GARCÍA PASTOR, C. (1996): "La iniciativa para conseguir la reunificación de los sistemas de educación general y especial en EE.UU". *Siglo Cero*, 27 (2). 15-24.

GARCÍA PASTOR, C. (1997): "La construcción de una escuela democrática". En Arnaiz, P. De Haro, P. (eds.): *10 años de integración en España: análisis de la realidad y perspectivas de futuro*. Murcia: Universidad de Murcia.

GARCÍA PASTOR, C. (1998a): "Más allá de lo especial: la investigación sobre la educación para todos los alumnos". En Sánchez Palomino y Torres González (Coord.): *Educación Especial I. Una perspectiva curricular, organizativa y profesional.* Madrid: Pirámide.

GARCÍA PASTOR, C. (1998b): "Significado de la autonomía en el desarrollo de la escuela inclusiva". En *Actas del V Congreso Interuniversitario de Organización de Instituciones Educativas.* Madrid: Departamentos de Didáctica y Organización de UA, UCM y UNED.

GARCÍA PASTOR, C. (1999): "Diversidad e Inclusión". En Sánchez, A. *et al* (Coord.): *Los desafíos de la Educación Especial en el umbral del siglo XXI. Actas de las XVI Jornadas Nacionales de Universidades y Educación Especial.* Almería: Universidad de Almería.

GARCÍA PASTOR, C. (2000): "Diversidad: retórica y práctica". En Sociedad Española de Pedagogía: *Hacia el tercer Milenio: cambio educativo y educación para el cambio. XII Congreso Nacional y I Iberoamericano de Pedagogía.* Madrid: Sociedad Española de Pedagogía.

GARCÍA PASTOR. C. (2001): "Diversidad: de la teoría a la práctica". En Domenech, J.L. y López, H. (Coord.): *V y VI Jornadas Interdisciplinares de Educación Especial (1999-2000).* Alcoy: Marfil.

GARCÍA PASTOR, C. y GARCÍA JIMÉNEZ, E. (1993): *El cuestionario MCI: adaptación y validación.* Documento Interno no Publicado.

GARDNER, H. (1985): *Frames of mind: The theory of multiple intelligences.* New York: HarperCollins.

GARDNER, H. (1995): *Reflection son multiple intelligences. Myths and messagees.* Phi Delta Kappa.

GARRIDO, J. (2001): "La educación Especial entre dos milenios". En Domenech, J.L. y López, H. (coord.): *V y VI Jornadas Interdisciplinares de Educación Especial (1999-2000).* Alcoy: Marfil.

GEERTZ, C. (1996): *Los usos de la diversidad.* Barcelona: Paidos-ICE de la Universidad Autónoma de Barcelona.

GIMENO, J. (1989): *El currículum: una reflexión sobre la práctica.* Madrid: Morata.

GIMENO, J. (1999a): "La construcción del discurso acerca de la diversidad y sus prácticas (I)". *Aula de Innovación Educativa,* 81: 67-72.

GIMENO, J. (1999b): "La construcción del discurso acerca de la diversidad y sus prácticas (II)". *Aula de Innovación Educativa:* 82: 73-78.

GINÉ, N., *et al* (1998): *"Qué opinan los alumnos sobre la ESO".* Madrid: Síntesis y Barcelona: Universidad Autónoma de Barcelona.

GÓMEZ TORRES, M.J. y NAVARRO, M.J. (2001): "¿Se responde a la diversidad en las clases de ESO?". En Bueno, J.J., Núñez, T. *et al* (Coord.): *Atención Educativa a la diversidad en el nuevo milenio. Actas de las XVIII Jornadas Nacionales de Universidad y Educación Especial.* La Coruña: Servicio de Publicaciones de la Universidad de La Coruña.

GOOD, T.L. y BROPHY, J.E. (1987): *Looking into classrooms*. New York: Harper y Row.

GRIFFO, G. (1999): "La riqueza de la diversidad". En Verdugo, M.A. y Jordán, F. (Coord.): *Hacia una nueva concepción de la discapacidad*. Salamanca: Amarú.

GUBA, E.G. (1983): "Criterios de credibilidad en la investigación naturalista". En Gimeno, J. y Pérez Gómez, A.: *La enseñanza, su teoría y su práctica*. Madrid: Akal-Universitaria.

HARGREAVES, A. (1996): *Profesorado, cultura y postmodernidad (Cambian los tiempos, cambia el profesorado)*. Madrid: Morata.

IBÁÑEZ, E. (2001): "Igualdad con diversidad: la apuesta de los movimientos de renovación pedagógica". *Aula de Innovación Educativa*, 99: 37-41.

INSTITUTO CANARIO DE EVALUACIÓN Y CALIDAD EDUCATIVA-ICEC (1999): *Diagnóstico de la anticipación de la ESO y resultados en Lengua Castellana y Literatura y Matemáticas*. Las Palmas de Gran Canaria: ICEC.

JACKSON, P.W. (1968): *Life in Classrooms*. New York: Holt, Rinehart and Winston.

JOHNSON, D.W. y JOHNSON, R.T. (1997). "Una visió global de l'aprenentatge cooperatiu". Suports. *Revista Catalana d' Educació Especial i Atenció a la diversitat*, 1: 54-64.

LEWIN, K. (1936): *Principles of Topological Psychoology*. McGraw: New York.

LORTIE, D.C. (1975): *Schoolteacher*. Chicago: University of Chicago Press.

LÓPEZ MELERO, M. (2001): "Cortando las amarras de la escuela homogeneizante y segregadora". En Bueno, J.J. et al (Coord.): *Atención educativa a la diversidad en el nuevo milenio. XVIII Jornadas de Universidades y Educación Especial*. A Coruña: Universidad de A Coruña.

MARCELO, C. (1992). "Dimensiones ambientales en clases de profesores principiantes", según el C.U.C.E.I. En Villa, A. y Villar, L.M.: *Clima Organizativo y de aula. Teoría, modelos e instrumentos de medida*. Vitoria-Gasteiz: Servicio Central de Publicaciones del Gobierno Vasco.

MARCHENA, R. (2002): "Ambiente y Diversidad en las aulas de Educación Secundaria Obligatoria (un estudio de casos múltiples)". *Tesis Doctoral: Universidad de las Palmas de Gran Canaria*.

MARCHENA, R. (2003): "Diversidad y Recursos Didácticos Tecnológicos en las aulas de la ESO". En Aguiar, M.V y Farray, J.I. (Coord.): *Sociedad de la Información y Cultura Mediática. Actas del II Congreso Combyte 2003*. Netbiblo: A Coruña.

MARCHENA, R. y REYES, C. (2003): "La carpeta o portfolio: un instrumento de evaluación alternativo en la escuela inclusiva". Comunicación presentada en las *XX Jornadas Universitarias Internacionales de Educación Especial*: Barcelona.

MARTÍNEZ, B. (2002): "La educación en la diversidad en los albores del siglo XXI". En *Actas de las XIX Jornadas Nacionales de Universidad y Educación Especial*. Palma de Mallorca: Servicio de Publicaciones de las Islas Baleares.

MARTÍNEZ BONAFÉ, J. (1996): "Poder y conciencia". *Cuadernos de pedagogía*, 253: 78-84.

MATURANA, H. (1994): *El sentido de lo humano*. Santiago de Chile: Dolmen Mundo Abierto.

MIR, C. (1997): "¿Diversidad o heterogeneidad?". *Cuadernos de Pedagogía*, 263: 44-50.

MURRAY, H.A. (1938): *Explorations in Personality*. Oxford University Press: New York.

NEGRÍN, O. (1982): *La enseñanza en Canarias*. Las Palmas de Gran Canaria: Colección Guagua.

PEARPOINT, J. y FOREST, M. (1999): "Prólogo". En Staimback, S. y Staimback, W.: *Aulas Inclusivas*. Madrid: Narcea.

PLAZA DEL RÍO, F. (1996): *La disciplina escolar o el arte de la convivencia*. Málaga: Aljibe.

PÉREZ GÓMEZ, A. (1983). "Paradigmas contemporáneos de investigación didáctica". En Gimeno, J. y Pérez Gómez, A.: *La enseñanza, su teoría y su práctica*. Madrid: Akal-Universitaria.

POPKEWITZ, Th.S. (1994): *Sociología política de las Reformas Educativas*. Madrid: Morata y Paideía.

PÉREZ, J. (2000): "Diferentes modelos organizativos que posibilitan el tratamiento de la diversidad". *Aula de innovación educativa, 90: 63-67.*

PÉREZ, J. y PRIETO, M.D. (1999): *Más allá de la integración. Hacia la escuela inclusiva*. Murcia: Universidad de Murcia.

PUJOLÀS, P. (2002): "El trabajo en equipo como recurso para atender a la diversidad del alumnado: condiciones fundamentales del trabajo cooperativo". En D. Forteza y M.R. Roselló (Coord.): *Actas de las XIX Jornadas Nacionales de Universidad y Educación Especial*. Palma de Mallorca: Servicio de Publicaciones de las Islas Baleares.

RODRÍGUEZ GÓMEZ, G. *et al* (1996): *Metodología de la investigación cualitativa*. Málaga: Aljibe.

RUÈ, J. (2000): *La acción docente en el centro y en el aula*. Madrid: Síntesis.

RUÍZ OLABUÉNAGA, J.I. (1996): *Metodología de la investigación cualitativa*. Bilbao: Universidad de Deusto.

SÁEZ, J. (1997): "Aproximación a la Diversidad: Algunas consideraciones teóricas". En Illán, N. y García, A. (Coord.): *La diversidad y la diferencia en la educación secundaria: retos educativos para el siglo XXI*. Málaga: Aljibe.

SALEND, S.J. (1998): *Effective mainstreaming. Creating inclusive classrooms*. New Jersey: Merril.

SAPON-SHEVIN, M. (1999): "Celebrar la diversidad, crear comunidad". En Staimback, S. y Staimback, W.: *Aulas Inclusivas*. Madrid: Narcea.

SIEBER, R.T. (1979): Classmates as workmates: Informal peer activity en the elementary school. *Anthropology and Educational Quarterly,* 10: 207-235.

SIEGEL, J. y SHAUGHNESSY, M. (1994): "An interview with Howard Gardner: Educating for understanding". *Phi Delta Kappan,* 75: 563-566.

SOLA, T. y LÓPEZ, N. (1998): *Aspectos didácticos y organizativos de la educación especial.* Granada: Grupo Editorial Universitario.

STAIMBACK, S. *et al* (1999): "Hacia las aulas Inclusivas". En Staimback, S. y Staimback, W.: *Aulas Inclusivas*. Madrid: Narcea.

STAIMBACK, W.; STAIMBACK, S. y MORAVEC, J. (1999): "Un currículo para crear aulas inclusivas". En Staimback, S. y Staimback, W.: *Aulas Inclusivas*. Madrid: Narcea.

STAKE, R.E. (1998): *Investigación con estudio de casos*. Madrid: Morata.

STENHOUSE, L. (1987): *Investigación y desarrollo del currículum*. Madrid: Morata.

TAYLOR, S.J. y BOGDAN, R. (1992): *Introducción a los métodos cualitativos de investigación. La búsqueda de significados*. Barcelona: Paidós.

TIKUNOFF, W.Y. (1979): "Context Variables of a Teaching-Learning Event". En Bennet, D. y McNamara, D.: *Focus on Teaching. Readings in the observation and conceptualization of Teaching*. New York: Longman.

TOLEDO, P. (1999): "El ambiente Universitario: Estudio descriptivo y comparativo del clima de aula de la Universidad de Jaén". *Tesis Doctoral sin publicar.* Universidad de Sevilla.

TOBIN, K. y FRASER, B.J. (1998): "Qualitative and Quantitative Landscapes of Classroom Learning Environments". En Tobin, K. y Fraser, B.J (Eds.): *International Handbook of Science Education*. Great Britain: Kluwer Academic Publishers.

TOMLINSON, C. A. (2001): *El aula diversificada. Dar respuesta a las necesidades de todos los estudiantes*. Barcelona: Octaedro.

UDVARI-SOLNER, A. y THOUSAND, J.S. (1996): "Creating a Responsive Curriculum for Inclusive Schools". *Remedial and Special Education,* 17 (3): 182-192.

VILLA, A. (1992): "Instrumentos y problemas metodológicos en la evaluación del clima educativo". En Villa, A. y Villar, L.M.: *Clima Organizativo y de aula. Teoría, modelos e instrumentos de medida*. Vitoria-Gasteiz: Servicio Central de Publicaciones del Gobierno Vasco.

VILLAR, L.M. (1992): "El ambiente de aprendizaje de clase: teoría e investigación". En Villa, A. y Villar, L.M.: *Clima Organizativo y de aula. Teoría, modelos e instrumentos de medida*. Vitoria-Gasteiz: Servicio Central de Publicaciones del Gobierno Vasco.

VLACHOU, A. (1999): *Caminos hacia una educación inclusiva.* Madrid: La Muralla.

WOODS, P. (1989): *La escuela por dentro. La etnografía en la investigación educativa.* Barcelona: Paidós-MEC.

WUBBELS, Th. y BREKELMANS, M. (1998): "The Teacher Factor in the Social Climate of the Classroom". En Tobin, K. y Fraser, B.J (eds): ul:*International Handbook of Science Education.* Great Britain: Kluwer Academic Publishers.

WUBBELS, Th.; CRÉTON, H.A.; LEVY, J. y HOOYMAYERS, H.P. (1993): "The model for interpersonal teacher behavior". En Wubbels, Th. y Levy, J. (eds): *Do you know what you look like?: interpersonal relationships in education.* London: Falmer Press.

YIN, R. K. (1984): *Case Study Research. Design and Methods.* Beverly Hill, CA: Sage Publications.

YOUNIS, J.A. (1999): "Qué es un discurso y cómo analizarlo". *Documento interno no publicado.*